苏梅岛
皮皮岛

日本《走遍全球》编辑室 编著

PHUKET KOH SAMUI KOH PHI PHI

中国旅游出版社

想来一次说走就走的度假旅行？
本书是你泰国乐园之旅的忠实领航员！

~ 助力游客享受泰国专属旅行 ~

独占眼前
独一无二的绝美景色！

重新开发
普吉岛 &
苏梅岛！！

笑脸相迎的工作人员，
让你不自觉地以笑容"回报"对方的热情。

POINT 1

"NAVI"一章会介绍在度假村露营的方法，还分"娱乐项目＆自选旅行项目""美食""购物"和"酒店"等类别介绍一些实用的旅行技巧。

本书致力于做你旅途中的"良师益友"。

POINT 2

游客可以体验度假胜地内的特色旅行项目和生活方式。关于度假旅行规划和景点，本书将为你提供丰富的资讯。

POINT 3

书后还有便于携带的单册地图！包括清晰、详尽的行政图和交通线路图等，是你度假生活的良师益友。

在有限的时间内，
在普吉岛 & 苏梅岛
尽情撒欢！

普吉岛
苏梅岛

How to use?

这里汇聚了海量实用信息，给你完美的度假生活体验。

Resort Style 10
编辑们提供了 10 种度假方式。除了经典线路，还介绍了度假村的新玩法。

一目了然! 普吉岛 & 苏梅岛旅行要点 NAVI
提供气候、货币和语言等普吉岛 & 苏梅岛旅行攻略，介绍热门景点的特色。出发之前浏览一下吧!

火爆! 3 晚 4 天经典线路
这是一条在有限的时间内可尽情游玩的经典线路! 每位游客都能在这里找到属于自己的乐趣。

便捷旅行的基本信息
提供从出入境到货币兑换、小票、安全与意外应对措施等全方位的旅游资讯，初出国门的旅行者也可以安心畅游。

★ 娱乐项目 & 自选旅行项目 
★ 美食 
★ 购物 
★ 酒店

旅游小贴士
栏外会列出旅行小贴士、建议及景区口碑等信息。

为了能让游客在普吉岛 & 苏梅岛留下更美好的记忆，我们分 "娱乐项目 & 自选旅行项目" "美食" "购物" 和 "酒店" 等板块介绍其中的精华信息。
此外，各地区的景点、SPA 美容等资讯也涵盖其中。

缩略符号及意义
- MAP……地图
- 住……门牌号、街道名等
- 地区……建筑名等
- 电……电话号码
- URL……URL
- 营……营业时间、开馆时间等
- 休……休息日
- 人均消费……每人次消费金额
- C……信用卡
  - A 美国运通卡
  - D 大来卡
  - J JCB 卡
  - M 万事达卡
  - V VISA 卡

书后 MAP 的主要符号
- ★ 景点 / 娱乐项目 / 购物中心
- H 酒店
- R 餐厅 / 酒吧
- 咖啡厅
- S 商店 / 便利店
- B 美容 /SPA/ 按摩

着……着装要求
P……停车场
费用……费用
客房数量……客房数量
交通……开车或乘坐巴士的方法

■ 本书的数据随着时间推移会发生变化。我们全力保证信息的准确性，但是不可避免地会发生由于旅行地本身信息变动引起的本书信息过时的情况。书中费用均为大致费用，旅行时需以当地实际费用为准。本书信息仅供参考，请根据自身实际情况进行判断。因使用本书造成的旅行者相关损失，概不负责，敬请谅解。

在海滩上体验美景，享受美食、购物和 SPA！
邀你畅游普吉岛 & 苏梅岛

航班降落，意味着你步入了南国胜地。漫步泰国的度假村，感受传统与自然的交相辉映，在海滩和当日往返的旅行中感受大海与当地风光的自然纯美。上品 SPA 也是泰国的一大特色。然后，我们就出发去逛街吧！海鲜和泰国美食会给你十足的满足感，搜寻 SPA 周边产品及泰国日用品也颇有乐趣！

p.20
p.128

p.18
p.126

参加深度海岛一日游吧，能更加深入地感受岛屿的魅力，在浮潜中亲密接触透明海水，观赏成群的海鱼。

普吉岛芭东海滩和苏梅岛查汶海滩是两个主要海滩，游客络绎不绝，海上运动项目令人心潮澎湃。

大海不仅美丽，还出产很多美味哟！

p.32·69
p.152

在风情小镇的个性商铺、购物中心、夜市等地购物也是普吉岛 & 苏梅岛之旅的特色之一。

4

p.45·81
p.147

p.60
p.142

主打"私密"的别墅 SPA 让你超脱凡境，纵享极致幸福。天然香草使你的肌肤重新焕发青春。

热带水果制作的甜点价格实惠。杜果和西瓜冰沙也不容错过。

p.26·41
p.134

p.54
p.138

p.103
p.161

来到泰国，不骑大象岂不白走一遭？游客可以骑在大象高高的背上，穿梭于丛林之间。

这座被大海环绕的小岛上，海鲜餐厅随处可见。大龙虾、皮皮虾、海蟹等丰盛的海味一定能满足你的胃口。

普吉岛和苏梅岛都有带私享泳池的别墅式度假村。在专属自己的泳池中，在一片悠闲中浸润身心。

还有还有！普吉岛＆苏梅岛乐无穷

p.24	参加甲米跳岛游，领略大美海滩。	p.74	买一些泰国香草制作的纯天然 SPA 产品送给亲朋好友吧。
p.44	参加泰国烹饪培训班，了解泰国菜的食材和烹饪方法。	p.76	夜幕下，定时举办的夜市是淘珍品的好去处。
p.47	晚上欣赏人妖表演和泰拳、大象动感演出等。	p.130	驾驶越野吉普车挑战丛林地带，感受激情的丛林穿越。
p.62	在海景酒吧＆餐厅，轻摇一杯鸡尾酒，品泰式美食，赏落日余晖。	p.132	在安通国家公园远眺美丽壮阔的海景。

5

CONTENTS

- 4 ● 邀你畅游普吉岛 & 苏梅岛
- 8 ● 普吉岛 & 苏梅岛旅行要点 NAVI
- 10 ● 普吉岛 & 苏梅岛 NEW TOPICS！
- 12 ● 普吉岛地区 NAVI
- 14 ● 普吉岛 3 晚 4 天经典线路

Resort style 10 普吉岛

- 18 ● 1 ● 在美不胜收的珊瑚礁乐园潜泳！皮皮岛绝美海滩一日游
- 20 ● 2 ● 普吉岛的核心景点——芭东海滩一日游 在芭东海滩度过完美的一天
- 22 ● 3 ● 玩转南国的海滩！在珊瑚岛体验海上运动
- 24 ● 4 ● 石灰岩山与最透明的海 参加甲米跳岛游！
- 26 ● 5 ● 休闲与惊险缺一不可！通过骑大象和激流泛舟感受自然风光
- 28 ● 6 ● 探访电影《007：金枪人》的拍摄地 参加怪石嶙峋的攀牙湾游船之旅
- 30 ● 7 ● 不能不吃的特色美食，既美味又实惠 在美食城搜罗泰国美味
- 32 ● 8 ● 在芭东最大的综合购物商场江西冷购物中心购物
- 34 ● 9 ● 美味珍馐、时尚咖啡厅与休闲购物 漫步充满殖民地风情的普吉镇
- 36 ● 10 ● 海滩美景与落日 眺望安达曼海的胜景

37 从浮潜到泰餐培训班，再到观赏表演，尽情地游玩吧！ Activity & Optional Tour

- 38 ● 娱乐项目 & 自选旅行项目 NAVI
- 40 ● 在皇帝岛挑战潜水！
- 41 ● 骑大象及泰国文化体验
- 42 ● 通过飞索在普吉岛森林上空体验空中漫步
- 43 ● 在斯米兰群岛尽情体验浮潜
- 44 ● 泰国烹饪初体验！
- 45 ● 享受上品按摩 & 排毒养颜
- 46 ● 场面震撼的传统文化表演！
- 47 ● 震撼人心的现场演出 & 泰拳表演！
- 48 ● 还有更多娱乐项目 & 自选旅行项目

51 从泰国菜到甜品，这里的美食无所不包！ Gourmet

- 52 ● 美食 NAVI
- 54 ● 产自安达曼海的珍稀海鲜
- 56 ● 深受当地居民欢迎的餐厅
- 58 ● 全球美食大搜罗！
- 60 ● 普吉岛热带甜品
- 62 ● 海景酒吧 & 餐厅
- 64 ● 去小吃摊逛逛吧！
- 65 ● 还有更多美食

69 民族特色物品大搜罗 Shopping

- 70 ● 购物 NAVI
- 72 ● 痴迷于时尚 & 上品杂货中
- 74 ● 香气怡人的纯天然 SPA 用品
- 76 ● 在夜市淘宝！
- 78 ● 还有更多商店！
- 80 ● 规定时间举办的夜市人气爆棚！

81 气氛好才是王道？还是要服务项目多？总之，纵享 SPA 时光吧！ Beauty

- 82 ● 美容 NAVI
- 84 ● 体验日间 SPA，让你瞬间光彩照人！
- 86 ● 度假酒店内的优雅 SPA 时光
- 88 ● 效果显著的足部按摩
- 89 ● 还有更多美容服务

91 海滩不可缺！带你领略复古风情的小城和岛内景点 Area Guide

- 92 ● 芭东海滩
- 94 ● 卡伦海滩
- 94 ● 卡塔海滩
- 95 ● 班淘海滩
- 95 ● 苏林海滩
- 95 ● 奈扬海滩
- 95 ● 奈汉海滩
- 96 ● 普吉镇
- 97 ● 岛内其他景点也很精彩！
- 98 ● 皮皮岛

103 海滩触手可及的泳池别墅和精选度假别墅数目众多 Hotel

- 104 ● 酒店 NAVI
- 106 ● 在带泳池的别墅休息
- 108 ● 隐秘的豪华别墅
- 110 ● 现代化的泰国传统度假村
- 112 ● 芭东海滩附近的便捷度假村
- 114 ● 机场周边的时尚度假村
- 115 ● 还有更多酒店

Resort style 7 苏梅岛

- 120 苏梅岛各地区 NAVI
- 122 苏梅岛 3 晚 4 天经典线路 
- 126 1 ● 3 个小岛的白沙滩彼此相连！ 前往如诗画画的南园岛
- 128 2 ● 游苏梅岛从这里开始 畅游查汶海滩
- 130 3 ● 激情越野，驶向山顶 惊险刺激的丛林越野！
- 132 4 ● 划船或远眺，享受优美海景 在安通国家公园的大自然中徜徉
- 134 5 ● 在纳芒瀑布丛林中 骑大象渡过溪流！
- 135 6 ● 使用苏梅岛的有机椰子，挑战制作椰子油！
- 136 7 ● 热闹的渔村！ 周五晚上闲逛步行街

137 在浪漫的气氛中品尝苏梅岛美食！ Gourmet

- 138 ● 海洋风光 & 海鲜美食
- 140 ● 口感、氛围均令人享受的泰国菜
- 142 ● 用香浓的甜品补充能量
- 144 ● 还有更多美食

147 旅行的乐趣，SPA 和购物消减旅途的疲惫 Beauty & Shopping

- 148 ● 连环境都有治愈效果的高档 SPA 令人心醉！
- 150 ● 位于城中的便捷 SPA 就在这里！
- 152 ● 适合在度假时使用的物品
- 154 ● 还有更多商店

155 在海滩上嬉戏，感受热带小镇风光 Area Guide

- 156 ● 查汶海滩
- 157 ● 拉迈海滩
- 158 ● 波普海滩
- 159 ● 那通镇
- 159 ● 湄南 & 班泰海滩
- 160 ● 岛内其他景点

161 精选海滩沿线的泳池别墅！ Hotel

- 162 ● 让旅行更加有趣的度假村
- 165 ● 还有更多酒店

167 对旅行有用的海量信息全在这里

- 168 ● 旅行的准备
- 170 ● 出境与入境
- 176 ● 普吉岛 & 苏梅岛的交通设施
- 178 ● 旅行资讯
- 182 ● 旅行的安全与纠纷应对

pull up

书后附有可拆装地图！！

MAP

一目了然!
普吉岛 & 苏梅岛旅行要点 NAVI

我来给大家介绍普吉岛和苏梅岛吧。

普吉岛和苏梅岛都是泰国著名的度假区,但由于它们分别位于马来半岛的东西两侧,因此气候和岛内风情截然不同。首先来了解一下泰国的基本信息吧。

5 分钟搞定 普吉岛 & 苏梅岛攻略

快速掌握泰国所有知名的度假岛屿的全部信息!

普吉岛 Phuket → p.11

普吉岛位于马来半岛西侧,安达曼海海面之上。岛上 77% 的面积被森林覆盖,热带植物丰茂。西侧的海岸线上有多处优美的海滩。

普吉府

面积	约 543 平方公里
人口	约 38.6 万人
首府	普吉镇

皮皮岛 Koh Phi Phi → p.98

位于普吉岛东南约 48 公里处,由 6 个海岛组成,因此也被称为皮皮群岛。黛翠山岩的独特景观和风景如画的海滩是这里的特色。

甲米府

面积	约 40 平方公里
人口	约 2500 人
中心岛屿	皮皮岛

苏梅岛 Koh Samui → p.119

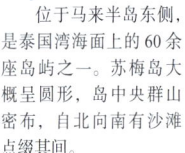

位于马来半岛东侧,是泰国湾海面上的 60 余座岛屿之一。苏梅岛大概呈圆形,岛中央群山密布,自北向南有沙滩点缀其间。

素叻他尼府

面积	约 252 平方公里
人口	约 6.25 万人
首府	那通市

泰王国基本信息

国名	泰王国
面积	约 51.3 万平方公里(相当于四川省面积,是中国总面积的 5.3%)
首都	曼谷(天使之城)
人口	约 6918 万人(2019 年)
语言	官方语言为泰语。普吉岛 & 苏梅岛的酒店、餐厅、其他地区的景点及旅游团也通用英语。
宗教	佛教徒占总人口的 94%,穆斯林约有 5%。普吉岛的佛教徒占 60%,穆斯林占 35% 左右。苏梅岛的佛教徒占比高达 80%。

与中国的时差

比北京时间晚 1 小时。不采用夏令时。

货币

主要货币单位为泰铢 Baht,简称 B。辅助币是萨当 Satang,1 泰铢 = 100 萨当。2019 年 1 月 4 日最新汇率:1 泰铢 = 0.2142 元人民币。

20B　50B　100B
500B　1000B

25 Satang　50 Satang　1B　2B　5B　10B

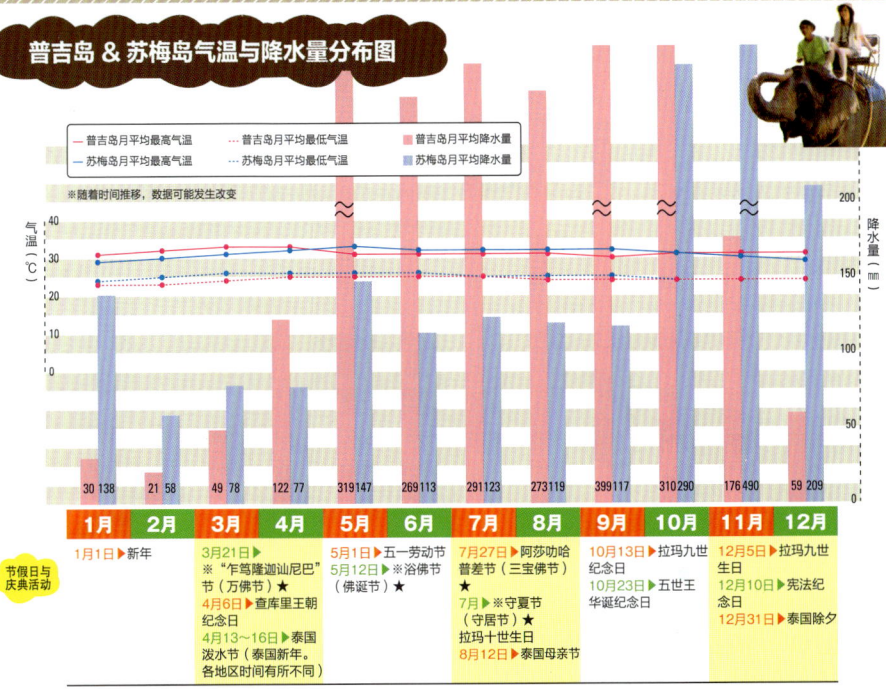

普吉岛 & 苏梅岛气温与降水量分布图

图例		
普吉岛月平均最高气温	普吉岛月平均最低气温	普吉岛月平均降水量
苏梅岛月平均最高气温	苏梅岛月平均最低气温	苏梅岛月平均降水量

※随着时间推移，数据可能发生改变

气温（℃） / 降水量（㎜）

月份	1月	2月	3月	4月	5月	6月	7月	8月	9月	10月	11月	12月
降水量	30 138	21 58	49 78	122 77	319 147	269 113	291 123	273 119	399 117	310 290	176 490	59 209

节假日与庆典活动

- **1月1日** ▶ 新年
- **3月21日** ※"乍笃隆迦汕尼巴"节（万佛节）★
- **4月6日** ▶ 查库里王朝纪念日
- **4月13~16日** ▶ 泰国泼水节（泰国新年，各地区时间有所不同）
- **5月1日** ▶ 五一劳动节
- **5月12日** ※"浴佛节"（佛诞节）★
- **7月27日** ▶ 阿莎叻哈普差节（三宝节）★
- **7月** ※守夏节（守居节）★ 拉玛十世生日
- **8月12日** ▶ 泰国母亲节
- **10月13日** ▶ 拉玛九世纪念日
- **10月23日** ▶ 五世王华诞纪念日
- **12月5日** ▶ 拉玛九世生日
- **12月10日** ▶ 宪法纪念日
- **12月31日** ▶ 泰国除夕

2019年节日清单。※表示各个年份日期不同。节假日与周六、周日重合时顺延至周一调休。★为禁酒日→p.181

最佳旅游季节

普吉岛 — 11月~次年3月

11月~次年3月是旱季，晴天多，温度低，气候宜人。此时海浪也不大，是去沙滩游玩的好时节。4月雨也不多，但是气温在一年中最高。5~10月是雨季，每天都会有暴风雨。

苏梅岛 — 2~5月

2~5月是旱季，晴天多，海面风平浪静。6~9月傍晚也会有暴风雨，但相对而言强度不大。10月~次年1月暴风雨的频率高，风强雨骤。

旅行的预算

泰国物价比国内大城市略低，不过作为旅游胜地的普吉岛和苏梅岛的物价在泰国也算不上便宜。在一家不错的餐厅吃一顿海鲜，人均消费在180元人民币左右。而当地人常去的餐馆，人均12元左右就能解决一顿。由此看出，当地的物价水平高低不均。考虑旅行的预算时，要综合在什么地方吃什么、去哪里玩、参加何种旅游团、是否要做SPA等。另外，普吉岛和苏梅岛基本上都没有公共交通工具，所以只能自己寻找相应的交通方式，价格较贵，这点要注意。

最短逗留天数

这在一定程度上取决于你抵达当地的时间，但是无论普吉岛还是苏梅岛，有2晚3天的时间基本上能玩个痛快。如果你要去周边的小岛或参加一些娱乐项目，最好能再待1~2晚。▶经典线路→p.14、122

小费

在高档餐厅用餐时，一般会给服务员餐费金额的10%作为小费。如果已支付服务费，则不需要另给小费。酒店服务生和客房服务员给20B左右。按摩和SPA技师的话，通常会给20~100B，当然，这得看你的心情。

Resort Style

普吉岛 & 苏梅岛 NEW TOPICS!

新亮点！

作为泰国的一大度假胜地，普吉岛机场新航站楼自启用后即迎来更大的客流量。下面为大家介绍新开张的商业设施、酒店和热门景点等。

普吉岛
宾至如归的普吉国际机场

Grand Open！

2017年9月16日，普吉国际机场国际航线航站楼盛大开业，新机场是拥有国内航线和国际航线两座航站楼的大型机场。国际航线航站楼共分4层，一层为抵达大厅，二层驻扎着各航空公司办事处，三层是出发大厅，四层是各航空公司休息区等。原来的国际航线航站楼如今改造成了国内航线航站楼，一层是抵达大厅，二层出发，三层有餐厅和航空公司休息区。两座航站楼有通道相连，也可以乘坐摆渡车。普吉国际机场→p.173

新落成的现代化普吉国际机场
国内航线航站楼内有与市区相同的美食广场

人气项目！

普吉岛
飞索受追捧！

在海滩度假胜地普吉岛，2011年新增一项游乐项目——丛林飞跃（Flying Hanuman）→p.49。当时人们没想到它今天这么火热。2016年增开的神猴世界丛林飞索，再次引游客纷至沓来。神猴世界丛林飞索→p.42

神猴世界丛林飞跃更适合初学者

普吉岛
普吉镇内小资咖啡厅如雨后春笋般兴起

老城遍布着中国—葡萄牙风格建筑，不少由古建筑改造而成的咖啡厅精致而温馨。图书馆和画廊风格等众多时尚的个性化咖啡厅纷纷兴起。

时尚咖啡厅

普吉岛
在中国同样受欢迎！

近几年，普吉岛游在中国游客中掀起热潮，当地中文标识的数量显著增多。江西冷购物中心→p.32内有一些相当于国内2元店的实惠店铺。便利店内有各国商品。

便利店内的外国商品
有不少幽默餐厅，进去之后会让你忍俊不禁
Moshi Moshi 全店统一平价，货品丰富

普吉岛
与大象亲密接触的大象关爱活动

早些年的热门项目之一是骑大象，近年来，大象关爱活动越来越受到游客喜爱。可以与大象一起下河，给大象擦洗身体，与大象零距离亲密接触。大象关爱活动→p.50

与大象零距离接触

普吉岛
环形咖啡精品店开了查龙分店

New Open！

普吉岛的人气咖啡厅环形咖啡精品店→p.60于2017年10月在查龙寺院旁开了一家分店，深受当地人喜爱。游客也不妨在观光之后进去尝尝。

MAP p.03-E2 
左／一栋2层的大建筑
右／菜单也很讲究

普吉岛
坐落在芭东海滩旁的高档度假区

在距离芭东海滩约1.7公里，芭东街景与海景均一览无余的度假村——感官度假村 & SPA，芭东地区首个20栋联排别墅于2018年6月盛大开业。

MAP p.05-D3
111/7 Nanai Rd., T. Patong, A.Kathu
076-336600
126间
thesensesphuket.com

泳池外的美景

苏梅岛
丽思卡尔顿在此开业

苏梅岛丽思卡尔顿酒店在春蒙海滩盛装开业。2017年10月试营业，2018年3月开始正式投入运营。

MAP p.10-A3
9/123 Moo5, Bophut
077-915777   175间
www.ritzcarlton.com/en/hotels/koh-samui

整个半岛都是度假村

普吉岛

Phuket

- 海岛度假系列 10 → p.17
- 娱乐项目 & 自选旅行项目 → p.37
- 美食 → p.51
- 购物 → p.69
- 美容 → p.81
- 地区指南 → p.87
- 皮皮岛 → p.98
- 酒店 → p.103

普吉岛地区 NAVI

普吉岛西海岸散布着多个美丽的海滩。东南部的普吉镇是普吉岛的首府，这里复古的城市风格深受游客欢迎。

A 机场附近的
奈扬海滩
p.95
正在降落的飞机从头顶呼啸而过

B 度假酒店汇集的
班淘海滩
p.95
适合度假的狭长海滩

C 主要海滩
芭东海滩
p.20、92
普吉岛的主要海滩之一

D 长期旅客必到的
卡伦海滩
p.94
有岩礁，可浮潜

E 普吉岛最南端的
神仙半岛
p.36、97
落日观景点

F 普吉岛的首府
普吉镇
p.34、96
老城是殖民地时期的建筑

G 岛民祭神的圣地
查龙寺
p.97
普吉岛最著名的佛教寺庙

H 交通枢纽的标志
女英雄纪念碑
p.97
普吉岛核心区地标建筑

随处可见的叶子花

地图标注

- 攀牙 Phangnga
- 泰国 Thailand
- 普吉岛 Phuket
- Koh Yao Noi
- Koh Yao Yai
- 皮皮岛 Koh Phi Phi
- 迈考海滩 Mai Khao Beach
- 普吉国际机场 Phuket International Airport
- 斯里纳斯国家海洋公园 Sirinath National Park
- 蓝峡谷乡村旧球场 Blue Canyon Country Club
- 昆湾 Kung Bay
- 奈扬海滩 Nai Yang Beach
- 奈通海滩 Nai Thon Beach
- 金佛寺 Wat Phra Thong
- 拷帕吊国家公园 Khao Phra Thaeo National Park
- 奥波湾 Ao Po
- 大郎卡岛 Koh Nakha Yai
- 拉扬海滩 Layan Beach
- 班淘海滩 Bangtao Beach
- 帕南桑寺 Wat Phra Nang Sang
- 通赛瀑布 Ton Sai Waterfall
- 小郎卡岛 Koh Nakha Noi
- 潘西海滩 Pansea Beach
- 苏林海滩 Surin Beach
- 卡马拉海滩 Kamala Beach
- 雅姆半岛 Laem Yamu
- 呈娘湾 Ao Tha Rua
- 女英雄纪念碑 Heroines Monument
- 小郎卡岛 Koh Rang Noi
- 大郎卡岛 Koh Rang Yai
- 萨巴姆湾 Ao Sapam
- 卡图瀑布 Kathu Waterfall
- 椰子岛 Koh Maphrao
- 芭东海滩 Patong Beach
- 琅山 Lang Hill
- 普吉乡村高尔夫俱乐部 Phuket Country Club
- 西瑞岛 Koh Siray
- 普吉镇 Phuket Town
- 卡伦海滩 Karon Beach
- 普吉湾 Ao Phuket
- 查龙寺 Wat Chalong
- 铺诺岛 Koh Tapao Noi
- 山顶大佛 Big Buddha
- 普吉岛动物园 Phuket Zoo
- 铺亚岛 Koh Tapao Yai
- 大卡塔海滩 Kata Yai Beach
- 查龙湾 Ao Chalong
- 小卡塔海滩 Kata Noi Beach
- 普吉岛水族馆 Phuket Aquarium
- 攀瓦角 Laem Panwa
- 卡伦观景点 Karon Viewpoint
- 桃花岛 Koh Lon
- 奈汉海滩 Naiharn Beach
- 拉崴海滩 Rawai Beach
- 神仙半岛 Laem Phromthep
- 梦岛 Koh Bon
- 艾奥岛 Koh Aeo
- 蜜月岛 Koh Maithon
- 大玻璃岛 Koh Kaeo Yai
- 小玻璃岛 Koh Kaeo Noi
- 珊瑚岛（阁希岛）Coral Islands (Koh Hae)

12

普吉岛是泰国最大的岛

这个泰国面积最大的岛位于曼谷以南约900公里、马来半岛外的安达曼海上，是一度假海岛。由多达32个小岛组成。虽说是岛屿，但最北端通过萨拉辛桥与泰国本土相接。岛内山脉纵横，地形起伏不平，最高点海拔为1195米。西侧的安达曼海沿岸有多个海湾彼此相连，造就了多片秀美的海滩。

卡伦观景台（→p.36）景色怡人

最佳旅游季节和旅游旺季

一年四季都有热带花卉热情绽放

普吉岛的最佳旅游季节是11月～次年3月。这个时期是当地的旱季，晴天多，海面风平浪小，最适宜在沙滩玩耍。只是这段时间也是旅游旺季，酒店等价格飞涨，甚至预订也变得非常困难。尤其恰逢中国春节期间，游客非常之多。可参照→p.9。

泰国著名的美食之镇

普吉岛是泰国最大的度假地，吸引了来自世界各地的游客。岛上有令各国食客喷喷称赞的各色餐厅。游客还能品尝到产自安达曼海的最新鲜的海味，美食也是这里的魅力之一。→p.51

安达曼海的海鲜令人垂涎

正宗的泰国料理在辛辣程度和口感上都会给你不一样的体验

普吉镇与芭东海滩

普吉府的行政中心是位于岛东南部的普吉镇。港口是附近的物流枢纽，这里拥有完善的大型综合设施，业绩喜人。同时，镇中心还保留着被称为"古城"的古老村镇。→p.34、96

主要景点是芭东海滩。海滩附近区域都是休闲区，涵盖了购物和饮食等功能。→p.20、92

遮阳伞星罗密布的芭东海滩

热销特产是SPA相关产品

在有"SPA天堂"美名的普吉岛，以纯天然香草为原料生产的SPA相关产品很受欢迎，有精油和磨砂膏等多个品类。具有浓厚民族特色的小物件适合作为礼品送人。店铺类型也很多，有专卖店和露天卖铺等。→p.69

购物也很令人期待

岛内交通

- 从机场到岛内 → p.176
- 岛内交通 详情请参照书后附册→ p.16

出租车

通常，出租车外观是黄红或黄蓝搭配的色调，在车顶有TAXI-METER的标识。不过你一般看不到街上有出租车。游客通常会请酒店或店铺帮忙预约出租车。出租车的车型是轿车。

这是常见的出租车，车门外写有电话号码

嘟嘟车（tuk-tuk）

在一厢小型车基础上改造而成的多座出租车。在芭东海滩上穿梭时可乘坐这种车。如果游客包租下来，就能自由地使用它。价格与出租车大致相同。晚上大多聚集在芭东海滩前的公路上。嘟嘟车司机通常会用音响大声播放着音乐。

具有红色车体的嘟嘟车

往返于芭东与普吉镇的巴士

双条车

一种大型公交车（部分车型是卡车），特征是蓝色的车身上有一条条黄线。这种车以普吉镇为中心，辐射芭东海滩、卡伦海滩和卡马拉海滩等地。去往普吉镇的车票很便宜，但是发车时间等不容易看懂，短期游客乘坐起来有些困难。另外，还有一种主要在普吉镇及其周边地区运营的粉红色双条车。

13

人气 普吉岛
3晚4天 经典线路

购物或者一日游，让你嗨翻天的压箱底规划

如果你是第一次来普吉岛，那这个规划绝对实用！包括芭东海滩畅游、江西冷购物、皮皮岛一日游等，惊喜连连。

乐趣无穷

第1天
第1天基本在路上，夜间抵达

抵达普吉国际机场
国内从北京、上海、武汉、广州、杭州等城市都有直飞普吉岛的航班，时间段涵盖上午、下午和晚上，游客可以根据自身情况选择航班。

航班信息 → p.169

普吉国际机场。新航站楼于2017年建成

打车 30分钟~1小时

抵达酒店
酒店遍布各地，从机场附近一直到岛的南部。抵达各个酒店所需的时间各不相同，如果道路不拥堵，一般在30分钟~1小时。

酒店 → p.103

带泳池的别墅式酒店——爱亭阁普吉酒店 → p.106

19:45
享用晚餐
如果你到得比较晚，可以在酒店内或者附近的餐厅吃晚餐。需要出门时最好乘坐出租车。

美食 → p.51

最适合观赏芭东湾海景的Pan Yaah餐厅 → p.54

+More 丰富的夜生活
芭东海滩的酒吧街 → p.93 及其周边区域是不夜城。到了周末，可以去步行街和周末夜市 → p.77 逛逛。

第2天
在芭东海滩狂欢！
先去芭东海滩，之后再购物、体验SPA！

10:00
前往芭东海滩
前往普吉岛的主要海滩芭东海滩。有些酒店还提供穿梭巴士，建议事先咨询。

芭东海滩 → p.20、92

或躺在沙滩，或在遮阳伞下享受悠闲的假日

步行 5-10分钟

12:00
就地享用午餐
海滩附近有快餐店和高档餐厅等各个等级的餐厅。午餐可以轻松地搞定。

★附近精选餐厅 三明治店咖啡厅 → p.20

这家人气很高的三明治店咖啡厅供应美味的面包

13:00
在江西冷购物中心购物
芭东海滩最大的购物中心。里面有各类商店和餐厅。

江西冷购物中心 → p.21、32

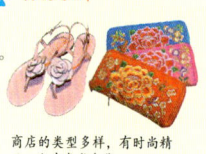

商店的类型多样，有时尚精品，也有泰式杂货

步行 约10分钟

15:00
在SPA和足疗放松身心
附近的足疗和SPA店让你消解一天的疲惫。

★附近精选店铺 东方SPA → p.21、84，C&N按摩 → p.88

东方SPA位于海滩附近，在这里可以体验纯正的SPA

步行 约15分钟

18:00
晚餐时间
晚餐吃泰国菜或海鲜吧。从芭东海滩步行就能找到多家餐厅。

★附近精选餐厅 好先生的海鲜餐厅 → p.21、55，P.S酒店餐厅 → p.57，蟹屋 → p.66

MK金泰式火锅 → p.65 也值得推荐

Another Plan
上午或下午去芭东镇，可以在那里的咖啡厅小憩，也可以购物。普吉镇漫步 → p.34。

+More 还有盛大的演出
晚上建议去幻多奇主题乐园、普吉蒙人妖秀等表演。→ p.47

14

第3天 皮皮岛一日游

普吉岛最受欢迎的景区是皮皮岛。群岛四周海水纯净，是浮潜的好去处，同时在沙滩上也可以嬉戏。

皮皮岛绝美海滩一日游→p.18

7:30 从酒店出发
卡车会接上多个酒店的客人一起出发。游客可以在酒店大堂等候。

乘车 约1小时

9:00 从皇家普吉码头出发
从普吉岛南部的皇家码头乘坐旅行社的快艇向皮皮岛进发！

游客被分开乘坐在双体快艇上

10:00 在蚊子岛浮潜
在位于皮皮岛最北部的蚊子岛潜水。

乘坐快艇 约1小时

海水透明度高，可以直望海底，鱼群密集

乘坐快艇 约15分钟

10:50 前往竹子岛海滩
在竹子岛登陆海滩。在这片细沙海滩上可以享受海水浴，也有很多海上运动。

白沙和碧海交织成一幅美丽的画卷

12:00 令人期待的午餐时间
从大皮皮岛通塞湾上岸，在海滨度假酒店享用自助午餐。

乘坐快艇 约40分钟

午餐量大，有烩菜和油炸菜品等

乘坐快艇 约20分钟

13:30 前往优美的霹雳湾
从大皮皮岛去猴子岛看猴子，再乘船往南进入小皮皮岛的海湾。

海水清丽，峭壁林立，美景连连

Another Plan
还有很多其他的一日游线路，游客可选择自己喜欢的。例如珊瑚岛→p.22、甲米→p.24、攀牙湾和詹姆斯邦→p.26、鳄牙湾浮潜→p.28。

14:30 在玛雅湾海滩游玩
在电影《海滩》的摄影地玛雅湾登陆。可以在海滩漫步。

乘坐快艇 约10分钟

皮皮岛上最有人气的玛雅湾聚集了很多船只

抵达皇家普吉码头

乘坐快艇 约1小时

15:30

乘车 约1小时

16:30 抵达酒店

第4天 回家啦

从酒店出发
在航班起飞前2小时从酒店出发。别忘记提前一天预约出租车。

乘车 30分钟~1小时

从普吉国际机场出发
在普吉岛办理出境手续，前往泰国本土的曼谷。

路上会很堵，还是早点出门吧

坐飞机 1小时25分钟

抵达曼谷
在曼谷国际机场寻找国际线出发大厅。

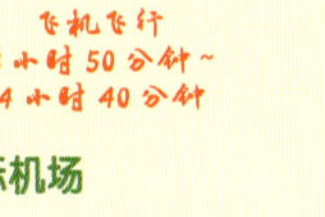

需要行走1公里左右，必须留足时间

离开曼谷

飞机飞行 3小时50分钟~4小时40分钟

抵达首都国际机场

涨知识！ 从普吉岛可直飞国内
国内北京、上海、武汉、广州、深圳、杭州等城市都有直飞普吉岛的航班，时间段涵盖上午、下午和夜间，游客可根据自身情况选择航班。

15

如果再多待一天……额外计划

加入旅游团游览景点

体验大象骑乘和漂流

从普吉岛去泰国本土的攀牙府一游，在美景中体验大象骑乘和漂流，度过愉快的一天。

骑大象和激流泛舟→p.26

PLAN 01

8:00 从酒店出发
沿路捎上旅游团成员。

乘车 约2小时

10:00 抵达西兰露营地
从普吉岛跨过一座桥后，车要开很长一段路才到达泰国本土的攀牙府。

热带植物繁茂的露营地

步行即到

11:15 骑着大象看风景
坐在大象背上穿梭于森林之中。中途还会涉水过河，充分感受与大象的亲密接触。

跟着大象进森林

乘车前往

12:00 在凉爽的河道和水潭里放松身心
从露营地走下一段陡坡，再沿河走一段路就会看到一个水潭，可以在那里嬉水。

这里天气炎热，在凉水里嬉戏让你心情畅快

步行约15分钟

13:00 午餐时间
在营地与大家共同分享午餐。

运动过后觉得午餐格外美味

乘车即到

14:00 挑战漂流
在乘车可达的河上坐上橡皮艇挑战漂流。这里到处都是激流回旋，非常刺激！

坐进橡皮艇沿激流而下

乘车约2小时

18:30 抵达酒店

景点观光与高级SPA

在"SPA天堂"普吉岛体验独特的高雅SPA，以此荡涤心灵；或去著名景点一览胜景。

PLAN 02

10:00 通过SPA缓解压力
酒店内的高级SPA基本都在别墅进行，私密性极佳。游客也可以去热闹的街区体验。

美容→p.81

有机草药浴按摩给你带来浸润式享受
普吉悦榕庄SPA→p.45

乘车 约30分钟

13:00 逛普吉镇
普吉镇的中心——老城有众多时尚咖啡厅和商店，可以一边散步一边购物。

漫步普吉镇→p.34
普吉镇→p.96

老城就像是一座博物馆

乘车 约20分钟

16:00 去查龙寺上香拜佛
查龙寺是普吉人的精神家园。这座泰式建筑气势恢宏。

查龙寺→p.97

寺院分为宝殿和佛塔等

乘车 约30分钟

17:30 从卡伦观景台眺望美景
一个可以欣赏大卡伦、小卡伦及卡伦海滩美景的观景台。

卡伦观景台→p.36

远望普吉南部的海滩

乘车 约10分钟

18:30 在神仙半岛观赏落日
这是普吉最南端的海角。从观景点一眼望去，落日下的安达曼海尽染紫霞。

神仙半岛→p.36、97

不少游客聚集在此观赏落日

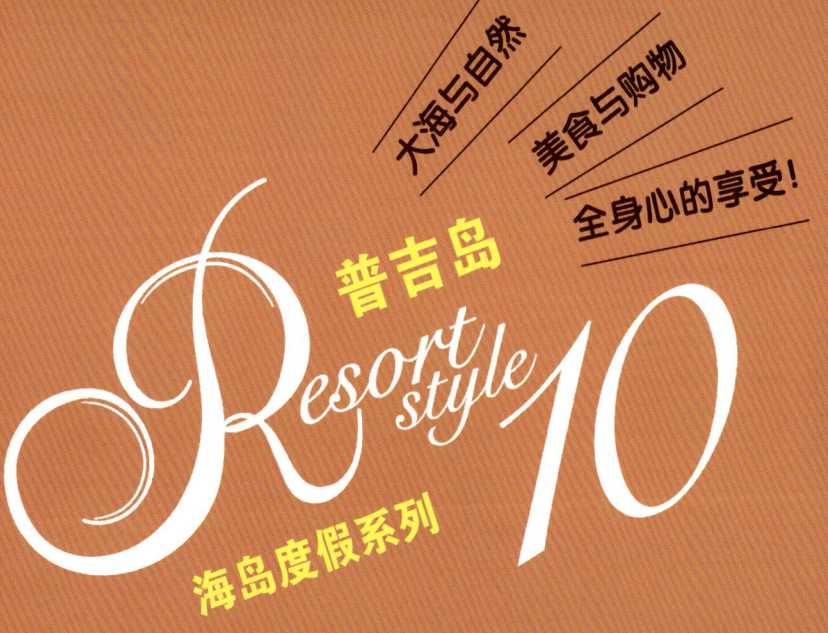

大海与自然
美食与购物
全身心的享受！

普吉岛
Resort style 10
海岛度假系列

在海滩上体验海上运动，
参加旅游团，在离岛亲近更美的大海与自然。
在岛上休憩、购物、享用美食，
全方位体验普吉岛的魅力！

- 皮皮岛绝美海滩一日游→p.18
- 在芭东海滩度过完美的一天→p.20
- 在珊瑚岛体验海上运动→p.22
- 参加甲米跳岛游→p.24
- 通过骑大象和激流泛舟感受自然风光→p.26
- 参加怪石嶙峋的攀牙湾游船之旅→p.28
- 在美食城搜罗泰国美味→p.30
- 在芭东最大的综合购物商场江西冷购物中心购物→p.32
- 漫步充满殖民地风情的普吉镇→p.34
- 眺望安达曼海的胜景→p.36

Resort style 1 跟团游

在美不胜收的珊瑚礁乐园潜泳！
皮皮岛绝美海滩一日游

日程安排 (约需9小时)

- 7:30~8:00 酒店出发
- 9:00 ★皇家普吉码头出发
- 10:00 ★在蚊子岛浮潜
- 10:50 ★竹子岛
- 12:00 ★在大皮皮岛用午餐
- 13:00 ★猴子海滩
- 13:30 ★小皮皮岛的霹雷湾
- 14:30 ★玛雅湾
- 15:30 ★抵达皇家普吉码头
- 16:30 ★抵达酒店

拥有美丽海滩与秀丽岩山的皮皮岛是来普吉岛旅行的游客一定不能错过的景区。通过浮潜和海滩漫步都能尽享大海的魅力。

玛雅湾海滩与长尾船

※受天气状况的影响，旅游团的日程安排有可能出现变动

竹子岛的长海滩

小皮皮岛的霹雷湾及周边海水清得令人不可思议

1 从皇家普吉码头出发

前往皮皮岛的快艇从普吉岛南部的皇家普吉码头出发。抵达目的地后，游客会被分成几个组。

导游会讲解旅行要点

●随身携带物品清单
- □ 泳衣（穿着出门）
- □ 防晒霜
- □ 帽子
- □ 浴巾（如果需要在海滩上使用）
- □ 防水袋

记住游船的编号
热门景区皮皮岛有很多游船。尤其是玛雅湾，海滩上的船非常密集。游客要记住自己乘坐的船的编号，这样不至于走丢。

2 在蚊子岛与鱼群同游

快艇在1小时后到达皮皮岛北部的蚊子岛。游客不上岸，不过仍能在四周被岩壁包围的海湾潜水。

只要伸伸出手，就能够得着鱼群

穿上救生衣，从船上"扑通"一声扎进水里

皇家普吉码头
普吉湾
普吉岛
普吉镇
查龙湾
蚊子岛
竹子岛
大皮皮岛
皮皮岛悬崖海滩度假村
猴子海滩
小皮皮岛
维京洞穴
玛雅湾
霹雷湾

皮皮岛 Koh Phi Phi → p.98　MAP p.03-F4

18

普吉岛 🐘 皮皮岛绝美海滩一日游

3 竹子岛的蓝白色泽形成鲜明对比

从蚊子岛乘船15分钟左右即到竹子岛。上岸后，可以体验海水浴，也可以在沙滩上静观螃蟹，度过悠闲的时光。

竹子岛的白沙滩和平浅的碧海

海水温暖，有泳池的感觉，真想就这么一直泡着

4 在皮皮岛的度假酒店享用自助午餐

游艇停靠在皮皮岛的主岛大皮皮岛的通塞湾。在海岸上的皮皮岛悬崖海滩度假村享用午餐。多吃点，为下午的活动积蓄能量。

午餐是自助餐，分量可加。

午餐过后，在前方的海滩稍事歇息

有多种特色的泰国料理

5 在猴子海滩观赏猴子！

岩山上悠然自得的猴子家庭

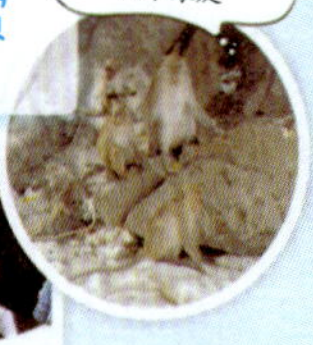

听说猴子并不常来海滩

乘船到离岸边最近的地方观赏猴子

大皮皮岛的海岸处有一块可以观赏野生猴群的猴子海滩。游客不用下船就能近距离看到猴子。

6 亮丽的霹雷湾让你耳目一新

离开大皮皮岛，朝小皮皮岛驶去。经过维京洞穴到达海岸后，眼前大海的颜色会让人为之振奋。

维京洞穴内有很多海燕果穴

以崖壁与大海的颜色吸引游客的霹雷湾

7 在热门景点玛雅湾和小皮皮岛漫步

玛雅湾是皮皮岛之旅的终点，也是此行最有看点的景点。登上海滩后，先去岛的反方向的观景点，你一定会迷上这片清澈见底的海水。之后，你可以在海滩上玩耍，直到离开这里。

玛雅湾聚集了很多船只

也可以在岛内散步，不过颇有几分探险的意味

从岛的反方向的观景点看到的美景

Tour info 皮皮岛和竹子岛之旅 Phi Phi Island & Bamboo Island Tour
V.Marine Tour　68 Moo 3, Thepkasattri Rd., Koh Kaew, Muang
076-360850　v-marine-tour.com
成人 3300B、儿童 1650B（包含酒店接送、船上饮料、国家公园票、浮潜和午餐费）

19

普吉岛的核心景点——芭东海滩一日游
在芭东海滩度过完美的一天

芭东海滩是普吉岛的核心景点。在体验了美丽的海滩和激情的海上运动后，持续到深夜的美食和购物还将让你流连忘返。

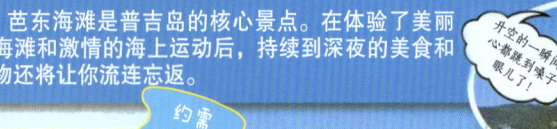

约需 8 小时

日程安排

10:00	★三明治店咖啡厅	Breakfast
11:00	芭东海滩	Beach
13:00	九咖啡厅	Cafe
13:50	江西冷购物中心	Shopping
15:00	东方SPA	Spa
18:00	好先生的海鲜	Dinner

升空的一瞬间，心都快跳到嗓子眼儿了！

上／帆伞运动大受欢迎。一名游客从眼前飞向空中
下／非高峰时段的芭东海滩。一到下午游客就会涌向这里

Start

1 三明治店咖啡厅
Sandwich Shoppe Café
MAP p.05-A·B2

早餐品尝自制面包做成的三明治

顾客可自选面包和配料，定制专属三明治。面包有长条面包、硬面包圈和汉堡面包等，配料的种类也很丰富。还有其他美食，可选一份或半份。

三明治可定制！

明亮整洁的店面

🏠 51 Aroonsom Plaza Patong
☎ 076-604172　⌚ 8:00~22:30
休 无　C 不可

前为普吉牛排BLT三明治（半份），售价120B；后是火腿及切达奶酪三明治（半份）149B

步行10分钟

2 芭东海滩
Patong Beach

在海滩上找一块理想的"地盘"吧

如果想去芭东海滩漫步，或者在太阳伞下静享闲适时间，推荐上午出发。下午游客爆满，并且太阳伞下也是人满为患。➡ p.92

在各个角落都可以看到移动式煎饼摊

海滩附近小摊上的盐烤海鱼

步行3分钟

遮阳伞和沙滩垫是收费的

洗手间和淋浴
芭东海滩的中间部位设有洗手间，想用洗手间的人需要去那里。1次收费5B。那里还有沐浴室，收费20B。

旅游小贴士　芭东海滩有很多道路都只单侧通行，其中海滩路是从南向北单侧通行。即使你住在海滩附近，开车过去有时候也要很久。

20

3 九咖啡厅
Cafe Nine
MAP p.05-C2

果然与众不同！不愧是吉姆·汤普森的咖啡馆

　　在江西冷购物中心入口处，有一家2017年8月新开的咖啡厅，是吉姆·汤普森丝绸公司的产业。泰式美食和甜点摆盘精致，令人食欲大振。自制茶饮 120B。

- 1104/2 Ground Floor, Jungceylon Shopping Center No.181 Rat-U-Thit Rd.
- 076-366681
- 11:00~21:00LO
- 无 C A M V
- www.jimthompson.com

椰子冰加上泰国特色甜品后制成的 Assorted Ice Cream 售价 110B

还有果冻、果仁和糯米饭!

泰式冰茶鲜奶皮与水果的套餐 Thai Tea Panna Cotta 售价 130B

咖啡厅内径直通往吉姆·汤普森的店铺

普吉岛 在芭东海滩度过完美的一天

步行即到

SPA
5 东方SPA
Orientala Spa

在这家广受追捧的水疗机构放松自我

　　虽然位于喧闹的芭东海滩，但是这家SPA却仿佛坐落在另一个僻静的世界。有SPA和泰式按摩等服务。丰富的套餐很受欢迎。➡ p.84

步行15分钟

很容易找到我们这家SPA店，快来体验一下吧

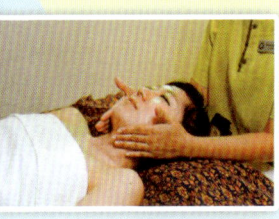

被日光曝晒的肌肤瞬间恢复活力，更具有弹性

Shopping
4 江西冷购物中心
Jungceylon

日常用品和时尚精品，无所不包

　　位于酒吧街顶端的江西冷购物中心是一座功能齐备的大型商场。可购物，可用餐，无所不包！➡ p.32

泰国玻璃→p.33 的五彩玻璃制饰品

由泰国杂货经营商珍珠布里公司→p.32 制作的钱包

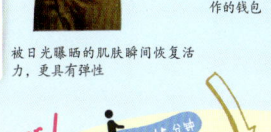

有喷泉和船的大型综合商业设施

Dinner
步行15分钟

6 好先生的海鲜餐厅
Mr.Good's Seafood

Goal

品味来自安达曼海的海鲜！

　　最想在普吉岛品尝的海鲜餐厅。先在店里选择喜欢的海鲜再由厨师烹饪。泰国风味的美食令人回味无穷！➡ p.55

有龙虾和鱼的美味大餐

店内宽敞，二层也有席位

顾客盈门，厨师在精心烹饪

21

玩转南国的海滩！
在珊瑚岛体验海上运动

跟团游

从普吉岛乘坐快艇，只需 15 分钟即可抵达珊瑚岛。在坐拥一片纯净海水的香蕉海滩，去挑战多种海上运动项目吧！

日程安排 约需 8 小时 30 分钟

8:30	★ 酒店出发
10:30	★ 查龙码头出发
10:45	★ 抵达珊瑚岛
11:00	浮潜 & 自由活动
12:00	午餐
13:00	浮潜
14:30	帆伞运动
15:20	海底漫步
16:30	离开珊瑚岛
17:00	抵达酒店

随身携带物品清单
- 泳衣（穿着出门）
- 防晒霜（外加帽子）
- 浴巾
- 沙滩凉鞋
- 防水袋

我是导游，请多多关照。

香蕉海滩是主要海滩

① 从查龙湾前往珊瑚岛

抵达查龙码头后会分发一些零食和咖啡。在导游介绍完行程后，前往港口，领取救生衣，然后就出发前往珊瑚岛。

坐上快艇，不一会儿就到珊瑚岛

② 休息片刻 & 潜水

抵达珊瑚岛后，在香蕉海滩约有 1 小时的自由活动时间。可免费租借潜水设备、沙滩躺椅和独木舟尽情享受海滨乐趣。

在泳池一般的浅海练习潜水

洋溢着浓浓南国风情的沙滩餐厅

③ 令人期待的泰式午餐

在屋顶由椰树叶搭建而成的餐厅享用午餐。菜单上全是泰国菜，菜品多。与旅游团成员共同分享美味，其乐融融。

提供正宗的泰国料理，分量足，可为下午补充能量

普吉岛
查龙码头
查龙湾
神仙半岛
珊瑚岛

珊瑚岛 Coral Island （阁帝岛 Koh He） MAP p.03-F2

※ 受天气状况的影响，旅游团的日程安排有可能发生变动

4 下午去试试喜欢的娱乐项目吧!

终于进入海上运动环节啦!潜水、海底漫步、帆伞、香蕉船和透明船5种运动方式可任意选择。

普吉岛

在珊瑚岛体验海上运动

从海面上空俯瞰的海景真的太棒了

Let's Try!

帆伞

一开始紧张不已,但是一旦飞起来,紧张感瞬间就会被飞行的乐趣所取代。游客可体验翱翔在海面上空的刺激与动感。

工作人员会帮游客系好安全带

别,别放开手啊!

工作人员一松手,马上就飘向空中

如果有防水相机,还能帮你拍照哦

海底漫步

戴上专用头盔后才能开始进行海底漫步,这样不会打湿脸部,漫步也变得更加愉悦。可在水下给鱼儿投食,还能欣赏工作人员的水下表演。

开始投食后,会有大批鱼群拥挤过来

为了防止海水进入头盔,头千万不要朝下看

还有这个!

谁会最先落水?

透明船

坐在透明的皮艇内荡舟海面。海水无法渗入,还能一眼看到海底,实在是太神奇了。这个项目很受追捧。

看上去,海面上好像没有船

浮潜

在海滩边也能体验浮潜,不过只能乘船去浮潜点潜水才能遇见更多的鱼群。

身体漂浮,五彩的鱼在身边游来游去

香蕉船

海上的招牌运动项目。为了不落下水,一定要拼命抓住船。但是即便如此,迟早也会掉下去的。这个项目会让你嗨翻天。

推荐参加带娱乐项目的旅游团

如果想在珊瑚岛玩个痛快,最好参加带娱乐项目的旅游团。游客无须担心接送和午餐问题,能全身心投入到"游玩"当中。

● 包含的服务
浮潜旅游团、独木舟、饮料、午餐和酒店接送
● 服务设施
洗手间、沐浴室、更衣室、储物柜
● 可选项目
潜水体验　2100B
海底漫步　2100B
帆伞　1300B
香蕉船　800B
透明船　800B

Tour info	短途旅行套餐　Day Trip Package
	The Coral Reef Cabana ☎ 44/1 Moo 5, Viset Rd, Rawai, Muang ☎ 076-381489/081-4167755
	www.bananabeachkohhey.com 成人 2300B、儿童 1900B

23

石灰岩山与最透明的海
参加甲米跳岛游！

Resort style 4 | 跟团游

甲米岛海面上点缀着超过 130 个岛屿。
加入甲米跳岛游吧，你不仅可以欣赏到清澈的海水与岩山共同描绘出的优美画卷，还有美丽的海滩等待你。

日程安排

约需 11 小时 30 分钟

- 7:00 ★酒店出发
- 8:30 ★普吉码头出发
- 10:30 抵达甲米奴帕拉特塔拉码头换乘快艇
  - 去往以下各岛及海滩
  - 托普岛、波达岛、帕南海滩
- 12:30 ★波达奈岛（午餐）
- 14:30 ★抵达奥南海滩
- 15:00 奥南海滩出发
- 17:20 ★抵达普吉码头
- 18:30 ★抵达酒店

※受海潮的影响，游玩的岛屿和海滩有可能出现变动

随身需带物品清单
- 泳衣（穿着出门）
- 防晒霜和帽子
- 浴巾
- 手机防水袋
- 国家公园门票 400B

穿过其他船的甲板走向目的船只

1 从普吉码头出发，享受 2 小时左右的海上旅行

驶向离岛的船抵达码头后，向工作人员出示船票，根据要求坐在相应位置。由于船体较大，海面上摇动较小。乘客中有些是跳岛游，因此行李较多。

甲米岛独特的地貌渐渐露出真容

2 在奴帕拉特塔拉码头换乘小船

到港后直接换乘快艇。达到一定人数后，即开船驶往甲米离岛。沿途壮观的海景与奇峻的岩石连绵接续，新意不断。

早点下船能在换乘时占据比较好的位置

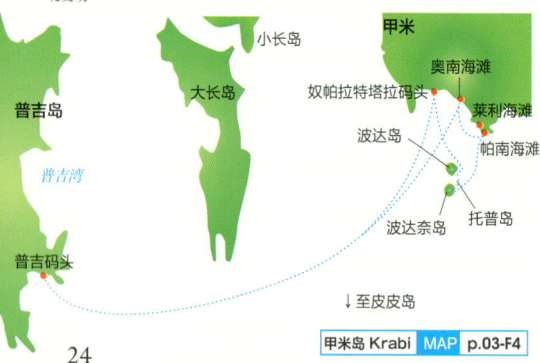

地图

普吉岛 / 大长岛 / 小长岛 / 甲米 / 奴帕拉特塔拉码头 / 奥南海滩 / 莱利海滩 / 波达岛 / 帕南海滩 / 波达奈岛 / 托普岛 / 普吉湾 / 普吉码头 / ↓至皮皮岛

甲米岛 Krabi MAP p.03-F4

24

3 前往波达岛、波达奈岛和帕南海滩

游玩波达岛、其南边的波达奈岛以及它们之间的托普岛,这些岛只是甲米岛众多离岛的一小部分。一般接下来还要去帕南海滩,不过游玩的顺序依潮水涨落而定。波达奈岛和托普岛之间潮落后会露出一条砂道,此时游人可步行赏玩。

普吉岛 参加甲米跳岛游!

波达岛的狭长白沙滩

波达岛 Ko Poda

波达岛堪称甲米岛最美的岛屿。这座全长1公里不到的无人岛有一片白沙滩,海水清澈如镜。海面上怪石如尖塔耸立,长尾船静静漂浮,如诗如画。游客可上岸漫步,或浮潜。

长尾船静立如画

还有猴子,不过禁止投食

这些鱼太靠近我了,拍不了照片……

乘船至海面后,还可浮潜

这块巨岩倒更像恐龙,而非鸡

大量的热带鱼

尝尝我做的鸡肉和咖喱吧~

波达奈岛 Ko Poda Nok

岛上有一块巨岩形状如鸡,因此也被称为鸡岛,正式名称是波达奈岛,位于波达岛以南1公里处。此行的午餐在这座小岛上的一间小屋里进行。

在海滩餐厅内吃午餐

托普岛 Ko Tup

潮落时,与波达奈岛之间会露出一条长约200米的砂道,游客可通过这条浅滩走到对面的岛屿。

石灰岩犹如冰柱径直下垂

半岛对面的风景。还有住宿设施

从波达奈岛经由砂道走到托普岛

帕南海滩 Phra Nang Beach

位于甲米南部半岛的一片海滩。被海水侵蚀的石灰岩呈洞穴状,因此也被形象地称为帕南洞穴海滩。有不少游客慕名前来攀岩。还可以走到半岛的另外一边,那里的风景也是别有洞天。

帕南公主洞是祈求出海平安的一个地方

4 取道奥南海滩前往普吉港口

走向甲米岛的奥南海滩,从那里换乘中型船只前往普吉岛的普吉港口。

船内有菠萝供应

空调制冷效果极佳,建议裹上浴巾或穿上保暖外套

Tour info 甲米一日游 4 Islands Tour 费用 成人1800B、儿童1400B(包含酒店接送、船内饮料、浮潜和午餐费。国家公园门票400B需另付)

25

Resort style ⑤ 跟团游

休闲与惊险缺一不可!
通过骑大象和激流泛舟感受自然风光

从普吉岛穿过萨拉辛桥，在泰国本土的攀牙府的丛林中骑大象，然后沿河漂流直下，享受激情一日游。

水很凉，玩得很尽兴哦!

随身携带物品清单
- □ 泳衣（可以事先穿在身上，也可以到目的地再换）
- □ 防晒霜
- □ 毛巾（漂流时使用）
- □ 防虫喷剂
- □ 便携式防水袋

日程安排 — 约需10小时30分钟

8:00	★ 酒店出发
10:00	★ 抵达西兰露营地
11:00	★ 大象骑乘
12:00	★ 游瀑布潭
13:00	★ 午餐
14:00	★ 激流泛舟
18:30	★ 抵达酒店

绿树掩映的西兰露营地

西兰露营地（激流泛舟&骑大象）
攀牙府
普吉岛

1 靠近大象，给大象喂香蕉

一到露营地就能看到大象。这里有香蕉出售，游客也可以在骑过之后再喂食。你递出香蕉，大象会马上伸出长长的象鼻过来接着。

快给我吃嘛~

骑大象时的向导被称为"马霍特"(Mahout)

MAP p.03-E4

2 骑在象背上，悠闲地漫步森林

森林、河流这类起伏不平的线路建议骑大象。游客可以坐在宽大的象背上摇摇晃晃地俯视整片森林的美景。你会发现马霍特的大象的呼吸也是同步的。

我们要涉水啦，不要掉下去哦～

大象在河道砾石上行走如履平地

大象骑乘处，小心不要掉下来

向森林进发。在象背上摇晃的感觉很棒

通过骑大象和激流泛舟感受自然风光

3 在森林之中的天然泳池内纳凉

大象骑乘结束后，立马奔赴不远处的水潭。从路旁走下一段陡坡即到。接下来就是1小时的自由"泡澡"时间，也可以在这里游泳。

这个天然泳池让你忘掉酷暑

4 与大家分享泰国家常菜

旅游团成员坐在一起吃午餐，分享冬阴功和炸鸡等泰国菜的美味。

午餐分量足

户外午餐分外可口！

5 为了不掉下来，可要抓紧了！惊险刺激的漂流

漂流工具是一艘橡皮艇，坐在里面沿激流向下。漂流结束后全身都会湿透，所以除了防水相机外，严禁携带任何其他物品。旱季会从大坝引水，大量皮艇一拥而下。

出发前要先学习船桨的使用方法。

水流湍急处，水花四溅

每艘艇上都有向导，可以放心游玩

一开始水流不急，可以细细地赏景

Tour info 激流泛舟和骑大象　Rafting & Elephant Trekking
Phuket Sealand Co., Ltd.　125/1 Phang Nga Rd., Muang　076-222900
www.phuketsealand.com　成人 3000B、儿童 2300B（包含酒店接送和午餐费）

6 探访电影《007：金枪人》的拍摄地
参加怪石嶙峋的攀牙湾游船之旅

攀牙湾有大小约160座岛屿，突向海面的石灰岩和形状奇特的溶洞等构成了美丽的自然景观，具有独特的魅力。

从船上欣赏到的风景也很怡人

约需10小时

日程安排

7:30~8:30	★ 酒店出发
9:00	奥波湾出发
9:30	在卧佛岛、房间岛海上泛舟
12:00	在穆斯林渔村用餐 & 岛内漫步
13:30	观赏詹姆斯·邦德岩石
15:00	纳卡岛海滩游玩
16:30	抵达奥波湾
17:30	抵达酒店

※ 受天气状况的影响，旅游团的日程安排可能发生变动

攀牙湾 Ao Phang Nga　MAP p.02-A3

1 从普吉岛北部的纳卡岛出发

位于普吉岛北部东海岸的奥波湾距离芭东海滩有近1小时的车程。从奥波湾可乘坐快艇前往攀牙湾。出发后不久就能看到海面上的一座座形态各异的小岛。

快艇高速驶向攀牙湾腹地

2 坐进独木舟观赏卧佛岛、房间岛上的洞穴和怪石

攀牙湾内有多个岛屿，坐在船上前行，一路上风景各异。看过卧佛岛后，在房间岛下船，随后登上独木舟。独木舟小巧轻便，可深入洞穴内部和岩石之间，探访周围神奇的景色。

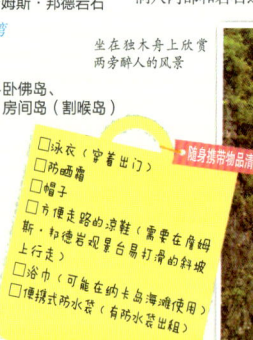

独木舟可穿过狭窄的洞穴内部

坐在独木舟上欣赏两旁醉人的风景

穆斯林渔村岛
詹姆斯·邦德岩石
攀牙湾
攀牙府
卧佛岛、房间岛（割喉岛）
奥波湾
普吉岛
纳卡岛

▶ 随身携带物品清单
- □ 泳衣（穿着出行）
- □ 防晒霜
- □ 帽子
- □ 方便走路的凉鞋（需要在詹姆斯·邦德岩观景台旁打滑的料坡上行走）
- □ 浴巾（可能在纳卡岛海滩使用）
- □ 便携式防水袋（有防水袋出租）

28

3 在穆斯林渔村岛吃午餐

这是一个从石壁处延伸出来的、长达400米的细长形高脚式村落。距今约200年前，来自爪哇岛的渔民在此定居，人数逐渐发展壮大。如今岛上1500余名岛民全是穆斯林。语言也通用爪哇语。岛上有很多特产店，不过分布得却像迷宫一样，可不要迷路哦。

与大家一同享用泰国菜

漂浮在穆斯林渔村岛海面上的村落

长长的木走廊仿佛迷宫一般

干鱼和小虾米是我们这里的特产

岛上的清真寺，身后就是绝壁

参加怪石嶙峋的攀牙湾游船之旅

穆斯林渔村岛的足球队

穆斯林渔村岛上曾经有一座海上足球场。最初是孩子们将木排连在一起做成的，后来岛上的足球队也开始在这里训练。该队在普吉岛足球比赛中曾杀进半决赛。这个励志故事还被拍成微电影，在全球引起过轰动。

新的足球场不再建在海上

4 越看越神奇的詹姆斯·邦德岩石

詹姆斯·邦德岩石构成的神秘美景

它真实的名称叫塔普岛

詹姆斯·邦德岩是一种形状奇特的岩石，因电影《007：金枪人》而享誉全球。从岩石的旁边上岸，穿过一个斜坡后就来到了岩石前面的海滩。这里你可以看到眼前是一大块巨岩。

岩石下常年被海水侵蚀，形成了垂直向下的钟乳石

沿斜坡向下走，途中有多个观景点

巨岩对面的海滩上有特产店

5 海水清浅的细沙滩——纳卡海滩

沙滩上船只星星点点

来点椰子和菠萝味鸡尾酒如何？

最后，在令人耳目一新的优美纳卡岛海滩享受海水浴和轻闲一刻吧。可以在沙滩酒吧喝鸡尾酒，也可以体验帆伞等水上运动项目。

手工搭建的沙滩酒吧

Tour info
詹姆斯·邦德岛独木舟之旅　James Bond Canoe Trip
Amazing Canoeing & Leo Canoe Group　148/26 Moo 5, T.Ratsada
081-8954267　www.amazingcanoeing.com
成人 3800B、儿童 2800B（包含酒店接送、船内饮料、浮潜和午餐费）

29

7 不能不吃的特色美食，既美味又实惠
在美食城搜罗**泰国美味**

跟团游

如果你想尝遍泰国的特色美食，推荐去美食城看看。那里店铺林立，可以挑选一家称心如意的店，品几道心怡的美味。

在面店，有多种面条可供选择！
1. Baamii……黄色鸡蛋面
2. Sen Yai……宽粉
3. Sen Lek……粿条
4. Sen Mee……细粉

炖猪蹄
五香猪蹄饭　67B 〔经典〕

用文火将猪蹄炖透，再将浓稠的汤汁浇在米饭上。辅以半熟蛋和芥兰，再配一碗浓汤。

肉末面
鱼肉米粉　50B

添加鱼肉末的米粉。口感清爽，是果腹的佳品。

鸭肉菜肴
照烧鸭肉面　70B

面条上铺一层照烧鸭肉，看上去像是炒面。还有送靓汤的炒拉面。

大虾饭
虾酱（Kapi）饭　50B

拌有虾仁的米饭。Kapi 是一种类似于盐渍虾的美食，口感独特。食用时，要将盘子里的所有食物拌在一起。

公众美食基金 Limelight Food Capital

位于一家以餐饮为中心的综合商业设施的一层，规模不大，但聚集了12家颇具泰国特色的美食店。

MAP p.09-B2

🏯 普吉镇　🏠 Thanon Dibuk，Talat Yai，Mueang Chang Wat
☎ 076-213664　⏰ 10:00～22:00　休 无　C 不可　🌐 limelightphuket.com

美食城就餐须知

Step 1 • 充值
在美食城入口处的柜台办理充值卡，充值后即可去各摊位购买餐食。用餐完毕卡内余额将如数退还，所以事先可尽量多充值。

美食城入口处有服务柜台

➡ Step 2 • 完全自助
各店均采用自助形式。选餐后，自选中意的座位。有些菜旁还放有调味料，顾客可根据喜好添加。另外，叉和勺需要自取。

有盐、胡椒粉和辣椒酱等调味料

➡ Step 3 • 返还余额
用餐结束，退还充值卡时，服务台会将卡内余额悉数返还。请务必当天退卡。

退卡时，服务台会返还余额

旅游小贴士　如果美食城放刀叉的地方有热水供应，要注意这个热水是用来给汤勺和刀叉消毒的。

普吉岛 在美食城搜罗泰国美味

招牌

鸡蛋饭
鸡块拌饭 60B
在鸡汁饭上铺一层蒸鸡肉,这是一道泰国家喻户晓的美味。送蔬菜汤。别忘记配料汁。

经典

泰式炒面
泰式炒面(Pad thai) 55B
将粿条与芽菜、韭菜一起煸炒,以鱼酱油调味的炒面。

蛋包饭
泰式蛋包饭 330B
米饭上铺一个煎蛋的简餐。通常会跟蔬菜汤一同食用。

人气

绿咖喱
泰式绿咖喱 70B
在美食城可享受物美价廉的咖喱。套餐内包含饭、菜。

沙司和鱼肉
泰式辣鱼 70B
鱼和蔬菜配上泰式辣酱,与米饭一同品尝。

甜品

泰式冰沙
冰沙 50B
从大量果冻中挑选自己喜欢的,再加入刨冰和甜椰酱制成传统的泰式冰沙。

椰奶炖香蕉 30B
一种温热的甜品,用了白糖的椰奶来慢炖香蕉。

下面这些美食城也去看看吧!

Big C 普吉
Big C Phuket
美食城位于地下。面积大,涵盖各类美食。

MAP p.08-B1
地区 普吉镇
住 72 Moo 5 Vichit, Muang Phuket
电 076-2494444
营 9:00~23:00
休 无 www.bigc.co.th

Big C 特别超市
Big C Extra
位于江西冷购物中心内。美食城在超市的地下,很有当地特色。

MAP p.05-C2·3
地区 芭东海滩
住 201 Rat U-Thit 200 Pee Rd., Patong
电 076-366040
营 10:00~22:00
休 无 www.bigc.co.th

江西冷购物中心
Jungceylon
美食城位于B层,名为"Food Bazaar 美食天地"。店铺不多,但都很整洁。

MAP p.05-C2·3
地区 芭东海滩
住 181 Rat U-Thit Rd., Patong
电 076-6366022
营 11:00~22:00
休 无 www.jungceylon.com

莲花超市
Tesco Lotus Extra
位于桑空宫酒店拐角处。二层有一大半的地方都是美食城,十分整洁。

MAP p.08-A1
地区 普吉镇
住 104 Moo 5, Bypass Rd., Phuket Town
电 076-6254888
营 9:00~23:00
休 无 www.tescolotus.com

美食庭院 Food Patio
位于尚泰普吉购物中心Central Festival的一层,明亮宽敞。店铺多,汇集了各类美食。

MAP p.08-B1
地区 普吉镇
住 74-75 Wichitsongkran Rd., Phuket Town
电 076-291111
营 10:30~22:00
休 无
www.centralfestivalphuket.com

跟团游

8 在芭东最大的综合购物商场
江西冷购物中心购物

江西冷购物中心是一座由数幢大厦和酒店构成的大型综合性商业设施。里面的店铺数量众多，无论何时都在营业。

江西冷购物中心
Jungceylon
浓缩了普吉岛精华的人气场所

位于芭东海滩的中心区，除了餐厅和咖啡厅，还有各色商店、SPA馆和剧院等。此外，大型超市Big C及罗宾逊也在这里设有分店。来芭东，江西冷购物中心是你一定要去的购物中心。

MAP p.05-C2·3
- 芭东海滩
- 181 Rat-U-Thit, 200 Pee Rd.Patong
- 076-600111　11:00~22:00
- 无　各店铺有所不同
- www.jungceylon.com

G Floor 地图标示：
皮姆娜拉精品酒店 / 星巴克 / Sports World / ATM / KFC / PANPURI护肤品店 / Robinson / Big C Extra / 普吉岛千禧芭东度假村 / MK泰式火锅 / 麦当劳 / 星巴克 / 汉堡王 / 每天19:00和21:00有喷泉表演

B Floor 地图标示：
Food Bazaar 美食天地 / THAT'S SIAM / 曼谷银行 / 永旺银行 / 正门 / Akaliko购物店 / 停车场 / 普吉岛千禧芭东度假村 / ATM

A 地下 日用杂货
适合当作礼品的泰国杂货
珍珠布里
Pearl Buri

这家店内满是泰式杂货，价格亲民，适合馈赠亲友。花、果造型的香皂种类多样。从刺绣包包到闪着金光的佛像，叫人眼花缭乱的商品即使看看也很满足。

- 3块香皂 100B
- 泰国国宝—大象造型的小盘 100B
- 蕉叶菜盘让你的厨房时光也拥有好心情
- 绣有精美泰国刺绣的钱包 100B

- Jungceylon 内 Silang Boulevard B Floor That's Siam GC69
- 084-2464849　J M V

B 一层 拖鞋
恋上可爱的拖鞋
吉利贝利果冻鞋
Jelly Bunny

一家橡胶鞋专卖店，店内商品花色多样，琳琅满目。款式主要为平底鞋和人字拖。设计分编织、网孔、花色和心形图案造型等，共有数百种。还有自制手包和钱包。

- 以玫瑰造型点缀的拖鞋 890B
- 熟女凤黑钻凉鞋 790B
- 以热带风光刺绣为卖点的可爱钱包 1590B
- 做工精致的手包也值得推荐
- 店内装饰时尚，洋溢着少女气息

- Jungceylon 内 Silang Boulevard G Floor 1124
- 076-366567　J M V
- www.jellybunny.com

32 **旅游小贴士** 在江西冷购物中心内使用信用卡消费时，有些店铺规定了最低的消费金额，请事先咨询清楚。

普吉岛 江西冷购物中心购物

C 一层 时尚用品
汇集潮流时尚品牌
Misty Mynx

既精致又独具设计感的服饰颇受年轻一族欢迎。带时尚图纹的T恤及简约中透露华美的连衣裙等都是这里的抢手货。

- 百搭的轻便草衫 1695B
- 图案时尚的美裙 1795B
- 黑底镶飞鸟图案的女式拖鞋 2995B

这件点缀亮片和串珠的连衣裙如何？

不妨看看这些造型前卫的服饰

📍 Jungceylon 内
Silang Boulevard G Floor 1122
☎ 099-2865749、076-366850
卡：AJMV
网：www.mistymynx.com

D 一层 饰品
技师手工打造的玻璃首饰
泰国玻璃
Thai Vetro

一位寇立籍泰国本土设计师创办的玻璃首饰品牌。一件件手工制作的物品颜色多样，设计风格清新，颇具南国风情，深受顾客喜爱。有项链、耳坠、戒指等，种类丰富。

- 带玻璃饰物的戒指
- 要说所有商品都纯手工打造的店铺，全球独此一家！
- 成对佩戴更显美感的耳坠售价 390B，项链 490B
- 售价 290B 的蝴蝶项链，链身长度可调节
- 内嵌真实树叶的耳坠售价 390B，项链 490B 
- 不在江西冷购物中心的主楼内，而是在它的旁边 

📍 Jungceylon 内 Sino Phuket G Floor GC50
☎ 081-8491588 卡：JMV
网：www.thaivetro.com

E 一层 皮具
泰国本土的皮草品牌
比埃拉
Viera

泰国设计师主持设计的钱包、手包和鞋类等，商品多使用牛皮制作。其中箱包的个性化设计是其亮点，深受喜爱。

- 这款手包有两种拿法
- 颜色喜人的名片夹 1190B
- 适合都市白领的手提包 9990B
- 蕾丝边的红色凉鞋是主打产品，售价 3990B
- 或能找到心仪的珍品

📍 Jungceylon 内 Silang Boulevard G Floor 1126
☎ 无 卡：AMV
网：vieraebyragazze.com

F 一层 女式内衣
来自泰国的性感 & 高端内衣品牌
安文胸
Annebra

由店主自己担任设计的女式内衣店。蕾丝运用细腻，适合成年女性。质地轻薄，给丽人们一个清爽夏季。除文胸外，还有泳衣和居家便服等商品。

- 与内衣成套的连体衣 1690B
- 优雅知性的文胸 840B 和内裤 350B 
- 价格便宜，深受顾客欢迎 

📍 Jungceylon 内 Phuket Square G Floor 4117
☎ 076-603830 卡：JMV
网：www.annebra.com

G 一层 购物中途的休憩小站 美甲
购物间隙来这里看看吧
美甲世界
Nail World

店铺面积大，即使只是进来看看，店员也会热情招待。有200余款美甲设计可供选择，涂色仅需20分钟左右。

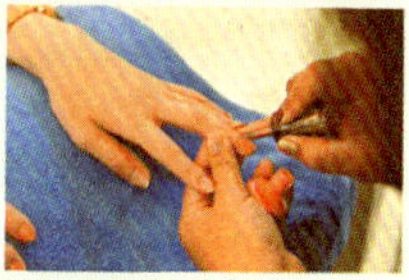

- 修整指甲，然后多重涂色
- 位于美发店专区隔壁

服务套餐
- 修甲 300B
- 修脚 600B
- 美甲 700B~
- 3D美甲设计 800B~

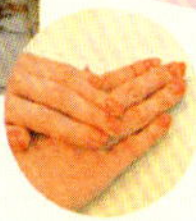

美甲结束后的效果

📍 Jungceylon 内 Phuket Square G Floor 4126
☎ 076-604454 卡：C 不可

33

Resort style 9 跟团游
美味珍馐、时尚咖啡厅与休闲购物
漫步充满殖民地风情的普吉镇

古城位于普吉镇中心，是一片仿佛凝固了时间的复古风情街区。去古城漫步，在人气商店和咖啡厅驻足片刻吧！

Start

1 苏林岛环形钟楼
Surin Circle Clock Tower

11:00 起点是地标建筑钟楼

从环岛路口正中心的钟楼开始，走向老城。钟楼周边有知名美食店和咖啡厅。

MAP p.09-C2

普吉镇中心的标志性建筑

cafe
3 环形咖啡精品店
The Circle Coffee Boutique

11:45 在附近的咖啡厅品尝甜品

一碗浓香馥郁的面下肚之后，来份甜品如何？这里有多种由杧果等水果制作而成的手工甜点，还有色泽诱人的马卡龙等。➡ p.60

食客们摆起长龙，而厨房里也是一片繁忙景象

步行即到

大力推荐香气扑鼻的杧果冰沙

Lunch
2 福建面馆
Mee Ton Poe

11:10 较早供应的午餐是海鲜炒粗面

名小吃——泰式福建鸡蛋面（Mee pad Hok-Kien）采用粗面，外加猪五花肉、墨鱼、虾和鱼刃等大火爆炒。面上加鸡蛋，与洋葱搭配食用，余味悠长。

MAP p.09-C2

🏠 214/7 Phuket Rd.
📞 076-216293 🕐 10:00~18:00
休 无 💳 不可

泰式福建鸡蛋面 60B。还有其他多种面食

杧果冰沙和青椰蛋糕

Shopping
4 Boho 普吉 2014
Boho Phuket 2014

13:00 手工纺织的度假便装

这里销售色彩鲜艳的度假便装，恨不得马上试一试。衣服的品种丰富，可别挑花眼哦。➡ p.72

彩色连衣裙件件都是纯手工制作

用玉米麸制作的纯天然挎包

步行7分钟

步行即到

地图标注：
- 普吉泰华博物馆
- 咖啡酒吧
- 哦，自然
- Soi Romanee街
- Boho普吉 2014
- 他朗&甲米路
- 纳塔泰国
- 蓝色大象
- 托利的精品冰激凌
- 泰国玻璃手工古城
- 环形咖啡精品店
- 苏林岛环形钟楼
- 福建面馆

普吉镇 Phuket Town → p.96 **MAP p.09**

5 纳塔泰国
Nattha Thai
13:30 伴手礼可以留作纪念

有不少游客来这家泰国日用杂货店选购伴手礼。既有适于分发的小礼品，也有正宗的传统工艺品。➡ p.72

皮制小包有小象和小狗等造型

Shopping

6 哦，自然
O'Natural
14:30 品类丰富的SPA用品

使用泰国香草和纯天然原料制作的SPA专用化妆品最受追捧。价格亲民，种类丰富，看看也不错。➡ p.75

店内的装饰也很有创意

以安达曼海的海盐为原料的SPA盐乳

Shopping

做工精美的鲜花造型香皂

步行即到

7 托利的精品冰激凌
Torry's Icecream Boutique
15:15 顾客排长队等候的人气咖啡厅

近20款原味冰激凌和甜品、牛角面包的特色套餐独具魅力。店内装饰同样时尚新潮。➡ p.61

cafe

分量也很足哦

蜂蜜冰激凌与当地特色甜品组合

8 普吉泰华博物馆
Phuket Thai Hua Museum
16:15 见证普吉镇的历史

一栋建于1934年的古建筑，最初是一座汉语学校。馆内展示了关于普吉岛历史的资料。➡ p.96

典型的中国—葡萄牙式建筑

步行2分钟

9 泰国玻璃手工古城
Thaivetro Homemade Oldtown
17:00 冰激凌和果冻

泰国玻璃→p.33 在普吉岛的分店。人气商品是自制冰激凌。有5种特制彩色蛋卷筒，冰激凌还有冬阴功口味。➡ p.61

蛋卷筒是店内自己烤制

饰品的种类也很多

步行1分钟

Shopping

10 咖啡里
Cafe' In
17:30 冰爽的甜品

以植物果实为原料的果冻上加入大量柠檬汁和蜂蜜、刨冰，制作成别具一格的甜品。在这家别致小店既可享受美食，又能小憩片刻。➡ p.61

古建筑也是一道风景

cafe

口感凉脆，暑气顿时烟消云散

步行1分钟

11 蓝象餐厅
Blue Elephant
18:30 在老牌餐厅享用正宗的泰国菜

普吉镇之行，理应用一顿正宗的泰国晚餐收尾。精选的食材、美味的饭菜会感动你的味觉。➡ p.56

Dinner

Goal

慢慢享受美味的泰国菜肴吧

盛放在椰子壳内的冬阴功汤

步行5分钟

普吉岛 — 漫步充满殖民地风情的普吉镇

海滩美景与落日
眺望安达曼海的胜景

越往普吉岛南部走,地形越发细长,直至走到神仙半岛,陆地在此终结。从观景台可以饱览安达曼海及其海滩的胜景。

可以眺望3 人海滩的绝佳观景点

卡伦观景台
Karon View Point

位于卡塔海滩南部小山上的一座观景台。从这里可以看到大卡塔、小卡塔、卡伦海滩。碧波万顷的安达曼海与划出一道弧线的白沙滩美不胜收。

MAP p.06-D2
卡塔海滩

观景台上的建筑

如何游览观景台

要想游览普吉岛南部的两个观景台,除了参加包含观景台线路的岛内观光旅游团之外,最好租车前往。租车事宜可向当地的旅行社咨询。

在九世皇登基纪念灯塔欣赏日出、日落

观景台中央的四面佛,供奉着大量大象雕像的供品

很多游客去那里欣赏日落

还有椰汁喝

可以观赏落日的普吉岛最南端的海角

神仙半岛
Laem Phromthep

从奈汉海滩尖端处的停车场走上一段坡道,随即就可以抵达位于神仙半岛尽头的观景台。伴随着夕阳西下,周遭被染成一片金黄,极具浪漫色彩。→ p.97

MAP p.03-F2
奈汉海滩

中午也能欣赏海角与大海的绝佳观景台

旅游小贴士 从考朗山观景台 Khao Rang Viewpoint MAP p.08-B2 可以看到普吉镇全景。

从浮潜到泰餐培训班，
再到观赏表演，
尽情地游玩吧！

娱乐项目 &
自选旅行项目
Activity & Optional Tour

自选旅游团的种类丰富。
可以体验浮潜、潜水等海中探险项目，
可以在大自然中放松身心，
也可以尝试参加泰餐培训班。
在普吉，你可以享受所有娱乐项目的乐趣。

- 娱乐项目 & 自选旅行项目 NAVI →p.38
- 在皇帝岛挑战潜水！ →p.40
- 骑大象及泰国文化体验 →p.41
- 通过飞索在普吉岛森林上空体验空中漫步 →p.42
- 在斯米兰群岛尽情体验浮潜 →p.43
- 泰国烹饪初体验！ →p.44
- 享受上品按摩 & 排毒养颜 →p.45
- 场面震撼的传统文化表演！ →p.46
- 震撼人心的现场演出 & 泰拳表演！ →p.47
- 还有更多娱乐项目 & 自选旅行项目 →p.48

娱乐项目 & 自选旅行项目 NAVI

Activity & Optional Tour

我们建议将沙滩运动与自选旅行结合起来，这样能让你的旅行更加富有乐趣。

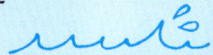

1 自选旅行项目让你的旅程更加充实

普吉岛有很多自选一日游项目。普吉岛的海滩固然很美，但是离岛也是一个不错的选择，在那里的细沙滩上你可以独享清闲，中途还可以体验浮潜，感受明净大海的魅力。皮皮岛和甲米岛等岛屿规划有多条一日游线路，游客可以酌情选择。参加方式可通过各旅行社的官方网站预约，有时通过在当地有业务的旅行社预约要便宜一些。

沉浸于大海之美的皮皮岛之旅

2 何时、在哪里预约旅游团

普吉岛旅游的旺季是11月~次年3月。尤其在中国春节期间和年终、年初，旅游团几乎日日爆满。如果想参加热门团，发团前才预约的话很有可能没有票，建议通过旅行社尽量提前预订。要是抵达当地以后再预订，可以通过旅行社设在酒店的服务台进行预订。镇上也有不少旅行社，各社之间竞争激烈，也会出现游客已付款，但是旅行社不来接人，或者旅行项目与预订时不同的情况。

3 有些旅游团需要住一晚

有定期轮渡前往热门景区皮皮岛，但是游客要是自行预约前往港口，会非常麻烦。从皮皮岛出发的旅游团需要在岛上预约。这么看来，皮皮岛和玛雅湾的两天一晚游最合适，这条线路包含接送服务和酒店。即使旅行项目中不包含这些，也可以跟旅行社商量，让他们帮忙安排。

还可以请旅行社定制特色旅行线路

4 旅游团预约注意事项！

预订旅游团时要确认好以下信息。

● 出发时间和抵达时间

旅游团一般在早上7:00~8:00从酒店出发。豪华度假酒店的早餐水准都很高，建议不要错过。如果你每天都要外出旅行，那么在制订行程和预订酒店时选择无早餐即可。各个旅游团返程时间也不同，如果你想回来得早，还能观赏表演，参加晚餐。

● 服务内容

即使旅行项目相同的旅游团，由于费用不同，所包含的服务内容有可能不同。如果你觉得费用便宜，所以一略而过，接下来你就有可能遇到入场券、娱乐项目和接送都需要付费的尴尬局面。交通工具方面，快艇和大型客船在所需时间上也不同。如果是一日游，团费中通常包含午餐费。

午餐有时是自助形式，有时采用旅行团成员共享的形式

● 取消订单的手续费

需要确认对方从什么时候开始收取取消订单的手续费。这要看各公司和旅行项目的具体情况，不过一般提前3天左右取消订单即开始收取手续费。

5 随心所欲的岛内旅行 租用专车旅行更加便捷

普吉岛几乎没有任何公共交通，如果想在有限的时间内绕岛旅行，从旅行社租用专车最安全，也最可靠。当然，也可以从市面租车，但是普吉岛的路面高低不平，镇上的道路是单向通行，如果不是老司机，开起来会很费劲。如果租用带司机的专车，比实时打出租车要便宜得多。还有一些特色旅行，提供贴心服务。详见→附册 p.17

专车分轿车和3厢以上的面包车

38

6 乘坐出租车旅行需要事先谈好价格

普吉岛的出租车通常都不安装打表计价器。近几年，有零星的出租车开始安装计价器，不过乘坐出租车旅行时仍然需要提前谈好价格。出租车价格请参照→ p.176。有时候司机不找零，需要提前备好小额钱币。请酒店的工作人员和门童预约车辆一般比较靠谱，也有些酒店有专车，只是价格比出租车稍贵。

正规的出租车车门上都印有电话号码

7 在海滩上体验水上运动时要充分考虑到危险性

在芭东海滩和卡伦海滩可以玩香蕉船、帆伞和水上摩托等。有些工作人员会主动上前询问游客是否要参加，还有些举着价目牌四处揽客，游客可当地预约。这固然很便利，但是万一出了事故，责任自负。帆伞运动是在风力作用下起飞，落地时可能会摔倒在沙滩上，水上摩托也是事故多发项目。游客在游玩前要充分考虑到危险性。

在海滩的上空飞翔的帆伞运动

谨防水上摩托超速及相撞事故

8 了解沙滩旗帜颜色的意义

到了沙滩，可以先观察一下那里的彩旗。如果没有旗，或者有白旗，意味着海滩可以游泳。看到上红下黄的彩旗，表明救生员正在紧密监测中；只是黄色旗，表明游泳要注意安全；红色旗表示禁止游泳。即使没有海浪，也可能会有离岸流。离岸流是一股射束似的狭窄而强劲的水流，如果游泳时遭遇离岸流，游客就有可能被海流带向外海，极其危险。此外，带引擎的海上运动区与游泳区是分开的。游客只能在浮标圈定的范围内游泳。

9 体验海上运动前需要准备的物品

防晒霜是必备物品。为防止被太阳灼伤，可适当涂抹防晒霜，最好是能穿上防紫外线的衣服。这样一来，在水中碰到水母、岩石和珊瑚等物体时也能将伤害降到最低。鞋子方面，沙滩凉鞋即可，不过上岸后如果需要走岩石堆，可穿防滑的凉鞋或沙滩鞋。另外，如果你有便携式防水包、防水袋，把贵重物品放在里面就可安枕无忧了。有些旅游团提供防水袋租赁。浮潜三件套（潜水镜、脚蹼、呼吸管）费用包含在旅游团报名费中。眼睛有恙或对对方提供的设备尺寸不放心时，也可以携带自己的潜水镜和呼吸管前往。

有些旅游团提供防水袋租赁，游客也可以在当地购买

10 芭东海滩全面禁烟！

泰国政府自2017年11月开始对境内的著名旅游海滩执行全面禁烟政策。普吉岛的芭东海滩也被列入禁烟区，吸烟的游客一定要注意。违反此规定者将被处以10万B（约2万元人民币）罚金或1年有期徒刑的处罚。其他海滩也可能在执行禁烟政策，请提前咨询。禁烟区可参考→ p.105、181。

芭东海滩只有这一小块吸烟区

提醒游客注意离岸流的警示牌

表明救生员正在紧密监测中的彩旗。6～10月海浪大

普吉岛 娱乐项目 & 自选旅行项目 NAVI

39

Activity 探索五彩斑斓的热带鱼生活的水下世界
在皇帝岛挑战潜水!

如果是初次潜水,推荐去皇帝岛。海中珊瑚礁林立,鱼群穿梭其间。即使没有潜水证也能潜水,快去体验与鱼群共游吧。

皇帝岛 Koh Racha Yai　MAP p.03-F4

日程安排
7:30	从普吉岛的酒店出发
8:30	查龙码头出发
10:30	第一次潜水
11:30	在船上吃自助午餐
12:30	第二次潜水
13:30	皇帝岛出发
15:00	抵达查龙码头
16:00	抵达酒店

※ 受天气状况的影响,旅游团的日程安排有可能出现变动

欣赏透明的海水

位于普吉岛以南约20公里处,坐船约1小时30分钟后即可到达皇帝岛,这是一个全年均可享受浮潜的热门景点。潜水点也非常多,在附近诸多岛屿中,这里美丽的海水也是首屈一指的。游客可以在充满多样性的海底与五彩的鱼群一同嬉戏。运气好的话,还能遇到海龟。如果是5~10月的雨季,海水的透明度更高。

准备完毕!

潜水前有细致的指导,初次体验者也无须担忧

去海中实际体验一次吧

水中极其梦幻

午餐是在船上吃的,采用自助形式

悠闲游动的蓑鲉

清澈、美丽的海水

因《海底总动员》而名声大噪的小丑鱼

也许能邂逅巨型海龟

皇帝岛潜水体验
3800B 包含午餐、饮料和潜水器材

在浮潜中体会海之壮美

乘快艇前往皇帝岛的 Patok 海滩。在细沙沙滩和碧波大海的美景中短暂休息后乘船出海浮潜。海水清得让人沉醉。最佳潜水期是12月~次年4月的旱季。

日程安排
8:00	从普吉岛的酒店出发
9:30	查龙码头出发
10:00	抵达皇帝岛
11:00	乘船开始浮潜之旅
12:30	午餐
15:30	皇帝岛出发
16:00	抵达查龙码头
17:30	抵达酒店

皇帝岛一日游
1350B 包括酒店接送、午餐

上／皇帝岛北部的 Patok 海滩
左下／浮桥式码头
右下／在 Kon Kare 湾、Siam 湾等地浮潜

旅游小贴士 在泰国新年,即泼水节期间,普吉岛会举办放生小海龟的"海龟放生节"活动。

Activity

普吉动物及传统文化半日游
骑大象及泰国文化体验

花半天时间骑大象，坐牛车，感受泰国传统农村风光。游览顺序不限，时间自选，推荐游客少的上午前往。

普吉岛 04 在皇帝岛挑战潜水！／骑大象及泰国文化体验

鼻鼻很灵活地转动着哼叫圈

上／庞大的身躯也能轻松立足于小块面积之上
下／大象按摩既紧张又刺激

亲密接触动物和乡村文化

主要包含骑大象、大象表演等项目，还能在悠然的田园中与水牛和美国野牛亲密接触。另外，游客还能参观泰国香米和橡胶的种植现场。

体验 1 大象表演 需要 15 分钟

它会把身体靠近你，让你摸它的头

体验 2 牛车 需要 5 分钟

牛背上的肉坨就是"车刹"

体验 3 猴子表演 需要 10 分钟

还给紫哑铃？太牛了！

进行摘椰子等多种才艺表演

体验 4 野牛合影

与威风的野牛合影

体验 5 骑大象游览 需要 30 分钟

鼻集好软呀！

坐在牛车上缓缓地在田间地头闲逛

体验 6 文化体验 需要 5 分钟

沙法理乐园
Island Safari

MAP p.03-E2
地区 甲涂 住 38/60 Moo, 5 T.Chalong A.Meung 076-255021
费用 绿色巡游 成人 1500B、儿童 1100B（含酒店接送）。分上午和下午两个时间段
网 www.islandsafaritour.com

上／观摩从树上采集橡胶的方法
左／工作人员解释橡胶拉伸，展示橡胶制品

上／在平坦的田边和山间小路上慢行
下／游客可以给大象喂香蕉，也能摸它的鼻子

41

Activity 通过飞索
在普吉岛森林上空体验空中漫步

飞索是普吉岛树林娱乐项目之一，近来热度飞涨。参加者要在茂密的丛林中，从一棵树"飞"到另一棵树。

胆战心惊但是很好玩！

用飞索穿越丛林！

飞索是指在树与树之间架起钢索，采用滑轮滑降而下的一种运动。神猴世界内有30个飞索高台，最长的飞索达400米。

有种飞向蓝天的感觉！

11:40 空中漫步

漫步架设在丛林之中的空中栈道，可以看到榴梿树和红毛丹树等热带果树。

空中漫步约需20分钟

飞起来的感觉！

超人

教练握住参加者的脚向前飞，犹如超人。这个项目只有被选中的人才能参加。

夹到顶也很费力

空中吊桥

通过架设在空中的摇摇晃晃的细长吊桥。

别摇呀！

有面条和米饭等，品种丰富！

抓紧安全带下面

12:00 午餐

空中漫步后就到了午餐时间。是自助形式，以泰国菜为主，搭配水果、冰激凌等，种类十分丰盛。

13:00 飞索

简短的培训过后，进入真实的体验环节。神猴世界内有30个飞索高台，其中A区有16个，游客将在那里体验飞索和垂直下降。时长3小时。

旋转梯

走到飞索高台也颇为惊险

滑降

从高台上坐上滑轮飞速滑下

教练会帮着系上安全帽和安全带

鸳鸯索

飞索还可两人同时体验

神猴世界
Hanuman World

MAP p.03-E2

甲涂
105 Moo 4, Chaofa Rd., T.Wichit
076-540767　A区 成人3190B（含30个高台、空中漫步和午餐）。飞索开始时间8:00、10:00、13:00、15:00
www.hanumanworldphuket.com

丛林飞跃→p.49的姐妹项目

旅游小贴士　还有长800米的高速滑索项目可选，费用1700B。

42

Activity 在唯美的海中，与鱼群和海龟一起畅游
在斯米兰群岛尽情体验浮潜

被列为海洋国家公园的斯米兰群岛拥有优美的风景，是热门的旅游地。
游客还能在青碧如玉的海中享受浮潜！

有可能会遇到海龟

蓝色的海洋中生活着色彩鲜艳的小丑鱼

日程安排

6:30	从普吉岛的酒店出发
8:30	拉姆码头出发
10:00	在第5、第6岛浮潜
11:00	在第4岛上岸
12:00	午餐
13:00	在第9岛浮潜
14:00	在第8岛上岸
15:00	前往拉姆码头
16:30	抵达拉姆码头
18:30	抵达酒店

※ 受天气状况的影响，旅游团的日程安排有可能出现变动

斯米兰群岛 Koh Similan　MAP p.03-E3

普吉岛　通过飞索在普吉岛森林上空体验空中漫步／在斯米兰群岛尽情体验浮潜

在浮潜中欣赏美景

"斯米兰"在马来语中是"九"的意思，顾名思义，斯米兰群岛意指有9个岛屿，这9个岛被分别标上了1~9的序号。最大的岛屿是第8岛——斯米兰岛。游客可以到多个岛屿，在景致最美的地方体验浮潜，最后在沙滩上安静地休息。

游客可以登上风帆石

海底清晰可见！

风帆石是斯米兰岛的象征

浮潜过程中可以看到很多海鱼

主海滩这么美！

多吃点啦~

午餐是自助泰国菜

从风帆石看到的唐老鸭湾

43

Activity 回国后仍在回味的 泰国烹饪初体验！

如果想尽情地品尝正宗的泰国美食，何不尝试自己来做？
不过先要参加泰国烹饪培训班。去掌握泰国菜的烹饪要领吧。

自己动手做泰国风味蟹！

参加老字号泰国美食餐厅蓝象组织的泰国菜培训班。老师首先会教你在市场上如何选择食材和调味料。通常会在上午做三道主菜。老师是餐厅主厨，而且教得也很细致，学员大可放心。现场制作的菜肴就是你的午餐哦。

9:30 Let's Go 市场！

市场上有多种咖喱酱可选

亲，你觉得哪种辣椒更辣？

10:00 开始烹饪吧

食用油、咖喱酱和调味料等都准备妥当了

咱们快点开始烹饪吧！

第一道菜

首先将蔬菜切段

调好的酱料和椰油入锅，然后倒入牛肉

用石臼捣碎切好的蔬菜和香草

第二道菜

蔬菜可以切，也可以捣碎

将调味料和切好的蔬菜放入水中慢炖即可

加了牛肉的香浓泰式红咖喱完成了

精致的装盘

泰国的知名美食冬阴功大功告成

12:00 出锅啦

蓝象餐厅
Blue Elephant Cooking & Restaurant

蓝象餐厅→p.56
MAP p.09-B1
普吉镇　费用 2800B
076-354355
blueelephantcookingschool.com

旅游小贴士 蓝象的总店设在比利时，以出口转内销的形式，于2002年在曼谷开了泰国第一家店。

44

Activity 全身心地放松，焕发新生的美
享受上品按摩 & 排毒养颜

在普吉岛最纯粹的 SPA 养生堂——悦榕庄酒店享受极致 SPA，或体验清肠排毒和做瑜伽。无论哪种体验，都堪称完美。

全身肌肉都松弛下来了，很有效果哦！

有机草药球配合温麻油，使皮肤重回弹性

按摩

体验 皇家悦榕！

最开始是花瓣足疗 Start!

使用绿茶磨砂膏去除足部角质

再通过按摩，完全消除肌肉的紧张感

最后是脸部按摩，彻底放松身心 Finish!

在普吉岛的大量 SPA 中，悦榕庄酒店最有特色。在绿意葱茏的 SPA 专用房内慢享休闲时光。SPA 室分单人间和双人间两种，共有 25 间，各自独立，这极大地保证了私密性。此外，这里的所有治疗师都接受过悦榕庄的培训，技艺娴熟，备受好评。服务套餐分男、女两大类。客人可以事先在网页上确认后再预约。

普吉悦榕庄 SPA
Banyan Tree Spa Phuket
MAP p.07-B3
班淘海滩　33 Moo 4, Srisoonthorn Rd., Cherngtalay, Amphur Talang　076-372400
www.banyantreespa.com
悦榕庄酒店 → p.108

Royal Banyan
180 分钟 10500B

这种服务套餐包含使用以香菜和黄瓜为原料制作的身体磨砂膏、有机草药球及温麻油实施的按摩、脸部按摩、面膜和芳香按摩。服务内容包含一开始的足疗、茶水、水果及 30 分钟的休息时间。

很养生呀！味道不错，分量也足！

排毒养颜

体验 圣淘沙健康排毒

Start!

依据身体状况选择的果汁和冰沙

餐后通过按摩放松身体

最后是瑜伽

只提供植物纤维的素食午餐

Relax@Santosa 1500B

包含带甜品的素食午餐、新鲜果汁或冰沙、按摩、香草桑拿、圣淘沙健康排毒（瑜伽等）。

Finish!

此健康排毒疗养目的是排出体内的毒素。一般至少 3 天起，现在也推出了适合游客的半日健康项目。在风景秀美的餐厅品尝清肠排毒的生食也很不错。游客也可以只做 SPA 及用餐。

有胡萝卜沙拉、西葫芦意大利面、罗勒糊、杏仁酱和南瓜汤

甜点为杧果蛋糕

圣淘沙排毒养颜中心
Santosa Detox & Wellness Center
MAP p.06-C3
卡塔海滩　3 Soi Plak Che 2, Patak Rd., Karon　076-330600　www.santosaphuket.com

普吉岛 泰国烹饪初体验！／享受上品按摩 & 排毒养颜

旅游小贴士　在 SPA 专用的带泳池别墅——悦榕庄酒店，游客在室内即可享受到 SPA 服务。

45

Activity 翻开泰国灿烂的文化及神话史
场面震撼的传统文化表演！

150人的庞大演出阵容为现场观众奉上压轴表演。
演出场地是再现泰国古村落的一个主题公园。
在现场还能与大象亲密接触。

光、声、水三位一体的传统舞蹈表演

偌大的公园内设置了泰式村落、餐厅和商店。建议在演出开始前提前到达。可以先用餐，或在村内游逛，也可以去中央广场骑大象，观看泰拳表演、泰国舞蹈等。主要表演是以泰国历史、传统艺术为主题的三部曲。全长70分钟。

散布在泰国各地的民居

A OPEN ★ 20:30~21:45
激动人心的演出在这里
剧场 Theatre
高12米、宽65米的巨型舞台上设置了1740个座位。现场的舞台艺术、灯光和音响令人震撼。

在演出间隙还有解说

在泰国南部流传的皮影

B OPEN ★ 17:30~20:15
复原泰国各地的田园风光
泰国村落 Thai Village
散布着泰国北部和南部的传统民居。还能看到在船上卖货的水上市场及传统糕点。

C OPEN ★ 18:00~20:30
泰国及各国的美食
自助餐厅 Restaurant
餐厅内除泰国菜外，还有中餐、印度菜、清真菜等，种类丰富。

也尝尝泰式炒面吧

左／可乘坐水上市场的小船
右上／现场演出采用椰子制作传统糕点的工艺
右下／用树叶灵巧地做成玫瑰

熟练之后就很简单啦

D OPEN ★ 19:35~20:05
互动演出
露天表演 Lan Naga
在演出开始前，有露天泰拳和大象表演等，候场的时间也不会无聊。

试试多种美食吧

大象和演出人员共同演绎压轴节目

右／泰拳表演场面激烈
左／壮观的巡演队伍

普吉暹罗梦幻剧场
Siam Niramit Phuket
MAP p.03-D2
地区 甲涂 地址 55/81 Moo 5, Rasada Muang
电话 076-335000 营业 17:00~22:30（演出 20:30~）休 无
费用 银座 1500B、金座 1700B、白金座 1900B
网址 www.siamniramit.com

46

Activity 让人无法入眠
震撼人心的现场演出 & 泰拳表演！

夜晚的度假村被华美的表演和激情的泰拳满满占据。观看表演，参加有接送服务的旅游团最方便。

普吉岛 场面震撼的传统文化表演！／震撼人心的现场演出＆泰拳表演！

主题公园
幻多奇主题乐园
Phuket FantaSea

具有泰国特色的游乐园

普吉岛最大的主题乐园，占地面积约82.5万平方米。园内有自助餐厅、商店和娱乐项目等，可以体验泰国文化。最大的亮点是在剧院举行的表演，表演由40余头大象和大量演员共同演绎，将泰王国的精髓淋漓尽致地展现出来。

长37米的剧院可容纳3000名观众

MAP p.03-D1
卡马拉海滩　99 Moo3, Kamara, Kathu
076-385111　17:00～23:30（演出时间为21:00～）
周四　表演1800B、表演和自助晚餐2200B（金座加收350B）
www.phuket-fantasea.com

高潮部分是大象与演员同台表演

上／约70分钟的魔幻、动物表演 左下／演出阵容还包括44头大象和3只老虎、40只山羊、40只鸡等 右下／身着盛装的女演员翩翩起舞

泰 拳
芭东泰拳馆
Patong Boxing Stadium

近距离观赏更有震撼力

现场观战场面火热的泰拳

泰拳被誉为泰国国粹，是一种13世纪传入泰国的格斗技。泰拳在一个方形围绳内进行，和着特殊的舞蹈音乐，双方激烈对抗。

踢腿的声音清晰可辨

MAP p.05-B3
芭东海滩　2/59Sai Nam Yen Rd.　081-7377193
周一、周四、周六的21:00～24:00　周二、周三、周五、周日
外场1300B、内场1500B、VIP席1800B
www.boxingstadiumpatong.com

人妖表演
普吉西蒙人妖秀
Simon Cabaret Show

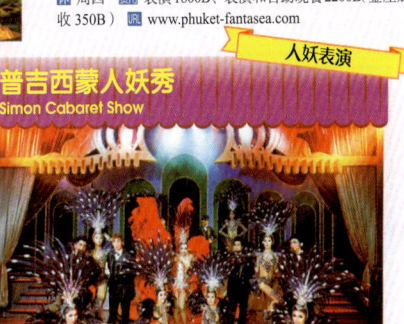

可以欣赏到世界各地的音乐和舞蹈

惊艳的人妖表演

夜游普吉岛，人妖表演绝对不可以错过。他们载歌载舞，不时奉献滑稽短剧。人妖美的不只是外表，更在于他们表演的精彩性。一次表演70分钟，1天3次。

歌舞都很专业，引人入胜

MAP p.04-D2
芭东海滩　8 Sirirach Rd., Patong Beach
076-342114、085-4750181　表演时间为18:00～、19:30～、21:30～　无　自由座位750B、VIP座850B　不可
www.phuket-simoncabaret.com

还有更多娱乐项目 & 自选旅行项目
众多适合情侣和家庭游客体验的娱乐项目

说到普吉岛，"海"是人们对它的第一印象。这里有多种海上运动项目及多条从普吉岛出发的离岛一日游线路。此外还有很多其他旅游团和娱乐活动。如果是短期游客，肯定玩不了所有的项目，这就需要根据自身的行程适当做出取舍。

天堂海滩
Paradise Beach

海滩
芭东海滩周边　MAP p.04-D1

适合喜欢集体派对的游客！

重新装修后于2015年盛大开业，是普吉岛唯一一个举办沙滩派对的地方。须持通票入场。通票也分不同种类，有日场票、夜场票和全天票。夜间，每个月都会举办满月派对和半月派对。

费　500~1800B（9:30~19:30）、1500~2200B（9:30~次日2:00）浮潜和沙滩椅均免费。费用不同，服务内容也不同
营　9:00~18:00（满月派对为18:00~次日4:00）
休　无
电　092-4856250
网　paradisebeachphuket.com

白天有独木舟等多种娱乐项目

常夏屋海岸冲浪
Island Surf Tokonatsuya

冲浪
卡塔海滩　MAP p.06-C3

普吉岛冲浪初体验

冲浪是一项很有人气的运动。5~10月的季风期，大海轻柔平静，有规律的海浪声不时跃入耳畔。通常只是小浪轻拍海岸，因此适合近海冲浪，即使初学者也是没问题的。还有冲浪旅游团，导游会给出当天最佳的冲浪地点。

费　全天4000B、半天3000B
营　9:00~15:00
休　无
电　076-284176
网　www.tokonatsuya.com

有经验的人更乐于参加冲浪旅游团

普吉镇搞怪摄影天地
Phuket Trick Eye Museum

搞怪摄影艺术馆
普吉镇　MAP p.09-B2·3

跟家人、朋友来张搞怪的合影吧

馆内有很多3D艺术品，游客可以与它们合影，拍出难忘的写真。照片类型丰富，可以选择自己喜欢的种类。墙上的小贴士会告诉你摆什么样的造型以及怎样的角度拍出的效果更好。

费　成人450B（超过130cm）、儿童270B（不足130cm）
营　10:00~19:00（最晚入馆时间为18:00）
休　无
电　076-212806
网　www.phukettrickeyemuseum.com

仿佛在奇幻世界里拍出的照片

普吉国际马术俱乐部
Phuket International Horse Club

骑马　班淘海滩　MAP p.07-C3

骑马游海滩，观赏安达曼海

在普吉岛，游客可以在马背上静品优美的海滩和静谧的森林。起点位于班淘海滩拉古纳地区的入口。迎着夕阳，纵情马背，以大海为景，以岛为梦，尽享一段快乐旅程。每1～2匹马配一名专职教练，可放心游玩。

费用　逛海滩＆骑矮马（8:00～18:30）；1小时1200B、1.5小时1700B、2小时2200B；观赏落日（16:00～18:30）；1小时30分钟1700B、2小时2200B
营　8:00～18:30
休　无
电　076-324199
网　www.phukethorseclub.com

初次骑马者也不用担心

普吉乡村高尔夫俱乐部
Phuket Country Club

高尔夫　甲涂　MAP p.03-D·E2

位于芭东海滩附近，交通便利

建于1989年，是普吉岛第一座高尔夫球场。从芭东海滩驱车20～25分钟即到，旁边还有训练场。共有两块球场，分别是18洞标准球场及9洞乡村高尔夫球场。除此之外，普吉岛还有另外5座高尔夫球场。

费用　4000B（18洞）、2100B（9洞）
营　7:00～17:00
休　无（球场整修等特殊时期除外）
电　076-319200
网　www.phuketcountryclub.com

在原来的地形基础上建造的球场

丛林飞跃
Flying Hanuman

滑索　甲涂　MAP p.03-D2

丛林中的娱乐项目

在近8万平方米的茂密丛林中，通过一种叫Zipline的滑索和滑轮支撑住人体，使人在树木之间滑行；还有一种惊险的游戏是在高空吊桥上滑行。全程耗时约2小时。具体可参照→p.42的丛林飞跃溜索。

费用　发现之旅A 3490B、发现之旅B 3250B、发现之旅C 2300B
营　8:00～17:00，A和B在8:00、10:00、13:00、15:00开始，C在8:00、15:00开始
休　无
电　076-323264
网　www.flyinghanuman.com

滑索非常惊险刺激

芭东卡丁车赛车场
Patong Go-Kart Speedway

卡丁车　甲涂　MAP p.03-D2

真正的赛道体验

一圈750米的卡丁车赛道，其中还包括时速超过80公里的高速驾控体验。卡丁车分为单座和双座，贴地飞驰的迅猛和进入弯道的惊险感觉十分刺激！还有面向初学者的小型赛车。

费用　单座卡丁车15分钟850B、20分钟1100B、30分钟1700B；双座卡丁车10分钟850B
※乘坐卡丁车前需交纳500B押金
营　10:00～19:00
休　无
电　076-321949
网　www.gokartthailand.com

适合初学者的小排量卡丁车

普吉岛　还有更多娱乐项目＆自选旅行项目

49

普吉岛瓦卡公园
Phuket Wake Park

花式滑水
甲涂
MAP p.03-D2

能在海滩外体验的娱乐活动之一

与缆绳滑水和水橇一样，是一种由缆绳牵引的花式滑水项目。一开始站立都会很吃力，但很快就会习惯了，技巧也能得到提升。有胆量的人还会从跳台上往下跳。累了有休息区供休憩。

费用 2 小时 1250B、4 小时 1850B、1 天 2150B
营 7:00 ～ 22:00
休 无
电 089-8730187
网 www.phuketwakepark.com

初学者记住要领后立即就能驾驭

普吉 ATV 越野之旅
Phuket ATV Tour

ATV（越野四驱车）
他朗
MAP p.02-C3

穿越原始森林，畅快淋漓

在森林中的 ATV 公园内，驾驶 150cc 的 ATV 越野四驱车，在原始丛林中的颠簸路面上奔驰。出发前，教练会详细地介绍注意事项，即便初次体验者也无须忧虑。驾驶者须年满 16 周岁，乘客则必须年满 4 周岁。

费用 ATV 1 小时成人 1900B、儿童（8～15 岁）1500B
ATV 2 小时成人 2900B、儿童（8～15 岁）2300B
营 8:00 ～ 16:00
休 无
电 089-8740055
网 www.atvphuket.com

家庭组团参加其乐融融

大象关爱活动
Elephant Care

大象关爱
攀牙府
MAP p.02-B2

泰国独一无二的旅游项目

近期兴起一种不过多消耗大象体力，还能与它亲密接触的旅游项目——大象关爱活动。在泰国本土的攀牙府的一家露营地，游客可以观看大象洗澡，也可以帮它洗。那里距离普吉岛 100 公里、驱车约 2 小时到达。除了大象关爱项目，游客还可以在那里玩漂流。

安达探险营地
Anda Adventure
费用 大象骑乘+瀑布沐浴（包含大象洗澡的套餐）成人 3000B、儿童（12 岁以下）2000B
营 7:30 左右 ～ 17:00 左右
休 无
电 076-379905
网 www.andaadventure.com

与大象一起沐浴

海钓与浮潜
Nikorn Marine

海钓
皇帝岛附近
MAP p.03-F4

安达曼海是鱼类宝库

普吉岛附近有很多海钓地点，有时也能钓到金枪鱼、珍鲹和鲣鱼等大型鱼类。海钓途中还可以浮潜。早上钓上的鱼中午就能做成生鱼片，跟别的旅游团比起来，别有一番风味。

费用 2900B、不海钓 1900B
营 8:00 ～ 17:00
休 无
电 076-383751
网 www.nikornmarinetours.com

前往珊瑚岛和皇帝岛附近海域

50

从泰国菜
到甜品，
这里的美食无所不包！

美食
Gourmet

安达曼海怀抱中的普吉岛拥有种类丰富的海鲜。
从特色泰国菜到国际美食，
这里堪称美食的天堂。快去品尝吧！
对了，别忘记还有热带甜品哦！

- 美食 NAVI → p.52
- 产自安达曼海的珍稀海鲜→ p.54
- 深受当地居民欢迎的餐厅→ p.56
- 全球美食大搜罗！→ p.58
- 普吉岛热带甜品→ p.60
- 海景酒吧 & 餐厅→ p.62
- 去小吃摊逛逛吧！→ p.64
- 还有更多美食→ p.65

美食 NAVI

当地的餐厅令人惊喜连连。
事先掌握一些饮食方法，然后去品尝美味的泰国美食吧！

1 勺和叉的泰式握法

泰国人用餐时是右手握勺，左手拿叉。饭菜全盛放在一个盘里，米饭在上面或者周围是菜，泰国人会将饭菜拌起来，然后用叉将饭菜拨到勺上吃。勺有时候也被当成刀，用来切肉。将叉子刺入食物内挑起来食用在当地被视为不文明的做法，要留意。另外，吃饭时，菜盘和碗也不能拿在手上。如果是汤面，泰国人选择用筷子和调羹。吃饭时，尽量不要出声。

用餐时右手握勺，左手拿叉

2 顾客可以在面店选择面的类型

泰国的面店一般有4种面：以米为原料制成的细粉、被称为"粿条"的细面、名为"宽粉"的粗面、和以面粉为原料制成、类似于细兰州拉面的黄色鸡蛋面。进店后先选面，再选汤底。汤底有清汤、冬阴功汤和带猪血的叉烧肉汤等。菜码也可自选，直接点上自己喜欢的菜即可。

右前是细粉，左前是宽粉。左后是干粿条，中间和右是不同粗度的黄色鸡蛋面

3 根据自己的口味添加桌上备好的调味料

面店的餐桌上一定会备着调味料。刚端上桌的面比较清淡，这主要是为了考虑顾客可按自己的口味添加调味品。因此，在泰国吃面，人们会用调味料调好味道后再食用。一般来说调味料有4种，辣椒粉、鱼露、白糖和加了剁椒的醋。这些调料在一起共同形成了一种叫"Kruang Prung"的综合调味品。辣椒可调节辣度，鱼露用来调节味道的浓淡。

鱼露　　白糖
辣椒粉　　加了剁椒的醋

4 "幸福时光"竟如此实惠！

海滩地区和酒店的酒吧等地都有一块叫"幸福时光 Happy Hour"的招牌。在客人少或黄昏时分去这些特定时间段去，点1杯鸡尾酒（1瓶啤酒）后还会再送一份，这种服务叫1 Buy Get 1 Free。两个人同去，只要点一份就行了。如果两人同时点，服务员会给你送相当于两倍的量。

鸡尾酒普遍价高，但是"幸福时光"提供实惠的体验

5 ++ 的含义

如果餐厅菜单的菜价或者菜单其他地方出现"++"的符号，表示这道菜需要加收10%的服务费和7%的消费税（VAT）。即在菜价的基础上加17%就是总价。这种情况在高级酒店和以游客为主的店铺较为常见。由于加了服务费，因此无须再支付小费。

52

6 在普吉岛的海鲜餐桌上能吃到珍稀的海鲜

芭东海滩海鲜美食一条街上满是养着鱼、虾和贝类的玻璃缸,冰上也摆满了海鲜。大个皮皮虾、海鹦鱼等国内常见或不常见的海鲜在这里都能觅得踪迹。还有被誉为"活化石"的中华鲎,是不是让你大开眼界了?这样的店面,单价一般是 100 克的价格,称量销售。有的用吊秤,也有的用电子秤,当场称重,然后用计算器计算费用。烹饪方法可以自选。

当场称重,这样金额一目了然

拥有多种鱼类的海鲜餐厅

虾的种类多,还有毛缘扇虾等泰国特有品种

9 不要放辣椒,不要太甜 点餐时常用的泰语

泰国菜多用辣椒烹饪,有些菜非常辣,尤其是泰式青木瓜沙拉和生肉沙拉。即使点最普通的菜,其辣的程度会让能吃辣的人也不一定吃得完。不擅辣味的人在点餐时要告诉店方"不要放辣椒",这样厨师做菜时就会控制辣椒的量。另外,泰国当地的餐厅在制作冰茶和冰咖啡时会加足量的炼乳,使饮品甜到腻。此时你也可以说"别太甜"。

不少泰国菜会加大量的生辣椒和炒熟的辣椒

泰语日常用语
麻烦不要放辣椒。
ให้เผ็ดน้อยมาก
麻烦别太甜。
หวานน้อย

泰国红茶又称泰式奶茶,会加入大量炼乳

7 泰国人喜欢在啤酒里加冰块

在天气炎热的泰国,人们喝啤酒时喜欢加入冰块。如果你去当地人常去的餐厅,点啤酒时店方会问你是否需要加冰。如果你回答"要",工作人员就会把装冰块的水瓶放在你的餐桌上,接下来就可以往杯内加冰块开始畅饮了。需要提醒的是,冰块多为中间有孔的筒状或棒状,是花了钱买的,大抵可以放心食用。

加入冰块会使啤酒味变淡,但这就是泰国特色

10 有些时段不能买酒、饮酒

可购买酒类的时间是 11:00~14:00 和 17:00~24:00。其他时间禁售酒类饮品。便利店和超市会将冰箱上锁。有些餐厅在以上时段也不供应酒。另外,泰国作为一个佛教国家,佛教节日即禁酒日(参照→ p.9)。一年约有 4 次,在佛教节日当天,所有餐厅、超市和便利店禁止供应、销售酒。即使以游客为主要生意来源的餐厅也禁止一切酒精类饮品。很多酒吧在节日当天会关门歇业。另外,选举投票日的前一天和当天也是禁酒日。

8 炎热的普吉岛有多款啤酒在恭候你的到来

提到泰国啤酒,一般会想到"狮牌啤酒"和"象牌啤酒"。其他如"喜力"也很受欢迎,只是价格略高。便利店和超市还有相对便宜的"豹牌啤酒"和"虎牌啤酒"等。其他国家的高价啤酒在泰国市场也能看到。普吉岛当地的啤酒品牌是"普吉啤酒"。这种啤酒的包装上画着泰国鸟类马来犀鸟的图案,很特别。但是这种啤酒并不多见。如果在餐厅和商店看到了,不妨尝尝吧。

不常见的普吉啤酒

市场占有率居首位的象牌啤酒

外国人喜欢喝的喜力啤酒

价格实惠的虎牌啤酒

便宜的豹牌啤酒

随处可见的狮牌啤酒

普吉岛 美食 NAVI

53

Gourmet 食材取自眼前这片海！
产自安达曼海的珍稀海鲜

在被海洋环绕的普吉岛，添加泰国特有的调料，品尝产自安达曼海的海鲜。

黑胡椒炒墨鱼 320B
用中式风味的甜酱菁炒墨鱼、添加辣椒粉和洋葱等食材。

炸海藻大虾 130B
普吉海藻布阿和虾肉混炸。布阿口感脆嫩，与辣酱油一起食用。

罗望子炒大虾 250B
采用罗望子酱炒的菜，新鲜的海虾和酸甜的罗望子完美搭配。

泰式咖啡面 350B
将正宗泰式咖啡铺在面上，以椰油烹饪。

用罗望子酱做的菜很好吃噢！

天气晴好时，靠海的席位最理想

海景地区 & 开阔地带的餐厅

悠闲码头　Kan Eang@Pier

位于查龙湾珊瑚岛沿岸，紧邻码头，设有室外就餐区，坐拥大海的无限风光。在悠闲的海景中，品尝产自该店的新鲜海味。

海天+盛景

MAP p.03-E2
地区 查龙湾　住 44/1 Viset Rd., Moo 5 T.Rawai A.Muang
电 076-381212　营 10:30~23:00　休 无
C A D J M V　人均消费 600B~　网 www.kaneang-pier.com

海天盛景与海鲜盘宴

赏落日，品洋酒。
Mai-Tai 鸡尾酒和蓝色玛格丽特一杯 250B

主打海鲜的泰国菜

Pan Yaah 餐厅　Pan Yaah

位于芭东海滩一块高地之上的临海餐厅。从快炒泰国菜到量贩鱼贝类，海鲜是这里的主角。冬阴功汤多达 6 种，分量分为 S、M、L 3 类。2 人就餐时选择 1500B 的套餐即可。

海天+盛景

靠海的位置最好提前预订

MAP p.04-B2
地区 芭东海滩　住 249 Phrabaramee Rd., Patong
电 076-618248　营 11:00~23:00　休 周一
C A J M V　人均消费 200B~

招牌美味菠萝咖喱炒饭也有很多虾

泰式快炒面 150B
含有大虾的泰式快炒面

油炸虾蟹 280B
此道菜名叫 Two Amigos，有一大块梭子蟹腿肉。

冬阴功汤 (S) 220B
特大碗，汤里还有大虾

增值信息　一到傍晚，布里利餐厅→p.67 附近就会出现很多大排档。海鲜的价格各店不一，建议多问几家店。

酱拌白鲷鱼 695B
将白鲷鱼整条油炸后，加入椰子、柠檬草和姜制作的特色酱料。

炸斑节对虾 985B
将米粉包裹的斑节对虾入锅油炸。

紫花 295B
用添加了蝶豆花色素的面皮烤肉卷起来，类似烧麦。

普吉岛　产自安达曼海的珍稀海鲜

一览芭东海湾的美景
芭东悬崖餐厅 Baan Rim Pa Patong
位于芭东海滩岸边的悬崖上的一家开放式餐厅。在时尚的气息中，品味到的却是泰式宫廷菜肴，味道纯正。能做包含海鲜在内的所有泰国菜。

从露天席位可欣赏海天美景

MAP p.04-C3
地址 甲涂　住 223 Prabaramee Rd., Patong Beach
电 093-5845563
营 12:00～23:00　休 无
信用卡 A D J M V
人均消费 1200B~
网 www.baanrimpa.com

当地人常光顾的海鲜烧烤店
霍帕狄 Hoi Pai Deen
当地人喜欢来这里就餐，最主要的原因是便宜。每天清晨送来的海鲜在店前烧烤，煞是热闹。从芭东海滩驱车15分钟左右即到。

就在普吉乡村高尔夫俱乐部旁，有70~80张座位

简单烧烤的蟹、虾虎鱼，100g 55B

泰式粉丝沙拉，加了很多海鲜，价格120B

连菜盘也是鱼的造型。鲜美的柠檬酱蒸白肉鱼每份250B

MAP p.03-D2
地址 甲涂　住 普吉乡村高尔夫俱乐部旁
电 084-8444179　营 16:00～24:00　休 无　信用卡 不可
人均消费 500B~　※只提供泰语菜单

自选海鲜后现场烹饪
好先生的海鲜餐厅 Mr.Good's Seafood
深受当地居民欢迎的海鲜餐厅。鱼称重销售，顾客须事先在店前选好鱼的种类和个头。餐厅分两层，旅行旺季时两层均可能满座，所以最好提前预订。

店内随处是鱼，厨师们在紧张地忙碌

人气菜品是咖喱软壳蟹，售价640B（100g/80B），内有蟹肉

将蒜蓉铺在半只龙虾上，然后用蒸屉蒸的蒜蓉龙虾售价1750B（100g/250B）

铺以柠檬草蒸成的酸汤蒸鲈鱼盏卖 480B（100g/80B）

MAP p.05-C2
地址 芭东海滩
住 Rat-U-Thit 200 Pee Rd., Patong Beach
电 076-341147　营 10:30～24:30
休 无　信用卡 M V
人均消费 1500B~

55

Gourmet 从精致小菜到高档菜肴
深受当地居民欢迎的餐厅

从传统泰国餐厅到融合了国外烹饪技巧的国际餐厅，舌尖上的泰国菜品种丰富，百吃不厌。

该店特色
绿咖喱对虾烤肉
780B

加了对虾的绿咖喱，里面还有烤肉

源自欧洲的高档泰国菜
蓝象餐厅
Blue Elephant

在世界范围内好评如潮的高档泰国餐厅。进店前要穿过吧台和商店。装修有贵族风格，优雅而精致。口感一流，摆盘和服务也堪称完美。

餐厅的前身是一栋中式老宅

MAP p.09-B1
地区 普吉镇　住 96 Krabi Rd.，Muang District
电 076-354355　时 11:30～14:30、18:30～22:30
休 无　卡 C A J M V　人均消费 2000B～，消费税和服务费另计

推荐品尝绿咖喱风味的大虾炸牛肉薯饼，售价380B。此外还有茄子沙拉480B、香草蒸海鲈鱼880B和冬阴功汤360B等

品尝普吉岛当地的海鲜
蕉树皮餐厅
Kaab Gluay

当地人常去的平价餐厅。招牌是一道叫菠萝炒饭的主食，将鸡肉、虾肉和水果干炒饭盛放在一个菠萝皮内。

餐厅有两层，装修现代，还有带空调的包厢

该店特色
蛋包蟹肉
150B

左／用调料将蟹肉和猪肉末拌在一起，填入蟹壳内，再在蟹壳上均匀地涂上一层蛋液，入锅油炸。出锅后辅以甜辣佐料食用
右／菠萝炒饭150B、香兰叶包鸡125B

MAP p.04-C3
地区 芭东海滩　住 58/3 Prabaramee Rd.，Kalim　电 076-340562　时 11:00～次日2:00
休 无　卡 C J M V　人均消费 350B～

增值信息 普吉岛的每家餐馆几乎都能吃到当地的名小吃菠萝炒饭，多去几家店尝尝吧。

56

普吉岛 深受当地居民欢迎的餐厅

交通便利、价格实惠的人气餐厅

P.S 酒店餐厅
P.S Hotel Restaurant

轻软的普吉面制作的鸡蛋面只要 100B

这家位于芭东海滩的餐厅供应的泰式家常菜价格实惠，因此是当地人常常光顾的餐厅。餐厅设在 P.S 酒店的一层。

店主尤比

该店特色
泰式炒空心菜
100B

采用胡萝卜和粉丝制作的泰式春卷售价 80B，由土豆和鸡肉烹制的椰奶鸡肉 120B，炒空心菜 100B。

MAP p.05-C2
地区 芭东海滩　住 157 Rat-Uthit Rd., Patong
电 076-340184　营 7:30~次日 1:00　休 无
卡 C V　人均消费 300B~　网 www.pshotel.com

Town View
景色优美、性价比高的餐厅

屯卡咖啡餐厅
Tunk-ka Café

该店特色
粉丝蒸大虾 90~150B

位于从普吉镇驱车约 10 分钟可达的普吉山。这是一家传承 40 年传统味道的老店，有时可以品尝到美丽球花豆和普吉海葡萄等。

选一个可环视普吉镇的席位吧

粉丝蒸大虾，虾的大小决定这道菜的价格

MAP p.08-B2
地区 普吉镇　住 Top of Rang Hill, Phuket Town
电 076-211500
营 11:00~22:00　休 无
卡 C V　人均消费 300B~

靠前这道名为酸辣椰奶沙司的美食，是在合有椰奶和柠檬草等食材的沙司内再加入蔬菜一同食用，售价 150B。右上是一道泰式传统辛辣菜品——爆辣味椰奶炒美丽球花豆，售 150B。左上是普吉岛海葡萄，价格 180B

Sea View
在优美的海景中品味依善美食

阿布扎布餐厅
Ab-zab

辣度可控制

可品尝到泰国东北部著名的依善美食的海景餐厅。特色菜品包括 8 种泰式辣味青木瓜沙拉，价格 90B 起。还包括其他泰国菜，一共超过 100 种。所有菜品均附有图片，方便点菜。

从所有靠窗的座位都能一睹壮阔的海景

该店特色
依善腊肠
120B

用糯米和猪肉做的依善特色腊肠

右前是青蟹青木瓜沙拉，售 180B。左边是网烤牛肉，150B。上方中间是香草辣味肉，120B。酸辣猪肉汤卖 150B

MAP p.04-B2
地区 芭东海滩　住 249/2 Phrabaramee Rd., Kalim　电 076-618079
营 10:00~23:00　休 无　卡 C M V
人均消费 200B~

在这家咖啡餐厅内可品尝到正宗的泰国菜

柠檬草
Lemongrass

在这个新店内，你看到的是一家古风食堂。供应各种泰国菜，还有甜品。50B 的热香蕉椰奶最值得一尝。

大玻璃窗有绝佳的采光效果

该店特色
红咖喱章鱼烧
190B

上／前图是以四棱豆为原料制作的 Winged Bean Thai Salad，卖 135B。后图为蛋虾炒青菜，150B 右／在鱼肉末上撒入调料，用特制容器蒸熟

MAP p.09-B2
地区 普吉镇
住 Debuk Rd., Limelight Av.
电 076-682999
营 11:00~24:00
休 无　卡 C J M V
人均消费 300B~

57

Gourmet 国际旅游地普吉岛
全球美食大搜罗！

全球游客云集的普吉岛充满国际风情。餐厅的菜品也融合了多国的风味，让你享受一次舌尖上的环球旅行。

抹上一层罗勒酱后，将黑羊排烤至酥脆，价格 990B

上/澳大利亚嫩牛排 220g 1090B。靠上的图是在番茄和烤洋葱上铺大虾以及杞果制作而成的杞果沙拉 490B
左/用蛋黄酱和新鲜奶酪将蟹肉与削好的苹果拌匀，做成蟹肉苹果沙拉 390B

在夜景中，品味美味红酒和豪华 地中海美食
第9楼餐厅 The 9th Floor

店内的装饰和员工工作服统一为黑色，时尚而静谧。以前是瑞士餐厅，奶酪火锅最受欢迎，售价 200g 690B～。这是一家人气餐厅，去之前最好提前预订。

位于9层，可俯瞰普吉岛的夜景

MAP p.05-B3
地区 芭东海滩　住 47 Rat-U-Thit Rd., Condotel Sky Inn　电 076-344511
营 17:30～23:00　休 无　C AMV　人均消费 1500B～　网 www.the9thfloor.com

日籍厨师制作的 日式 & 意大利菜
红鲷鱼餐厅 Red Snapper

整合了日料的细腻口感和意大利菜的风味。采用普吉岛产的金枪鱼和鲣鱼制作的生鱼片很受欢迎。红鲷鱼风味卷里面包着的是三文鱼、蟹肉棒和煎蛋等。

厨师

左/使用海鲜汤汁烹饪而成的海鲜意大利面 195B，令人回味无穷
右/芥末酱油和嫩橄榄油的混合调料搭配鲣鱼生鱼片 150B、红鲷鱼风味卷（9根）190B

店内有60个席位，空间开阔

MAP p.06-C2
地区 卡塔海滩　住 98 Kata Rd., Tumbom Karon Mueng　电 086-1204513　营 12:00～23:00（周日 16:30～）　休 5～6月有7～10天的高温期（需向店方咨询）　C ADJMV　人均消费 300B～

泰国夫妇经营的 意式餐厅
克鲁斯特咖啡厅 & 餐厅 Crust Cafe & Restaurant

具有原汁原味的意式味道，宾客络绎不绝。由于客人的需求，这里的意面种类不断增多，到今天已经有25种了。面食包括意面、意大利干面、意式通心粉。烤比萨还有特小型。点餐前最好看看黑板上的菜单。

那不勒斯风味的炭烤比萨松软可口

内含帕尔玛火腿的比萨 Rocklism 售价 360B，烤鸡和花椰菜、切达奶酪什锦 360B（左上），肉、鱼配意面 360B（右上）

担任主厨的是丈夫耶托，妻子贝尔负责甜点

MAP p.08-B1
地区 普吉镇　住 46/7C Bangyai Rd., Wichit　电 093-7630318　营 11:00～15:00、17:00～22:00（周四 16:30～）　休 周三　C AJMV　人均消费 400B～

增值信息 很多泰国餐厅都供应比萨和意面。此外，意大利餐厅里一般都有制作比萨用的平底锅。

罗马主厨打造的绝品 意大利菜
拉·格丽塔 La Gritta

位于芭东海滩沿岸的阿玛瑞度假酒店内的一家高档意式餐厅，有30余年历史。临海风光与正宗意菜的搭配，给人无限的悠闲和享受。座席分为靠海的露天座位及室内空调雅座。

图中前方是蘑菇酱牛肉 Scaloppine di Vitello 1090B，右上是阿拉斯加帝王蟹 980B、290B~的靓汤每天不重样，红酒一杯 280B~

从开业之初工作至今的厨师

普吉岛 全球美食大搜罗！

MAP p.04-D2
地 芭东海滩　住 2 Meun Ngern, Patong Beack（Amari Phuket）
电 076-340112　营 10:00~24:00　休 无　C A D J M V
人均消费 1200B~，消费税、服务费另计　网 www.lagritta.com

临海座位尽量提前预订

烤巧克力 fondente al Cioccolato 320B 由内而外裹着厚厚的巧克力酱

咖喱虾 320B、蔬菜炒饭 180B、芝麻馕 95B

主打家常菜的 印度菜
宝莱坞餐厅 Bollywood

游客在这里可以品尝到正宗的印度家常饭菜。调料从印度进口，调味酱和蛋黄酱等是自制产品。另外，推荐试试每天不同的实惠午餐菜单。

MAP p.08-B1
地 普吉镇　住 46/7 Bangyai Rd., Wichit
电 076-304034　营 11:00~22:30　休 周二　C A D J M V
人均消费 400B~

餐厅内播放着宝莱坞电影

左／出生于印度北部地区的主厨　右／腌渍过后再烤的印度特色唐杜里鸡 4 块售价 260B，8 块 490B。最上的图片是马来烤鸡肉串 290B

普吉岛不多见的 巴西菜
埃尔古卓餐厅 El Gaucho Restaurant

自助烤肉 1200B，还有巴西米饭和沙拉吧。没有时间限制，可以随意品尝。有 5 种肉、1 种香肠、3 种海鲜，加 10B 还能品尝烤菠萝。

左／厨师在切分烤肉
右上／肉类有鸡肉、黑羊肉、牛肋眼肉、牛上腰肉和腊肉 5 种
右下／巴西传统的鸡尾酒——凯匹林纳鸡尾酒 250B

MAP p.06-B2
地 卡伦海滩　住 509 Patak Rd., Karon Beach
电 076-396139　营 18:00~23:00
休 无　C A D J M V　人均消费 1200B~
网 www.movenpick.com

店内宽敞，还有露天座位

59

Gourmet
冰爽、果香味十足的普吉岛热带甜品

传统的泰式甜品中，有不少是以新鲜的热带水果为原料。带着超爽的心情，一扫热浪的侵袭吧！

蜂蜜刨冰的周围加一层当地的甜点，这种名为"普吉之宝"的甜品售价115B E

带杞果酱的杞果奶香蛋糕 95B B

水果刨冰 55B，在刨冰上添加水果、果冻和香芋等 A

杞果糯米饭（M）150B。将炼乳摆进米饭中，然后与杞果一同食用 A

卖相也是我们的卖点

大份杏仁饼冰激凌 95B。玫瑰杏仁饼和荔枝果子露 E

店主卡提娅

杞果仙草冻 120B。在仙草冻上盖一层奶昔和杞果的泰式甜点 A

蜂蜜水果土司 169B B

所有咖啡都是手工调制
环形咖啡精品店
The Circle Coffee Boutique

店内摆放着不规则的椅子和桌子，营造出温馨的氛围。甜品分量足。小吃的种类也很多，供应午餐。

橱窗外摆放着精美的蛋糕和杏仁饼

MAP p.09-C3
地区 普吉镇　住 109/3 Surin Circle, Phuket Rd.,
　　T.Talat Ya　电 076-216395
C A M V　营 8:30-18:30　休 无

参观查龙寺后品尝甜品
查龙一游
Rimtang@Chalong

仙草冻、豆子、杞果等制作的速成泰式甜品种类丰富。还销售糕点和杂货。

这家人气餐厅店内宽敞，有泰国菜，招牌美味是泰式炒面

MAP p.03-E2
地区 查龙湾　住 40/999 Moo 4, Luang Phochaem Rd.
电 076-374911　营 8:00-21:00　休 无　C V M

油炸冰激凌!? 人气炸翻天
沙空冰激凌
Samkong Ice Cream

在面包内加冰后一起油炸，出锅后添加炼乳和美梨。这种油炸冰激凌热中带凉，令人回味无穷。

位于安静的住宅区

MAP p.08-A1
地区 普吉镇　住 371/26 Samkong, Talat Nuea, Mueang
电 076-233820　营 11:00-21:00　休 不定休
C 不可　网 www.icecreamphuket.com

采用7种水果、柠檬草莓果子露冰激凌和冰鲜奶油制作的纯果乐 279B **G**

普通蜂蜜柠檬冻 79B。口感酸甜、爽滑 **D**

店员制服也很迷人吧！

煎面包冰激凌每个20B。有巧克力和香草两种口味 **E**

蓝莓起司蛋糕冰激凌与百香果味的果子露冰激凌 2个 109B **G**

奥埃奥果冻有西瓜和菠萝等6种口味，每份79B **D**

是我原创的特色甜点

玫瑰果子露冰激凌 89B **F**

店主波姆先生

普吉岛 普吉岛热带甜点

D 普吉岛当地特色甜品
咖啡里
Cafe'In

奥埃奥是一种以植物种子为原料做成的果冻。该店提供柠檬汁、蜂蜜和足量刨冰共同制作的酸甜口味甜品。

店内和花园都有座位

MAP p.09-B1
地区 普吉镇　住 20 Thalang Rd., Phuket Town
电 076-356139　营 9:30~19:00　休 周一　不可

E 独特的甜点受欢迎
托利的精品冰激凌
Torry's Icecream Boutique

法式杏仁饼与牛角面包、当地特色甜点组成的冰激凌套餐是该店的特色。冰激凌约有20种。

由一栋中国－葡萄牙式建筑改建而成的浪漫小店

MAP p.09-B2
地区 普吉镇　住 16 Soi Rommani, Thalang Rd. Phuket Town
电 076-510888　营 11:00~18:00（周五~周日~21:30）
休 周一　C 不可　URL www.torrysicecream.com

F 彩色蛋卷与冰激凌
泰国玻璃手工古城
Thaivetro Homemade Oldtown

店内提供炭烧、玫瑰等5种口味的华夫蛋卷与近20种冰激凌。2个甜筒只卖139B。

蛋卷与冰激凌均为手工制作

MAP p.09-B1
地区 普吉镇　住 54 Yaowarat Rd. Talat Nuea, Phuket Town
电 081-8491588　营 10:00~20:00　休 无　C J M V
URL www.torrysicecream.com

G 纯天然意式果子露冰激凌
"醒"冰激凌天堂
Samero's

绝不使用任何色素的意式果子露冰激凌。约有20种口味，强烈推荐奶酪蛋糕和百香果口味。

店内装修是时尚的欧洲风格。通常顾客较多

MAP p.05-B3
地区 芭东海滩　住 Sainamyen Rd. 92, Patong
电 076-342505　营 10:00~次日 1:00　休 无
C 不可　URL www.sameros.com

61

Gourmet

喝着饮料等待落日
海景酒吧 & 餐厅

沙滩狂欢后,在海景酒吧举起一杯鸡尾酒,享受缓慢流淌的时光。落日在此时也显得格外浪漫。

同享美景与美味晚餐

埃托斯
Ethos

穿过吧台,在靠海的一侧可以全览芭东海滩。餐厅供应地中海美食及采用椰子炭的烧烤类食品。精美的摆盘也是一道风景。配上精选自全球的 300 余种红酒更令人回味。

左/登上芭东海滩北面的急坡即到 右上/从最前面的图开始顺时针方向依次是: 蒸羊羔腿和番红花烩饭 590B、咖啡三文鱼、杞果泥 540B、大虾点心 520B、清凉西式冷汤 420B

MAP p.04-B2

地区 芭东海滩 住 326/11 Prabaramee Rd., Kalim Patong
电 076-608654 营 11:30~22:30 LO 休 无
C A M V 人均消费 1000B、税款、服务费另计
网 www.ethos-restaurant.com

在私密空间独享美景与安静

360° 酒吧
360° Bar

店内有 50 个座位,其中 13 个是视野极佳的沙发雅座,想坐这些座位必须预约。餐厅重视私密性,音乐也舒缓轻柔。菜品丰富,适合在晚餐时前往。

酸橙和荔枝果汁肉加入橙味利久酒、伏特加酒和香槟,调制成鸡尾酒 6:30 at 360、250B(左)。将罗勒叶捣碎,加入西瓜汁和伏特加酒后调制成的冰镇西瓜罗勒鸡尾酒 250B(右)。

位于爱亭阁普吉酒店→ p.106 内

MAP p.07-B3

地区 班淘海滩 住 31/1 Moo 6 Cherngtalay, Thalang
电 076-317600 营 17:30~23:00
休 雨天、大风天 C A D J M V
人均消费 500B~ 网 www.thepavilionsresorts.com

我能调出各种口味的鸡尾酒

卡伦海滩尽在眼前

岩石之上
On The Rock

位于卡伦海滩南侧一家度假村内的餐厅。通过热带植物林中铺设的小道,能走到可观赏海景的岩壁上。菜品丰富,包括海鲜、肉菜和泰国菜。

靠海的席位请提前预订哦

上/店内巨石成堆 右/大虾与墨鱼烧烤 580B、照烧鸡排特色沙拉 220B、菠萝炒饭之"太平洋之身" 250B

MAP p.06-C2

地区 卡伦海滩 住 Marina Phuket Resort,47 Karon Rd.,Karon
电 076-330625 营 12:00~23:00
休 无 C M V 人均消费 500B~、税款、服务费另计
网 www.marinaphuket.com

增值信息 2017年9月开始上调酒类税,泰国产罐装啤酒和瓶装啤酒各涨价 0.5B、2.66B。红酒原本价高,如今再涨 110B。

普吉岛

海景酒吧＆餐厅

品尝热带风味的鸡尾酒

当地人也喜欢来这里

酒吧气氛明快，卡塔海滩就在眼前
卡塔山顶酒吧和餐厅
After Beach Bar & Restaurant

位于山顶之上的一家视野开阔的酒吧。在以椰树叶为屋顶的酒吧内，是一张张红蓝相间的座椅。店内的雷鬼音乐营造出独特的热带风情。饮品种类众多。

MAP p.06-D2

地区 卡塔海滩　住 13/9 Karon, Muang　电 081-8943750　营 9:00~22:00
休 无　C 不可　人均消费 500B~

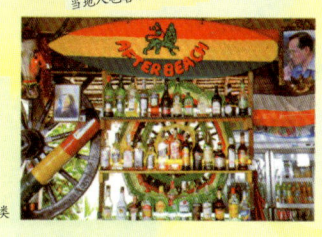

有多种酒类

一览班淘海滩盛景的酒店的屋顶酒吧

地表餐厅和酒吧
The Surface Restaurant & Bar

开在芭东拉弗洛拉度假酒店（→p.112）楼顶的一家酒吧，可欣赏到芭东海滩的落日。自制的鸡尾酒种类多样，菜品也广受好评。

上／能欣赏到芭东海滩落日景观的少数几个酒吧之一　左／采用泰式威士忌调制的拉弗洛拉朝阳威士忌酒270B（左），在龙舌兰酒和伏特加酒中加入甜瓜汁后调制的芭卡萨诺瓦酒250B（右）

MAP p.05-B2

地区 班淘海滩
住 39 Thaweewong Rd.
电 076-344321　营 17:30~24:00
休 无　C ADJMV　人均消费 500B~
URL www.laflorapatong.com

可意空中客厅
Kee Sky Lounge

可意温泉度假酒店（→p.115）坐落在热闹的地区，但是七层的屋顶却别有洞天。夜幕降临之后，坐在这里，海滩静静地在眼前铺开，时光漫游。17:00~19:00及23:00~ 有狂欢时间。

上／所有座位的视野都很棒
右／享受气泡浴的同时来杯鸡尾酒下／所有鸡尾酒一律290B。图中所示为以椰子口味啤酒和果汁为原料调制的夏日冰冻鸡尾酒

MAP p.05-B2

地区 班淘海滩
住 152/1 Thaveewong Rd.Patong Beach
电 076-335888　营 17:30~24:00　休 无
C MV　人均消费 250B~，税款、服务费另计
URL www.thekeeresort.com

63

满足你的味蕾
去小吃摊逛逛吧！

小吃摊也是一道风景。泰国的小吃文化甚是繁荣，从越晚越热闹的街边小吃到商业街旁的小吃摊，数不胜数。

啊，欢迎光临，请尝尝这个吧！

清真小吃摊带有清真标识

从鱼到甜品，无所不包

芭东海洋广场
Marin Plaza Patong

这种小吃摊带店面，环境整洁。除海鲜外，还有菜肴、面食和水果等，种类多样。有菜样及图片，可在点菜时参考。

摆满海鱼的海鲜烧烤摊

MAP p.05-D1
- 地区 芭东海滩
- 营 12:00~22:00 左右（各店有所不同）
- 休 无
- 交通 从芭东海滩乘车约 5 分钟

位于芭东海滩南部，方便游客往来

可以直接指着菜的图片点餐

这可不是章鱼烧啊，是一种糕点哦！

在江西冷购物中心的后面

班赞小吃街
Banzaan

天色暗下来以后，停车场就变成了海鲜小吃街

位于芭东中心城区的班赞小吃街从黄昏开始，在班赞生鲜市场停车场营业。原来有多种美食，现在主要是海鲜。

这里有美味的鱼！

奶味小薄饼

购物中心后面的小吃街

罗宾逊百货商场背后的小吃一条街
Robinson

位于普吉镇的罗宾逊百货商场背后的一条小吃街。从正午开始营业，有午餐供应，很有当地的特色。

泰式椰饼

班赞生鲜市场的外观。小吃街在它前面

MAP p.05-C3
- 地区 芭东海滩
- 营 18:00~22:00 左右
- 休 无
- 交通 从芭东海滩乘车约 15 分钟

炭火烧烤现场

MAP p.09-D3
- 地区 普吉镇
- 营 18:00~22:00 左右
- 休 无
- 交通 从普吉镇乘车约 5 分钟

有帐篷，可以舒心地坐下用餐

增值信息 由于班赞小吃街的游客中中国游客占大多数，为了满足中国游客的需求，海鲜在近年来增多了。

还有更多美食

深受当地人欢迎！囊括乡土菜和国际美食

精选当地居民经常光顾的普吉菜、泰国菜和欧美风味餐厅。泰国人喜爱的鸡肉盖饭——海南鸡饭、汤汁浓郁的粉红粿条、饥肠辘辘时最想品尝的炸鸡，还有意式、中式、土耳其菜以及养生的日本料理等，美食门类广泛。

普吉岛　去小吃摊逛逛吧！／还有更多美食

卡鲁逊
Karlsson's

牛排　芭东海滩　MAP p.05-C2

芭东的老牌牛排餐厅

主要原料是精选的澳大利亚牛排。有5种酱料可选，都是美味精品。肋眼牛排220g卖695B。可根据需求加量，配菜土豆可选择烹饪方法。多种比萨都备受好评。店主是瑞典人，北欧菜也是拿手好戏。

住 108/16 Thaweewong Rd. Patong
电 076-345035
营 8:30-24:00（4~10月 11:00~23:00）
休 无
C A M V
人均消费 1000B~
网 www.karlssons-phuket.com

肉厚的菲力牛排每200g售价775B

MK 金泰式火锅
MK Gold

泰国菜　芭东海滩　MAP p.05-C2

经典的泰式火锅无论如何也要尝一尝！

泰式火锅是一种将蔬菜、肉类、鱼贝类、鱼圆等放入专用锅，再加入辣酱混合食用的泰国特色火锅。每盘原料10~50B。还有中国茶和烤鸭等。MK系列餐厅在普吉岛有多家分店，这家MK金泰式火锅店规格最高。位于江西冷购物中心（→p.32）内。

住 Jangceylon, 181 Room 1125. 2101 Floor 1（江西冷购物中心内）, Rat-U-Thit 200 Pee Rd., Patong
电 076-600166
营 11:00-22:00
休 无
C M V
人均消费 200B~

多种食材混搭

乔的楼下
Joe's Downstairs

多国菜肴　芭东海滩　MAP p.04-C3

海滩旁的美景餐厅

这家全白主题的海滩建筑风格的餐厅坐落在芭东海滩北部的石崖上，眼前的大海也是餐厅装饰的一部分，气氛明快而浪漫。多次荣获大奖的厨师精心打造泰国等多国创意美食，还有西班牙它帕，建议天气晴好或日落时分前往。

住 223/3 Prabaramee Rd., Patong
电 063-0785887
营 12:00-24:00
休 无
C A D J M V
人均消费 1000B~

俯瞰大海的绝佳位置

65

蟹屋
The Crab House

泰国菜
芭东海滩
MAP p.05-C3

让你一次吃个够

用泰式和中式烹饪方法为顾客呈上安达曼海和泰国湾等地出产的海鲜。特色菜是"香辣蟹"，将肥美的黑蟹煮熟后，加辣酱食用。用木槌敲打坚硬的蟹壳，令人兴致大起。海鲜以重量计价。

住 169/83 Phangmeung Rd., Patong
电 076-687065
营 12:00~23:30
休 无
C M V
人均消费 800B~

店前有一个巨型蟹模型

蓝通海鲜餐厅
Leamthong Seafood

中餐
芭东海滩
MAP p.08-C3

以北京烤鸡闻名的中餐厅

普吉镇知名中餐厅的分店。招牌菜是北京烤鸡，表皮比烤鸭嫩，不过依然有酥脆口感。其他还有100%鱼肉制成的鱼丸150B、内含大块牡蛎肉的普吉名菜鸡蛋饼（以牡蛎、鸡蛋和豆芽为原料）200B 等。

住 7 Prachanukhro Rd., Patong
电 076-343333
营 10:30~22:00
休 无
C J M V
人均消费 500B~
网 www.mazidcsignhotel.com

店内最受欢迎的是北京烤鸡 450B

芥末
Wasabi

日本料理
芭东海滩
MAP p.04-C3

惬意地品尝日本料理

厨艺精湛的泰国女主厨努查安是个勤勉热情的人。她烹制的日本料理很地道。最受欢迎的拉面150B、热气腾腾的关西风味铁板乌冬面180B。此外还有天妇罗、炸猪排盖浇饭、关西风味煎饼等。

住 122 Phisitkorranee Rd., Patong
电 089-0723151
营 11:00~23:00
休 每月的16日
C 不可
人均消费 200B~

泰国厨师烹制的美味日本料理

塞南杨豆腐乳汤粿条餐厅
Yen Ta Fo Sainamyen

泰国菜
芭东海滩
MAP p.05-B2

红色汤底冲击视觉

豆腐中加入红面后发酵，做成红豆腐乳，再将红豆腐乳加进拥有特殊香味的红汤中，制成口感独特的粿条。尝一口，酸甜可口，令人痴迷的味道。粿条有多种类型，菜码也很多，一份50B。从塞南杨十字路口向靠山一侧走50米即到。

住 94/1 Sainamyen Rd., Patong
营 11:00~24:30
休 不定期休息
C 不可
人均消费 50B~

招牌美食豆腐乳汤粿条

66

布里利餐厅
Briely

泰国菜
芭东海滩
MAP p.05-B2

芭东海滩的特产海南鸡饭

芭东海滩的知名美食海南鸡饭（鸡肉盖饭）是采用鲜嫩鸡肉和鸡汤烹饪的一道美食。无论是当地居民还是外地游客都很喜欢，餐厅也经常拥挤不堪。除了海南鸡饭，还有猪蹄饭 50B 及被当作甜品的杧果糯米饭 80B。

住 102 Rat U-Thit 200pee Rd., Patong
营 6:00~21:00
休 无
C 不可
人均消费 50B~

普通海南鸡饭 50B、大份 60B

清真炸鸡餐厅
Non Mem Gaithoot Islam

炸鸡
芭东海滩
MAP p.05-A3

芭东名点——炸鸡

一家老牌清真餐厅，炸鸡最畅销。推荐品尝口感清脆的 1/4 炸鸡，售价 50B。炸鸡用的辣酱是店主自制的。还有泰式鸡肉沙拉 80B、泰式青木瓜沙拉等泰国美食。可在店内侧的餐桌用餐。餐厅位于芭东海滩清真寺旁（靠近沙滩）。

住 97/1 Phrabarami Rd. Patong
营 10:00~19:00
休 无
C 不可
人均消费 50B~

店前有各部位的炸鸡出售

伊斯坦布尔餐厅
Istanbul Restaurant

土耳其美食
卡塔海滩
MAP p.06-C3

好评如潮的人气土耳其餐厅

由一对热情好客的土耳其夫妇经营。在口碑排行网上高居第一。260B 的土耳其式早餐套餐包含小盘蔬菜、奶酪、橄榄和干果等，还有面包、鸡蛋和土耳其红茶，非常实惠，保证让你心满意足。还有其他多种平价沙拉和美食。

住 87 Kokttanod Rd., Kata
电 096-8496131
营 8:00~22:00
休 周一
C 不可
人均消费 260B~
网 istanbulrestaurantphuket.com

推荐品尝土耳其早餐套餐

星期一咖啡餐厅
One Chun Cafe & Restaurant

泰国菜
普吉镇
MAP p.09-B2

南部 & 普吉岛人气餐厅

当地食客也爱光顾这家餐厅，评价很高。餐厅由建于 20 世纪初的一家古建筑改建而来。松软的鱼丸 180B、鸭肉沙拉 220B 微带酸味，味美可口。含大量蟹肉的泰式辣酱口感香醇 250B。

住 48/1 Tepkasattori Rd., Muang
电 076-355909
营 10:00~22:00
休 无
C 不可
人均消费 400B~

内部装修也透露出复古风情

普吉岛 还有更多美食

Kopitiam By Wilai 餐厅
Kopitiam By Wilai

泰国菜
普吉镇 MAP p.09-B1

价格适中，家常味道

这家精致的泰国美食小铺位于老城中心区的他朗路上。店内分为两部分，一半形似大开间，颇有古时风韵；另一半隔着一间屋子，是普通的店面，带有空调。在这里可以品尝到老普吉的味道，例如以福建面和其他两种面类为原料制作的细面，每碗105B。

住 14/18 Thalang Rd., Muang
电 083-6069776
营 11:00~21:00
休 周日
C 不可
人均消费 200B~

店内总是挤满食客

波克奇诺
Bocconcino

意大利菜
苏林海滩 MAP p.07-D2

不费力气就能吃到正宗的意大利美食

意大利厨师制作的菜肴饱受好评。午餐时段供应帕尼尼三明治300B~（15种）和比萨250B~等。建议尝尝该店的乌鱼子及蛤仔意大利扁面460B。店内还有葡萄酒酒吧，顾客可以根据喜好在用餐时自行选购。

住 8/71 Moo 3, Surin Main Rd., Cherngtalay Tharang
电 076-386531
营 9:00~22:00（9:00~12:00 为早餐时段，15:00~18:00 为晚餐时段）
休 周一
C A J M V
人均消费 500B~
网 www.bocconcinophuket.com

店内还销售熟食和面包

鱼辉
Uoteru

日本料理
拉崴海滩 MAP p.03-F2

深受泰国人欢迎的大阪居酒屋连锁店

日本人经营的居酒屋。由大阪的鱼辉水产公司经营，目前在普吉岛有3家分店。寿司、刺身和烤串等，居酒屋的特色菜在这里都能找到。由于鱼辉水产专营金枪鱼批发生意，因此这家店的金枪鱼相对比较便宜。拉崴分店24小时营业。

住 469/1 Moo 6 Viset Rd., T. Rawai Muang
电 076-390787、083-3902771
营 11:45~22:00
休 无
C A J V
人均消费 200B~

拉崴海滩就在拉崴店跟前

皮亚普莱餐厅
Peang Prai Restaurant

泰国菜
他朗 MAP p.02-C3

在大自然中品尝泰国美食

班配瀑布前的一家餐厅，周围有绿树环绕。上午可以听到长臂猿训练中心传来的长臂猿的嘶叫声，令人仿佛置身于森林。该店提供乡土菜和泰国菜。口感脆爽的炸香蕉适合当作甜品享用。距离普吉镇有约20分钟的车程。

住 101/18 Bang Pae Waterfall, Paklok Thalang
电 085-8327439
营 11:00~20:00
休 周三
C 不可
人均消费 400B~

普吉的乡土菜图咪咖喱180B（上图）

民族特色
物品
大搜罗

购物
Shopping

立即用得上的泳衣、度假休闲服，
唾手可得。
香氛、SPA用品，
带着柠檬草与茉莉花的芬芳。
夜市上，充满泰国特色的
时尚小物既精致又实惠，等你来发掘！

- 购物NAVI → p.70
- 痴迷于时尚＆上品杂货中→ p.72
- 香气怡人的纯天然SPA用品→ p.74
- 在夜市淘宝！→ p.76
- 还有更多商店！→ p.78
- 规定时间举办的夜市人气爆棚！→ p.80

购物 NAVI

购物是旅行的乐趣之一。
送给自己的礼物，或者分给朋友的手信，
完美的好物件都能在这里觅得。

1 在露天货摊采购手信时不要忘记还价

普吉岛有不少移动式和只在白天或晚上营业的货摊。商品种类大都类似，但价格却千差万别。几乎都不标价，多问几家，挑最便宜的买。也可以在一家还价到足够便宜为止。如果批量购买，大部分摊位都能打折。明码标价的商店和有固定铺位的商店都有正规标价，无法还价。

有些摊位也标价，不过试试还价吧

3 香草和 SPA 用品要在专卖店购买

最有人气的莫过于家庭装 SPA 用品。有香草精油、磨砂膏、香皂和乳霜等，种类丰富。在特产店和货摊自然也能买到，还是推荐去正规店面和专卖店购买。纯天然香草和精油放置在高温场所时容易造成失效。另外，不排除买到假货的可能性。

泰国知名的 SPA 品牌"Panpuri"（→p.74）的按摩用品套装

4 购买食品时看清有效期

在超市等地购物时，先看生产日期。不管是英语还是泰语，这个应该都会有标注。即使耐保存的商品，也尽量不要购买距离生产日期 1 年以上的东西。需要提醒的是，泰国部分商品采用佛历标注生产日期。佛历以释迦牟尼涅槃后第一年为纪元元年，2019年为 2562 年，即在世界通用的公历基础上加 543 年。

2 脖子的周长 ×2 = 腰围？

泰国没有自己的服装尺码标准。如果是进口服装，全以进口国服装尺寸为准（参照右表）。夜市和货摊上卖的衣服要么是按性别标尺寸，要么不标尺寸。即使标上 S、M、L，泰国服装的尺寸也普遍偏小，购买时需要大一号。另外，除高档商场外，一般没有试衣间。只有把衣服套在外面试，或者放在胸前比划。当地有些人买裤子和裙子的时候，会按照"脖子的周长×2=腰围"这个标准。夜市购物是无法退货的，购买服装时需要慎重。

衬衫和裙装类尺码

中国(cm)	160-165/84-86	165-170/88-90	167-172/92-96	168-173/98-102
美国	XS	S	M	L
	2	4~6	8~10	12~14
欧洲	34	34~38	38~40	40~42

鞋类（女士）尺码

中国	22.5	23	23.5	24	24.5	25	25.5
美国	5	5.5	6	6.5	7	7.5	8
欧洲	35	36	37	38	39	40	41

※各服装厂商的尺码标准不尽相同

5 超市和便利店是购买伴手礼的天堂!

普吉岛遍布着 7-11 便利店和全家便利店,可以买到泰国特色点心等伴手礼。超市里有更多种类的糕点、泰国菜烹饪调料——米糊、香草及椰油等。

■ 大型超市(营业时间等参照→p.31 美食城)
- Big C 普吉　　　　Big C Phuket　　　　MAP p.08-B1
- Big C 特别超市　　Big C Extra　　　　MAP p.05-C2・3
- 尚泰普吉购物中心　Central Festival　　MAP p.08-B1
- 莲花超市　　　　　Tesco Lotus Extra　MAP p.08-A1

普吉岛　购物 NAVI

超市里有各种椰子油 230B 出售,椰子粉 20~35B 在便利店也有售

有了这种米糊就能在任何地方制作泰国菜。有绿咖喱、黄咖喱和冬阴功口味

烤芋条口感酥脆

人气轻食菠萝蛋糕在便利店有售

便利店的有些糕点在中国也深受欢迎,如泰式奶茶风味格利高 Collon

热带综合果干只卖 35B

软糖,有山竹、杧果风味,均 50B

方便面 15B 左右

6 规定时间举办的夜市人气爆棚!

普吉岛内有多种在规定时间举办的夜市,如在普吉镇周六、周日夜间举办的周末夜市,老城周日夜间开放的步行街等(参照→p.76・80)。其中尤以周末夜市规模最大,整个夜市犹如杂货、服饰和美食构成的迷宫。杂货类商品价格适中,甚至有不少外国买家特意来这里。如果是周末去普吉岛,一定要来逛逛。所有夜市都是从傍晚开始。

步行街上,当地居民与游客共同穿梭在拥挤的人潮中

7 高价商品最好去免税店购买

泰国所有商品都有 7% 的增值税 VAT。不过,外国游客可享受退税服务,前提是在带 "VAT REFUND FOR TOURISTS" 标识的商店,1 天之内在同一家店消费满 2000B。离境时还需要在机场办理退税手续。详情请查看→p.174。

8 离境时能免多少税?

回国时的免税范围可参照→p.174。在曼谷转机的情况下也能继续购物。泰国各地都有的商品,或者大件商品,建议转机时购买。

71

Shopping

即买即用的沙滩和度假用品
痴迷于时尚 & 上品杂货中

普吉岛之行的乐趣之一是购物。岛上商铺林立,有不少适合度假的好东西。

手工制作的精美连衣裙
Boho 普吉 2014
Boho Phuket 2014

由一对母女经营的商店。采用泰国当地出产的布料,手工编织的连衣裙每一件都富有个性。店内货源充足,尽情选购吧。

MAP p.09-B2
- 普吉镇
- 20 Thepkasattri Rd., Phuket Town
- 086-6908080
- 8:00~19:00
- 周日
- C M V

商店没有挂出招牌,但是商品一直摆到了店外,容易辨认

商品主要是穿着舒服的连衣裙

店主女儿皮亚

较青碎花连衣裙 2900B。用玉米皮编成的小挎包 650B

胸口镶有串珠的长裙 1900B

泰式上衣与贴地长裙 2250B

颜色清丽的连衣裙 1250B

来这里找伴手礼就对了

产自泰国南部北大年府的丝绸蜡染 3800B

椰子壳中装了一块花状香皂,每个 190B

手工打造的耳环 590B 与手镯 990B

泰语表盘的手表,每只 290B

带木质提手的大包 990B

大量适合送礼的小物件
纳塔泰国
Nattha Thai

店内销售泰式杂货、皮草、箱包、首饰等各种商品。很多商品买 2 个就能打折,要买伴手礼的游客不妨来这里看看。

saori 品牌的化妆包 上 290B,下 390B

MAP p.09-B2
- 普吉镇
- 136 Thanon Talong, Talaat Yai Muang
- 076-354138
- 9:00~23:00
- 周日
- C 不可

他朗路上的粉色小店

72

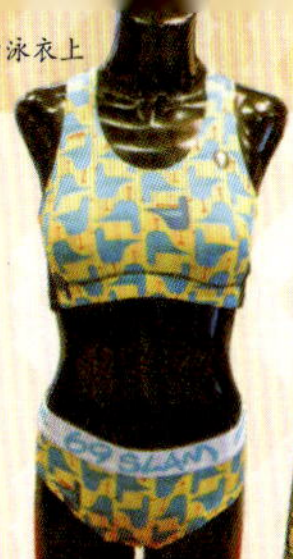

以潜水服布料加工成的泳衣
上衣1890B, 短裤1400B

来自澳大利亚的时尚泳衣
69Slam

来自澳大利亚的内衣品牌。备受追捧的男性泳裤、女士泳衣款式丰富。店内还销售冲浪服，对于那些讨厌日晒，但是无法抵御美丽泳衣诱惑的人来说是一个不错的选择。

INS风格的分离式泳衣上衣、短裤各1900B

精致、实用的泳衣

MAP p.05-B2
- 芭东海滩
- 148 Taveewong Rd., Patong
- 076-346181
- 10:00～23:00
- 无
- C A D J M V
- www.69slam.com

商店招牌很醒目。店内面积不大，但是商品种类多样

彩色自制拖鞋 850B

漂亮的冲浪服上衣2090B, 短裤1400B

普吉岛
痴迷于时尚 & 上品杂货中

立即派上用场的度假休闲服饰
处女座商店 Virgo Shop

店面小，但是上装和连衣裙等度假休闲服饰的款式多，并且价格公道。多买几件还有优惠。

还有纯手工制作的限量商品哦

民族风罩衫 300B
流苏长裙 350B 

MAP p.05-C3
- 芭东海滩
- 169/79 Sai-kor Rd., Patong Beach
- 090-2461542
- 14:00～22:00（淡季 16:00～）
- 无（淡季不定休）
- C J M V

店铺外以红色作为装饰，引人注目

可爱的小象环保购物袋
象 Eleph

泰国设计师设计的小象造型环保购物袋。尺寸、颜色、图案和质地均有多种选择。普吉镇的尚泰普吉购物中心内有分店。

热带风情图案的小环保购物袋 390B

位于龟村内

MAP p.02-A2
- 迈考海滩
- 889 Moo 3, Turtle Village, Mai Khao
- 076-314855
- 10:00～22:00
- 无
- C M V

收纳袋只有象头造型的腰包式 590B

左750B、右390B。左边的金属质感袋子装进象头收纳袋中有些费劲

普吉蓝的芳香瓶 200B

咖啡杯与杯托套装 350B

陶花，5朵100B。有一根将它们穿起来的绳子

具有度假风情的精美陶瓷
陶瓷器 Ceramics

普吉产陶瓷的直营店。度假酒店和SPA使用的芳香瓶等陶瓷器皿全部有售。还有很多餐具。

店内满是陶瓷。还有小餐厅

迷你捣白套装 950B

MAP p.03-D2
- 甲涂
- 71/3 Vichitsongkram Rd., Kathu
- 076-319186
- 8:00～17:00
- 周日
- C M V
- www.ceramicsofphuket.com

73

Shopping

家庭式 SPA 让你感受满满的泰国风情
香气怡人的纯天然 SPA 用品

在泰国，采用香草和水果等原料制作的 SPA 用品很受欢迎。
取材自大自然的纯天然香气与柔和的触感让人心灵放松。

蝶豆花系列护肤用品

泰国蝶豆花 SPA 用品

沐塔 Mookda

沐塔以使用蝶豆花这种泰国独有花种为原料制作 SPA 用品而出名，有洗发露和护发素、身体磨砂膏等蝶豆花系列的套装。这里还有外籍员工。

店员热情地讲解

① 按摩油 100mL 590B
② 芳香室内喷雾 120mL 390B
③ 理发护发用品 250mL 480B
④ 洗发露 250mL 480B
⑤ 非冲洗发油 35mL 490B
⑥ 身体磨砂膏 120mL 450B
⑦ 有机草药浴 身体用 190B

MAP p.08-C1
地区 普吉镇
住 2/1 Virat Honsyok Rd., Vichit, Muang
电 076-354963　营 9:00~18:00　休 无　C J M V
网 mookda Spa-phuket.com

上品香气芬芳怡人

Panpuri 护肤品店 Panpuri

颇受欢迎的泰国高档 SPA 用品品牌。畅销商品包括理发护发用品和洗发水。护手霜清爽自然，回头客多。还有旅行套装（3 支装）1150B。

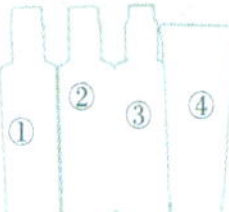

江西冷购物中心（→p.32）内有多家店铺

① ② ③
④ ⑤
① 身体用香波 200mL 580B
② 身体霜 200mL 1250B
③ 洗发露 200mL 580B
④ 理发护发用品 200ml 580B

MAP p.05-C2
地区 芭东海滩
住 Jungceylon Phuket Square G Floor 4102（江西冷购物中心）
电 076-366578　营 11:00~22:00
休 无　C A J M V　网 www.panpuri.com

身体用与头发用洗浴套装

Eastern 精油按摩套装 1240B

74

增值信息 露天货摊也销售 SPA 用品，但是多为假货，建议去正规商店购买。

把这个工具按压在皮肤上进行按摩

香气怡人的纯天然 SPA 用品 | 普吉岛

连商品陈列也很考究
哦，自然
O'Natural

适合身体、头发、脸部和手部等，商品种类多样。除了香草茶，还有一些改善身体机能的美容产品。商品件小，价格公道，推荐用作小礼品。

畅销修复霜，中瓶80B。让你的脚踝和肘部肌肤更加顺滑

推荐购买自制热带茶 290B

①发膜 450B
②护手霜／身体护肤霜 250B
③身体磨砂膏 小瓶 255B
④按摩油 360B
⑤按摩泥 270B

产品丰富，带有南国的芳香

MAP p.09-B2 古色古香的氛围
地 普吉镇 107 Talang Rd. Muang
☎ 089-4713153 营 10:00~20:00（周日~22:00）
休 无 C A J M V 网 www.onaturalspa.com

提供足量试用机会

普吉岛本地的纯天然用品
柠檬草屋 Lemongrass House

以香气区分，一种商品约有20种不同的款式，容易患上选择困难症。其中与店名同款的柠檬草和茉莉花香型最受欢迎。商品达50余种，价格实惠，批量购买有优惠。卡伦海滩等地设有分店。

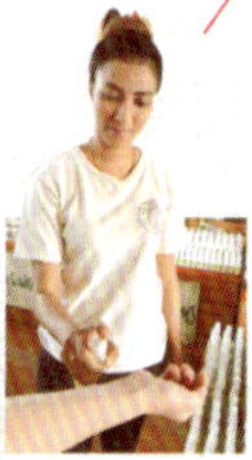

产品包括护肤系列及家用SPA用品

琳琅满目的商品

①理发护发用品 260mL 250B
②沐浴露 260mL 250B
③香氛喷雾 120mL 150B
④按摩油 120mL 150B
⑤香薰器 120mL 350B
⑥精油 30mL 450B
⑦香皂 每块 150B

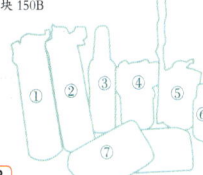

MAP p.02-C2
地 他朗 10/2 M.1.Cherngtalay, A.Thalang
☎ 080-5209988 营 9:00~20:00
休 无 C A J M V
网 www.lemongrasshousethailand.com

预制装配工厂风格的店面前种有柠檬草

时尚套装更完美
Akaliko 商店 Akaliko

店址设在江西冷购物中心（→p.32）内，是一个泰国纯天然芳香家用SPA用品品牌。高雅的香熏是热销产品。精心打造的套装是馈赠佳品。小块香皂可以多买几块。

纯天然洁肤皂 每块 450B。有山竹、炭、茶树和薰衣草等多种香型

都散发着柠檬草的清香

①身体磨砂膏 250mL 750B
②按摩油／体用精油 250mL 690B
③沐浴露 250mL 390B
④润肤霜 250mL 580B
⑤手部／指甲护理霜 80mL 490B

MAP p.05-C2
住 Jungceylon Asian Spirit B Floor 7, 12（江西冷购物中心内）
☎ 089-2054141 营 11:00~22:00
休 无 C M V
网 www.akaliko.net

位于江西冷购物中心地下

75

Shopping

周末的晚上适合购物
在夜市淘宝！

普吉镇的夜市总是人潮涌动。
特别是周末开放的周末夜市
和步行街，更是人山人海。

除周日外，每天都营业

汇集普吉岛最新潮流的人气夜市
席尔瓦夜市
Chillva Market

举办日 ▶ 除周日外每天都有
（周四~周六所有店均营业）
时间 ▶ 17:00~23:00

位于老城北部的耀华路旁的一个露天自由市场。分为时尚、杂货、美食三个区，颇有综合商场的架式。在这里可以相对低价买到最新潮流用品，还能吃到可口美食，因此当地的年轻人和上班族也乐意光顾。还有不少具有当地特色的精美杂货。美食包括中式及国际风味，有酒吧。有时露天舞台会有现场表演。

上 / 放学回家的孩子们也喜欢来这里逛
下 / 商铺密集的美食城

边走边吃，其乐融融

成套化妆刷 100B

拖鞋全场每双 180B

度假途中就能用上的拖鞋

3 个耳坠 100B

度假服饰款式多。裙子和吊带衫每件 200B

很多是搭起白帐篷的货摊
MAP p.08-A1
普吉镇
Soi Yaowarat, Talat Yai

芭东海滩的市场

大型夜市集中在普吉镇及其周边地区，不过芭东海滩也有 OTOP。OTOP 是 One Tambon One Product 的首字母缩写，意思是"一村一品"。服饰、杂货、提包等各类专卖店整齐排列，单纯逛逛也不错。白天也营业，晚上饮食店开门，更加热闹，因此推荐晚上去。

芭东 OTOP 购物天堂
Patong OTOP Shopping Paradise

MAP p.05-D2
芭东海滩　237/9 Long l 32 OTOP Shopping Paradise，Patong Beach Rat U 200 Pl Rd.
10:00~23:00（各店有所不同）　无（各店有所不同）

这块招牌很醒目

店内仿佛是个藏宝库

76

增值信息 市场的近半摊位是饮食摊。烤鸡、章鱼烧、寿司和海苔卷等让人垂涎欲滴。

周末晚上来这里吧！

举办日 ▶ 周六、周日
时间 ▶ 17:00~22:00

1个的话，价格这这么多

大受欢迎的香熏套装 100B

大市场就像一座迷宫

普吉岛 — 在夜市淘宝！

犹如迷宫的室内市场
周末夜市
Weekend Market

多买点的话能打折啊~

水果形状的香皂 3块 100B

以民族风质地及毛球吸引顾客的手提包 250B

Luk Chup 是一种做成蔬菜或水果形状的泰式传统甜点

老城西侧聚集着 Big C 普吉和尚泰购物中心等多座综合商业设施，周末夜市位于偏南的地方，在多栋建筑内共同举办。每个周末，一到夜幕降临，各家店便开始开门迎客。店铺面积统一，以杂货、T恤、鞋帽等的专卖店为主。同类型的店铺大多聚集在一起，要想找到中意的商品，还是需要到处看看。狭长的道路仿佛迷宫一般，喜欢的东西要是不马上买，有可能就再也回不来了。市场的一半是饮食摊，有各种食品出售，各种食品的气味飘荡在空气中。

MAP p.08-C1
地区 普吉镇 住 Chao Fa West Rd.

热卖礼品应有尽有。围巾 100B

发圈超便宜

老城的古老街道上挤满了商铺

在观光胜地他朗路举办
普吉步行街
Phuket Walking Street

举办日 ▶ 周日
时间 ▶ 16:00~22:00

步行街自 2013 年开始举办，地点在老城的主干道他朗路上。到了下午，机动车就禁止通行了，商家开始忙碌。到日暮时分就会形成一条长约 350 米的货摊长街。老城店铺大都精巧沉韵，有很多售卖自制商品和精致物件的店，走走也是一种乐趣。时而有现场乐队演奏。

　　在甲米路的小吃摊能尝到美味的家常菜和甜点等。

MAP p.09-B2
地区 普吉镇 住 Thalang Rd.

移动车辆饮品摊

美食区。人多拥挤，走起来可不容易

很好吃的呢，快来吧

手工果汁摊

带真实狗狗照片的化妆包

77

还有更多商店！
每天有更新的购物选择！

普吉岛堪称购物天堂。这里汇集了廉价香草制品、普吉产朗姆酒及咖啡、各类杂货、时尚用品等，店铺类型从专卖店到精品店，门类广泛。哪一天说不准在岛的某个地方又新开了个市场。

堪加纳·娜莱雅
Kanjana-Naraya

美包类
芭东海滩 　　　MAP p.05-C3

以ribbon bag（吐舌女包）闻名的女包、化妆包专卖店

曾经风靡一时的娜莱雅因中国游客的到来再次焕发了生机！质地轻盈，适合送人。款式包括清新淡素、时尚图案等，种类多。位于班赞市场正前方的帐篷货摊区。

- Baanzaan Fresh Market
- 076-340409
- 10:00～23:00
- 无
- C J M V
- （消费满1000B以上才能刷卡支付）

化妆包125B～，吐舌女包420B

普塔旺
Phutawan

香薰店
芭东海滩 　　　MAP p.05-C2

100% 纯天然实惠香薰

100% 纯天然香薰制品店。所有商品均在曼谷生产，在泰国国内有13家分店。最值得推荐的是据说具有抗衰老效果的摩洛哥坚果油、辣木精油每瓶120B～。牛油树脂仅售90B～。商品包装精致也是一大亮点。

- 124/57 Rat-U-thit 200pee Rd., Patong
- 089-036080
- 13:00～23:00
- 无
- C M V
- www.phutawanshop.com

对皮肤龟裂效果显著的牛油树脂价格实惠

我老板的藏品
My Boss Collection

裁缝店
普吉镇 　　　MAP p.09-D2

可订制的小镇裁缝店

由一家泰国人经营的老牌裁缝店，坐落在商业区普恩彭广场上。采用泰国丝绸等各类丝绸、开司米毛线等上等材料，最短8小时即成衣。普吉岛内提供免费送货上门服务。泰国丝绸罩衫800B～。

- 74/144 Phoonporn Rd., Muang
- 089-7243577
- 10:00～20:00
- 无
- C A M V
- www.railboss.com

店主叫莱，是个爽朗的人

78

Is Am Are
Is Am Are

古董杂货 普吉镇　MAP p.09-B1

古朴的厨房杂货

位于甲米路的一家家用杂货铺。主要经营老旧的物件，包括滞销留下的彩色珐琅杯、热水瓶、泰式2~3层餐盒等，350B起，价格实惠。在这里看看泰国人原先用过的玻璃杯也很有趣。

- 6 Krabi Rd., Muang
- 081-7198911
- 8:00~18:00
- 无
- 不可

多买些厨房杂货吧

霍克·霍·丽咖啡
Hock Hoe Lee

咖啡馆 普吉镇　MAP p.09-B1

普吉岛的原创焙煎咖啡

1958年创业。最早是普吉岛一家销售咖啡和红茶的店铺，主要以阿拉比卡咖啡豆为原料，在中深烘焙后就会产生令当地年轻人迷恋的香味。100%有机阿拉比卡极深烘焙豆250g 295B。在拉威海滩有烘焙车间。

- 183 Ranong Rd., Muang
- 076-211228
- 7:30~16:30（周日 7:00~11:30）
- 无
- 不可
- www.hockhoelee.com

店前的自行车是一道风景

珍庆
Keng-Tin

糕点 普吉镇　MAP p.09-D1

拥有70余年历史的糕点铺子

普吉当地的中式糕点店。店内糕点采用古法制作。最受欢迎的是"馅饼包子"（1个20B~），一口一个。馅有甜、酸等多种类型。加上有再现普吉岛历史的包装，很适合馈赠。

- 342/344 Phuket Rd., Muang
- 076-212185
- 7:30~19:00
- 周日
- 不可

傍晚馅饼包子就会被抢购一空

查龙湾朗姆酒
Chalong Bay Rum

朗姆酒 查龙湾　MAP p.03-E2

普吉岛酿造的朗姆酒

由住在普吉岛的法国酿酒师在查龙湾酿造的朗姆酒。以普吉甘蔗为原料，手工精酿的朗姆酒获得2015年San Francisco World Spirit Competition金奖。游客可参加酿造厂和查龙湾朗姆酒的莫吉托品尝之旅（要收费）。

- 14/2 Moo 2 Soi Palai 2，Chalong, Muang
- 093-5751119
- 11:30~20:30
- 周日
- C M V
- www.chalongbayrum.com

小瓶330ml460B，大瓶700ml660B

普吉岛 还有更多商店！

旅行的同时还能享受便捷购物
规定时间举办的夜市人气爆棚！

普吉岛有一种规定时间内，在购物中心等地举办的夜市十分盛行。购物与美食兼得，吸引了当地人也纷至沓来。

高档度假区的夜市

船街
Boat Avenue

举办日 ▶ 周五
时间 ▶ 18:00~22:00

主要举办地是经营进口食材的别墅市场。船街上餐厅、时尚SPA用品货摊等鳞次栉比。由很多度假酒店组成的拉古纳地区环境清幽，典雅而浪漫。货摊售卖的意式培根蛋面等60B~，引人垂涎。日落之后，还有吉他弹唱表演。

MAP p.07-C3
地区 班淘海滩
住 49/13 Cherngtalay Rd., Cherngtalay Thalang

上／从泰国美食到鸡尾酒货摊，种类多
下／如果你住在拉古纳地区的酒店，周五一定要来看看

在家庭用品超市举办

Home Pro Village 购物中心
Home Pro Village

举办地在查龙湾附近的Home Pro Village购物中心。别墅市场和家庭用品超市"Home Pro"是主要的购物地。带顶篷的中央广场聚集了一些小吃摊。在室外区域，种着椰树的步行道旁有出售服饰、小物件等店铺。百香果冰沙既美味又实惠，十分畅销。要是天气凉爽想吃饭，那就去泰式火锅店MK吧。

Home Pro 商场内还有经营杂货、香草制品等的店铺

举办日 ▶ 周一、周二
时间 ▶ 16:00~22:00

鲜榨果汁哦

中间的美食区热闹非凡

MAP p.03-E2
地区 查龙湾
住 61/9 Moo 10, Chalong, Muang

受当地的年轻人欢迎

普吉印地市场
Phuket Indy Market

普吉镇的Limelight Avenue商场举办的夜市，每周3次，年轻人爱去。有很多时尚用品和杂货铺，还可以见到当地女性在美甲摊做指甲。Limelight Avenue商场有美食城（→ p.30）、餐厅＆咖啡馆等，一层还有大型超市TOPS Market。

举办日 ▶ 周三~周五
时间 ▶ 16:00~22:00

上／饮食摊空间大
下／不少店在店面招牌的制作上下足了功夫

MAP p.09-B2
地区 普吉镇
住 2/23 Talad Yai, Muang

80

增值信息 在泰国，一周内每天都有不同的幸运色，泰国人会在自己生日当天穿幸运色的衣服。现任国王的诞辰是周一，因此黄色是当天的代表颜色。

气氛好才是王道？
还是要服务项目多？
总之，纵享SPA时光吧！

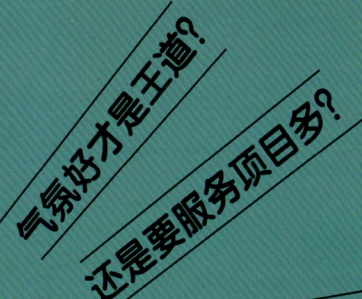

美容
Beauty

由于是有"SPA 天堂"之称的泰国著名的度假地，普吉岛自然拥有大量的 SPA 场所。在购物途中可以体验一次舒畅的城区 SPA，也可以安静地享受别墅 SPA。还有令人难忘的足部穴位按摩！

- 美容 NAVI → p.82
- 体验日间 SPA，让你瞬间光彩照人！→ p.84
- 度假酒店内的优雅 SPA 时光 → p.86
- 效果显著的足部按摩 → p.88
- 还有更多美容服务 → p.89

美容 NAVI

在普吉岛旅游一定要去体验 SPA。接下来为大家介绍一些实用的 SPA 用语和按摩流程。

1 确认 SPA 服务清单的关键词！

泰国 SPA 会在浴水上撒上兰花和九重葛等的花瓣，采用纯天然的 SPA 用品，通过原料本身的色、香及营造出的环境达到放松身心的效果。要是事先掌握一些 SPA 服务清单上常见的词汇，那么对于选择什么服务是大有裨益的。

草药球和其他多种磨砂膏

● SPA 用品
指 SPA 过程中使用的精油、磨砂膏等。店方基本都会使用纯天然用品，在材料选择上十分讲究。也有一些店以进口 SPA 用品为特色。

● 草药球
普吉岛几乎所有 SPA 场所都有的服务。将香草装入棉纱布中熏蒸，再用它轻压背部或肩部。香草和按摩的双重作用能达到通畅血管、美容肌肤的目的，据称还有排毒之效。

● 磨砂膏
将小颗粒物与乳霜、精油混合在一起。泰国有盐、大米、咖啡、橡胶、椰子等多种磨砂膏。通过轻抚肌肤，实现去除角质、光亮肌肤的效果。

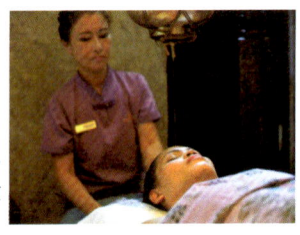

使用草药球的按摩

● 四手按摩
如字面所示，两位按摩师四只手同时为客人按摩。双人配合的按摩使全身得以放松。

● 特色按摩
各店自己创制的按摩及套餐，大多是一种原创按摩服务。

● 印度滴油（Āyurveda）
很多按摩店都有印度传统医学之一的"阿育吠陀"按摩服务。印度滴油是阿育吠陀的一种，指将温润精油从额头滴下，流至整个头部，以此消除疲劳。

● 鲜花 SPA
在高档 SPA 场所，有些会提供专用鲜花 SPA 的服务。漂浮在水上的花瓣的颜色与花香能舒缓心情。通常需要另外付费，如果提前申请，还能在 SPA 结束后洗浴。草药浴指用中药泡澡。

● SPA 套餐
大部分 SPA 馆都提供包含按摩、磨砂膏、草药球等的套餐服务。这种形式比单一体验各项服务更有疗效。只是全程需要 2 小时。

很多店有"印度滴油"服务，即在额头上滴精油。

2 建议提前预约 SPA 的预约方法

一旦决定去 SPA，最好提前预约。预约可通过 SPA 网站，如果是酒店，也可登录酒店官网。当地旅行社和酒店服务员也能协助预约 SPA。如果是在所住酒店体验，一般会有折扣。推荐酒店 SPA。

3 小费给多少合适

泰国通常有给足部按摩及 SPA 按摩师小费的习惯。这完全是心意，多少不限，一般足部按摩 50B~，SPA 100B~。有时候也看服务费用和时间。当然，如果你感觉接受的服务不太满意，也可以不给小费。

4 去怎样的SPA？SPA的种类和选择方法

在有"SPA天堂"之称的泰国，到处都有SPA场所。闹市区以足部按摩为主，也有些场所提供SPA专用床和泰式按摩房。不过，难得来一次泰国，推荐去环境幽雅、技师水平高的店。城内的SPA→p.84在逛街时顺便去即可。想体验正宗的SPA，去酒店最好。在酒店SPA和独享的别墅SPA都能体验奢华的氛围。

来一次轻松愉快的足部按摩

6 泰式按摩让你全身轻松

泰式古典按摩拥有2500年历史。手掌按压和伸展体操、按摩等组合式按摩法使全身的紧张得以放松。流程如下：

1 先从脚开始。按压大腿内侧的淋巴，舒盘活络，随后做伸展运动。

2 扭动身体，从腋下到腰部做伸展运动

3 腕部、手部按摩，放松肩部和肱三头肌等

4 颈部按摩后，拨动身体，舒展全身

5 拉伸背肌和手腕后结束伸展体操

5 SPA套餐基本上是这个程序

如果已经预订了，最好提前15分钟到场。先确认身体状况，有时还要选择按摩时使用的精油。进入按摩室后，换上专用制服。然后泡脚，脱衣躺下。最开始是磨砂，去除死皮，然后进行草药球按摩，通畅血管。有可能用精油取代草药球进行按摩，所需时间为2~3小时。按摩结束后是恢复性茶歇和水果品尝时间。

按摩从洗脚开始

7 还有可两人同时接受按摩的情侣房

酒店SPA、别墅SPA与酒店房型一样，分为单人间和双人间。双人间也称为情侣房，适合情侣或朋友一起按摩。想在情侣房体验可在预约时询问。

8 泰式按摩的必需品"泰式短裤"的穿法

体验泰式按摩和SPA时需要换上提前准备好的服装。泰式按摩穿的上衣是类似于"工作服"的服装，带扣，下面穿短裤（渔夫裤）。短裤没橡皮带，穿法有诀窍。

1 有裤带的一端朝后
2 向左或右用力拉紧
3 空出的部分向前折叠
4 将裤带绕向前，系紧

※如果没有裤带，将腰部向外侧翻卷，固定

普吉岛 美容NAVI

83

Beauty

沙滩游玩过后或购物途中，体验日间 SPA，让你瞬间光彩照人！

普吉岛到处都有 SPA，店家甚至会在路旁拉客。如果不常来，不妨去体验一次质高物美的 SPA。

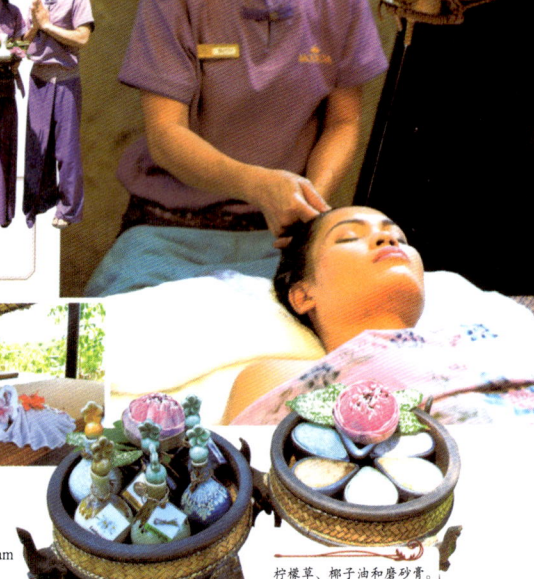

使用天然香草的传统 SPA

沐塔 SPA
Mookda Spa

店员亲切和蔼，游客可安心享受服务

穿过绿意盎然的入口，就可以看到美容室和较远处的水疗室，顾客在清脆的鸟鸣中感受轻闲气氛。原创的有机 SPA 用品的香味让人神清气爽。

推荐服务项目
- 沐塔 2 小时 SPA　2 小时　2400B
- 沐塔印度滴油　3 小时　4300B
- 沐塔安达曼　3 小时 30 分钟　5500B

右上／使用天然椰子油的"印度滴油"，很受欢迎
中间／在绿树成荫的别墅内体验 SPA
下／敞开式的 SPA 店内还有商店

MAP p.03-D2
地区 甲涂
住 75/18 Moo 6 Vichitsongkhram Rd., Tambon Kathu
电 076-321844　营 9:00~19:00　休 无
C J M V　预约 需要　www.mookdaspa.com

柠檬草、椰子油和磨砂膏。推荐品尝以青花为原料的蝶豆花茶

主要面向芭东海滩的实惠 SPA

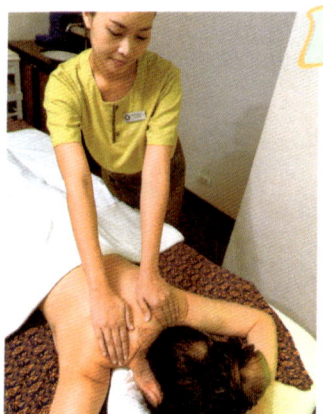

东方 SPA
Ocientala Spa

价格适中，技术高超的 SPA 店。白天客人较多，最好预约。营业至深夜，提供芭东海滩的往返接送服务。

推荐服务项目
- 泰式按摩　60 分钟　600B
- 芦荟按摩　60 分钟　900B
- 三件套（泰式按摩、芦荟按摩、足疗）2 小时　1400B

技师的技术受到一致好评

海滩游玩后可以进来体验

MAP p.05-A3
地区 芭东海滩　住 49/145 Raj-U-Thid 200Pee Rd., Patong　电 076-290387　营 10:00~23:00
休 无　C M V　预约 需要
www.orientalaspa.com

84　**增值信息**　沐塔 SPA 还在旁边经营一家咖啡厅，可以品尝到海南鸡饭，在当地很有人气。商店也值得一逛（→ p.74）。

热带花园的治愈效果

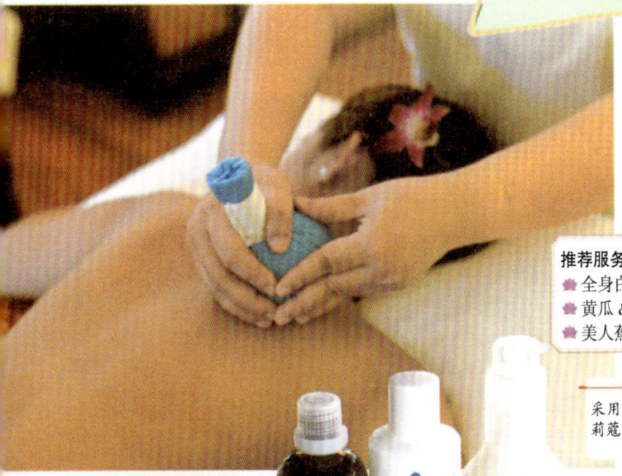

美人蕉 SPA
Cannaceae Spa

在苍天大树及如诗院落间体验花园 SPA。距离普吉岛中心城区稍远，不过正因如此，环境也变得出奇地恬静。按摩师全是从业 10 年以上的"匠人"，技术高超。

推荐服务项目
- 全身白泥巴浴　　60 分钟　　1500B
- 黄瓜 & 芦荟全身敷　60 分钟　1500B
- 美人蕉按摩　　60 分钟　　1500B

采用有机化妆品品牌茱莉蔻 JURLIQUE

原创波浪式浴盆，包含在部分服务项目中

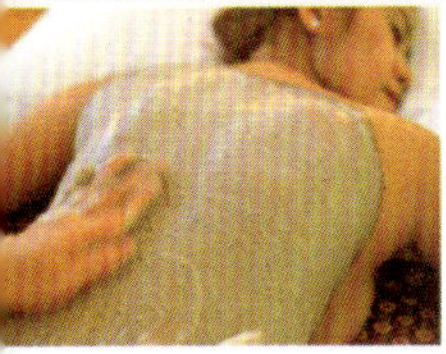

上／按摩师技术纯熟、SPA 用品芳香醉人的热压按摩，40 分钟 1000B
左下／用黄瓜、芦荟润泽晒黑的皮肤，60 分钟 1500B

店面大，树木葱郁

MAP p.03-E2
地 他朗
住 51/17 Soi Thep-Anusorn, Chao-fa Rd., Wichit Muang
电 076-524609
营 9:00~22:00
休 无
C A D J M V
预约　需要
网 cannaceae-spa.com

普吉岛 体验日间 SPA，让你瞬间光彩照人！

人气 SPA 连锁店

让我们放松
Let's Relax

曼谷、清迈也设有分店的知名 SPA 连锁机构，顾客较多。服务项目多，二层是脸部按摩，三层泰式按摩，四层是 SPA。

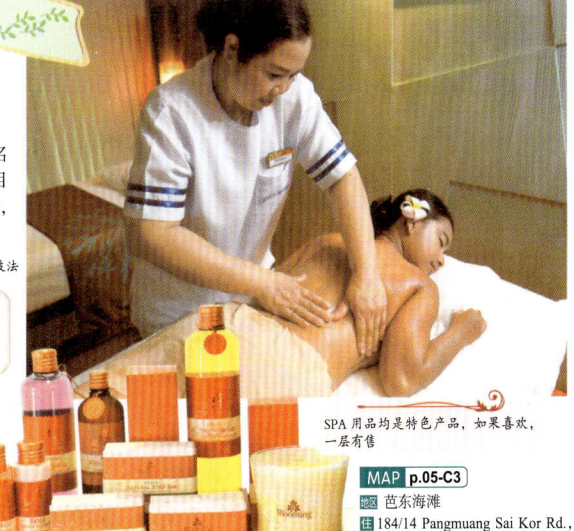

所有的技师都有自己独特的按摩技法

推荐服务项目
- 泰式按摩　60 分钟　600B
- 精油按摩　60 分钟　1200B

按摩房均干净整洁、宽敞清静

SPA 用品均是特色产品，如果喜欢，一层有售

MAP p.05-C3
地 芭东海滩
住 184/14 Pangmuang Sai Kor Rd., Patong
电 076-366800
营 10:00~24:00　休 无　C M V
预约　不需要
网 www.letsrelaxspa.com

85

Beauty 服务与技术均一流
度假酒店内的优雅 SPA 时光

豪华奢靡的度假酒店式 SPA 让你体验公主般的格调,不虚此行。请通过网络或电话提前预约。

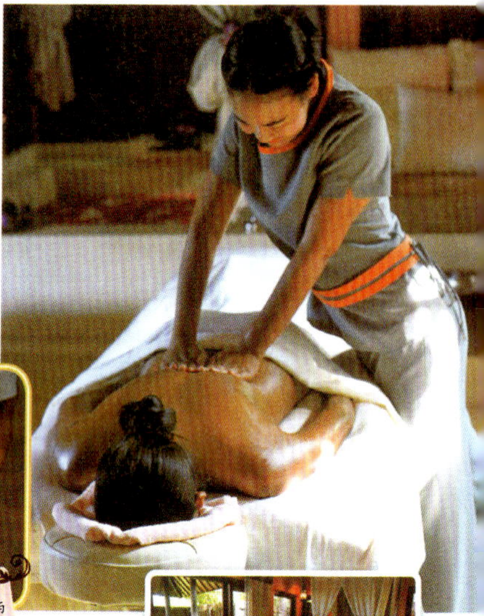

水域环绕的幽静 SPA
安纳塔拉 SPA
Anantara Spa

安纳塔拉水疗酒店 & SPA → p.110

走过莲花依依的木板路就到了水疗室。室内是传统的泰式风格,舒心安静。"暹罗按摩之旅"是一种按摩、磨砂、草药疗法的套餐服务。面部护理使用爱马仕产品。

还有视野极佳的美甲室

绿意环绕的清幽密室

传统泰式按摩在开放式按摩室进行

磨砂膏是薄荷与椰子的原创组合　体验高品质按摩

一共6间水疗室,部分带浴缸

推荐服务项目
- 暹罗按摩之旅　150 分钟　7000B
- 传统泰式按摩　90 分钟　3500B
- 爱马仕胶原蛋白活机再生焕肌　60 分钟　5500B

MAP p.02-A2
迈考海滩　888 Moo 3, Mai Khao　076-336120　10:00~22:00　无　C A D J M V
预约　需要　phuket.anantara.com

时尚治愈空间
此间 SPA
The Spa

普吉岛卡伦海滩瑞享度假村及水疗中心 → p.116

位于卡伦海滩的度假水疗店,交通便利。7栋SPA别墅彼此独立,宽大敞亮。可以体验综合水疗。

顶篷很高的别墅SPA

推荐服务项目
- 瑞典按摩　60 分钟　2000B
- 资生堂 Qi 均衡净肤系列　60 分钟　2354B

MAP p.06-B2
卡伦海滩　509 Patak Rd., Karon　076-396139　9:00~21:00
无　C A D J M V　预约　需要　www.movenpick.com

水疗室是摩洛哥风格

推荐服务项目
- 律动调理按摩　60 分钟　2800B
- 芳香面部按摩　60 分钟　2900B

在大自然中露天沐浴
升逸 SPA **Zense Spa**

普吉岛佐利图德别墅度假酒店 → p.118

有5间水疗室,其中2间带露天浴池。2小时的 SPA 套餐 4100B~。芳香面部美容采用法国维健美 GUINOT 品牌产品。

MAP p.03-E2
甲涂　53/25 Moo 5, Soi Bann Nai Trok, Chaofa Nok Rd., Chalong, Muang　076-521333　9:00~18:00
周六、周日　C A D J M V　预约　需要
www.villazolitude.com

86

增值信息 如果想体验酒店的 SPA,推荐尝试身体磨砂、按摩、面部护理的套餐服务。

普吉岛首个六手 SPA 店

特里萨拉 SPA
Trisara Spa

特里萨拉别墅酒店→p.107

3位技师同时按摩的六手SPA一时间备受关注。还有两位技师的四手按摩等，SPA项目多。凭借待客的热情、高超的按摩质量多次获奖。SPA套餐为5~6小时，15500B~。

普吉岛度假酒店内的优雅SPA时光

3位技师分别按摩身体和足部

推荐服务项目
- 皇家特里萨拉六手按摩　90分钟　14900B
- 旅行特色按摩　60分钟　4500B
- 热石疗法　90分钟　6500B

原创精油。有柠檬草、蜜柑、姜等可选

独立包厢设计

MAP p.07-A1

共7间可欣赏海景及花园景观的水疗房

拉扬海滩　60/1 Moo 6，Srisoonthorn Rd.，Cherngtalay Talang
076-310100　10:00~21:00（淡季~18:00）　休 无
C A D J M V　预约 需要　trisara.com/ja

主推防晒 SPA

双棕榈 SPA
Twinpalms Spa

普吉岛双棕榈树度假村→p.111

水疗室共有9间，使用具有防晒功能的精油和SPA产品。面部美容时使用的一种玉会发出清脆的声音。

在海滩上玩耍后来做个晒后护理吧

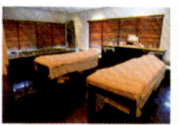

以白为主色调的素淡水疗房

推荐服务项目
- 120分钟放松专家按摩　120分钟　4000B
- 滋养"Qi Gong"面部按摩　75分钟　3500B

精油有3种可选，SPA产品有巴黎的雅诗黛ESTHEDERM

MAP p.07-D2

苏林海滩　106/46 Moo 3，Surin Beach Rd.　076-316500
9:00~18:00　休 无　C A D J M V
预约 需要　www.twinpalms-phuket.com

芭东海滩的步行圈内

钻石 SPA
Diamond Spa

钻石崖温泉度假酒店→p.115

泳池旁的华丽建筑内共有14间水疗房，分男、女及情侣房。推荐2小时~的SPA套餐服务，3800B~。

左／情侣房共6间
上／配套提供桑拿和波浪浴盆、足部按摩

推荐服务项目
- 传统泰式按摩　60分钟　1300B
- 泰式草药疗法　90分钟　2500B

MAP p.04-C3

芭东海滩　284 Prabaramee Rd.，Patong　076-380050
10:00~21:00　休 无　C A D J M V　预约 需要
www.diamondcliff.com

悦榕泉浴→p.45 也可一试！

87

Beauty

走累了就来这里吧！
效果显著的足部按摩

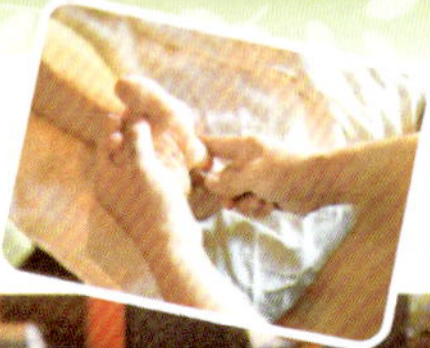

走累了，或者在空调房吹得脚底凉，都适合体验足部按摩。通过刺激足部穴位使全身轻松。价格实惠，可以尽情享受。

看鲤鱼在水池悠游
金的按摩和 SPA
Kim's Massage & Spa

一家热门按摩店，在普吉有6家店铺。用磨砂膏洗脚后再按摩。以技师多、水平高著称。还有全身SPA项目。

推荐服务项目
- 足部和手部按摩　60分钟　300B
- 足部磨砂和足部按摩　120分钟　650B

MAP p.09-D3
- 地区 普吉镇
- 住 13-17 Thavornvong Rd., Phuket Town
- 电 076-224004　营 9:30~22:30
- 休 无　C M V

右上 / 用手指或木棍刺激穴位，消除酸痛和疲劳　左下 / 锦鲤池旁有一圈椅子　右下 / 营业到深夜，十分便利

购物途中去体验
矿物按摩
Mine Massage

购物中心内人尽皆知的SPA店。有足部按摩房和传统按摩房，均为包厢设计。

专业技师细心为你消除疲劳

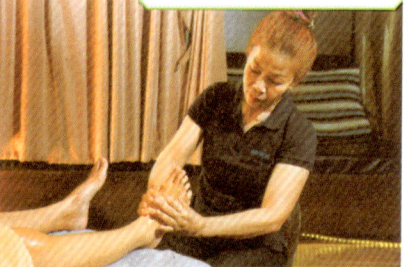

推荐服务项目
- 足部按摩　60分钟　600B
- 肩部、背部按摩　60分钟　700B

MAP p.08-B1
- 地区 普吉镇
- 住 76 Moo.5, Chalermphrakiat Rd., Index Living Mall Phuket
- 电 081-7973329
- 营 10:00~21:00　休 无　C A J M V

房间不大，但是气氛温馨

精致小巧，平价舒适
C&N 按摩
C&N Massage

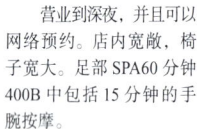

营业到深夜，并且可以网络预约。店内宽敞，椅子宽大。足部SPA60分钟400B中包括15分钟的手腕按摩。

上 / 虽然是足部按摩，但是全身都能得到放松　右 / 用心的按摩受顾客青睐　下 / 足部SPA用的座位共有10张

推荐服务项目
- 精油按摩　60分钟　400B
- 泰式按摩　60分钟　300B

MAP p.05-C2
- 地区 芭东海滩
- 住 151 Rat-U-Thit 200 Pee Rd., Patong
- 电 076-341792　营 8:00~24:00
- 休 无
- C M V
- www.cnphuketmassage.com

增值信息 有些人在体验足部按摩的时候会出现疼痛感，不要自己憋着，一定要说出来，技师会轻揉以缓解疼痛。

还有更多美容服务
从高档酒店 SPA 到街头按摩

整体而言，很多 SPA 店的面积较大，以尊重自然原生态见长，这也是普吉岛的独特魅力。在普吉岛，预约 SPA 最便捷的方法是通过网络预约。比起直接去店面，通过网络预约通常能享受到大幅度的优惠。

普吉岛 效果显著的足部按摩／还有更多美容服务

赛乐登 SPA
Silad on Spa

SPA
芭东海滩
MAP p.04-D2

俯瞰芭东海滩美景的奢华 SPA

位于芭东海滩南侧小山斜坡上的一家泰式 SPA 店。豪华水疗室分布在泳池四周，泳池旁还设有休息区。优点是近芭东海滩，环境悠然清静。做 SPA 后的服务项目也很多，给人奢华的体验。

住 86 Bann Suan Kamnan, Muean Ngen Rd., Patong
电 098-0741774
营 10:00~22:00
休 无
C M V
预约 需要
网 www.siladonspaphuket.com
费用 赛乐登日间按摩 3 小时 5200B（2 名技师费用，含身体磨砂膏、草药球、芳香疗法、香草茶）

视野开阔的 SPA 前台

泰国天堂 SPA
Paradise Thai Spa

SPA
芭东海滩
MAP p.05-B2·3

交通便利，价格亲民

位于芭东摩天大楼皇家天堂温泉酒店内的 SPA。虽然是酒店式 SPA，但是价格实惠，并且由于其位于芭东的核心区，深受游客欢迎。按摩精油可根据生日自由选择。还有含餐饮的套餐服务。

住 135/23, 123/15-16 Rat-U-Thit 200 Pee Rd., Patong（Royal Paradise Hotel 内）
电 076-340666 营 11:00~21:00
休 无
C A D J M V
预约 需要
网 www.royalparadise.com
费用 触摸天堂 120 分钟 2500B（草药蒸桑拿、芳香疗法、面部美容等）

带浴缸的水疗室

第一足部放松 2
First Foot Relax 2

按摩
芭东海滩
MAP p.05-C2

气氛温馨的按摩店

芭东海滩的很多按摩店会安排工作人员在店前揽客，嘈杂混乱，而酒吧街上的这家店安静而温馨，别具一格。足部按摩水准很高。总店在海滩旁，平时有 30 名技师。

住 54/7-8 Soi Patong Resort, Bangla Rd., Patong
电 076-340248
营 10:00~24:30
休 无
C 不可
预约 不需要
费用 足部按摩 60 分钟 400B、泰式按摩 60 分钟 400B、芳香疗法按摩 60 分钟 500B

足部按摩用的椅子宽松柔软，坐着很舒服

89

巴莱 SPA
Baray Spa

SPA
卡塔海滩　　　　　　　MAP p.06-C2

用印度滴油放松身心

融合了泰国和摩洛哥风格的 SPA 店，尤其是一种叫阿育吠陀的印度滴油疗法。技术高超，滴漏麻油的工具也是黄铜打造的，带给顾客纯正的体验。还有带餐饮的套餐服务，可在旁边的金黄色异国风情餐厅里用餐。

极具东方豪华的设计

住 38 Katekwan Rd., T.Karon, Muang
电 076-330979
营 10:00~22:00
休 无
C A M V
预约 需要
网 www.phuketsawasdee.com
费用 特色印度滴油按摩 90 分钟 2500B，按摩套餐 2 小时 30 分钟 3600B

普吉岛东方健康水疗中心
Orientala Wellness Spa Phuket Suanluang

SPA
普吉镇　　　　　　　MAP p.08-C1

普吉镇上的东方系列大型 SPA 馆

普吉镇的一家大型 SPA 馆，共 7 层楼、36 间水疗室和 70 张床位。提供技术纯熟的东方 SPA 系列服务，可以放心体验。水疗室装修简朴，房内有 2 张床、2 个淋浴室，可两人同时淋浴。

建议在普吉镇游玩过后再去体验

住 60/79 Chaofah-Suanluang Rd., Suanluang Vichit, Muang
电 076-201040
营 10:00~22:00
休 无
C M V
预约 需要
网 www.orientalaspa.com
费用 感官水疗 120 分钟 1700B（蒸桑拿、泰式按摩、芳香按摩、足部按摩）

普吉岛素可水疗
Sukko Cultural Spa

SPA
卡涂　　　　　　　MAP p.03-E2

淳淳的古风按摩

南国特有的浓绿掩映着巨大、如古代泰国神殿一般的水疗馆。身着古代服饰的工作人员上前迎接。共有 50 间水疗室，还有自助式午晚餐餐厅和泳池等。

拥有众多水疗室的大型 SPA

住 5/10 Moo 3, Chaofa Rd., Muang
电 076-530456
营 10:00~22:00
休 无
C A M V
预约 需要
网 www.sukkospa.com
费用 美颜按摩 120 分钟 2900B（草药球、身体磨砂、芳香疗法按摩）

冰爽 SPA
Cool Spa

SPA
攀瓦角　　　　　　　MAP p.03-F3

高档度假村内的隐秘式 SPA

整体色调为深蓝，采用古朴的木材建造。建筑呈现具有热带风情的泰式民居风格。虽是高档度假村内的 SPA，但气氛明快，无须拘谨。水疗室有 9 间。水疗馆前就是广阔的大海，一旁还有瑜伽区。

进去后浓浓的热带风情扑面而来

住 Sri Panwa, Phuket 88 Moo 8, Sakdidej Rd., Vichit, Muang
电 076-371000
营 10:00~21:00
休 无
C A J M V
预约 需要
网 www.sripanwa.com
费用 尊贵斯攀瓦（精油按摩）60 分钟 3500B，纯天然甜蜜杞果按摩（身体磨砂）30 分钟 1500B

海滩不可缺！
带你领略复古风情的小城和
岛内景点

地区指南
Area Guide

普吉岛最大的景点就是海滩。
在点缀于西海岸上的海滩游玩之后，
漫步普吉镇，
那里有充满异国风情的街区，
岛内的观景台和其他景点也值得一看！

- 芭东海滩 →p.92
- 卡伦海滩 →p.94
- 卡塔海滩 →p.94
- 班淘海滩 →p.95
- 苏林海滩 →p.95
- 奈扬海滩 →p.95
- 奈汉海滩 →p.95
- 普吉镇 →p.96
- 岛内其他景点也很精彩！→p.97
- 皮皮岛 →p.98

普吉岛的主要海滩

- ⑥ 奈扬海滩 → 普吉岛国际机场
- 安达曼海
- ④ 班淘海滩
- ⑤ 苏林海滩
- 菲吉岛
- ① 芭东海滩
- ⑧ 普吉镇
- ② 卡伦海滩
- ③ 卡塔海滩
- ⑦ 奈汉海滩

① 芭东海滩 Patong Beach

从无论如何都要去的芭东海滩，到可充分体验南国之海的清静海滩，一起去探索普吉岛的美丽海滩吧！

芭东海滩北侧的标识

前往海滩前浮潜海域的小船

假期在遮阳伞下悠闲地看海

游客不能不去的海滩，人潮如织

普吉岛的核心区是芭东海滩。这片长约2.8公里的海滩南侧格外热闹，从早到晚都有前来游泳或体验海上运动的游客。海滩上密密麻麻地插着遮阳伞，海上摩托等运动深受游客欢迎。这里海水较浅，适合游泳，但是只能在限定的区域内游。还有沙滩SPA，全天都可以在海滩上度过。

芭东海滩DATA

（雷达图：海滩长度、逛街、休闲、娱乐活动、美食）

交通
从机场乘车约45分钟，从普吉镇乘车约25分钟

娱乐活动
- ▶ 水上摩托 30分钟 1500B
- ▶ 香蕉船 500B
- ▶ 帆伞 1200B

租金
- ▶ 遮阳伞 100B
- ▶ 沙滩垫 + 遮阳伞 200B

芭东海滩的壮美日落

在芭东海滩休息

游客如潮的芭东海滩实在不是一个可以清静休息的地方。但是它的北面，即钻石崖温泉度假酒店（→ p.115）附近，没有喧闹的海上运动，游客也少，相对安静。周边海域有礁石，适合浮潜。

如果想清静，那就往北走走吧

增值信息 芭东海滩的标识位于酒吧街入口对面不远处及北侧的环岛旁，是拍照的好地方。

普吉岛

芭东海滩

无浪的浅滩就像个天然泳池

海上运动

海上运动项目都有标牌，想玩的时候直接跟那里的管理员交涉即可。价格固定，傍晚也可能减价。海上摩托经常发生事故或纠纷，慎玩。

海滩上的海上运动标牌十分醒目

左/在海滩上空玩帆伞运动。在海滩上穿戴好设备后，由快艇牵引飞升起来
右/海上摩托可坐在驾驶员后面，也可以自己驾驶

美 食

海滩的步行道上有一排移动小吃摊，有饮品摊、肉摊、鱼摊、汉堡和烙饼摊等。有时也有卖水果的摊位。附近有餐厅和咖啡馆，不过带着找零食的心情来这些小吃摊也是不错的。

海滩路上的水果摊

移动烙饼摊。椰奶和香蕉巧克力等70B

烤肉、鱼的摊位

芭东海滩周边的街道

海滩沿岸的海滩路、延伸至海滩的酒吧街及酒吧街尽头处的塔维旺路上都有很多酒吧、餐厅以及SPA。一到晚上，就成了欢乐的海洋

酒吧街 Bangla Rd. MAP p.05-C2

位于芭东的核心区，聚集着酒吧和各类俱乐部，非常繁华。18:00以后是步行街，街面上会摆上露天礼品摊。从女士也可轻松进入的酒吧到钢管舞酒吧，这里的夜生活可谓丰富至极。夜间游客数量激增，一直喧嚣至深夜。

右/白天商店基本都歇业，看上去寂静冷清
下/夜幕降临后，大声的音响仿佛要撕裂这里的空气

塔维旺路 Thaweewong Rd. MAP p.05-A2~D1

通称海滩路，是沿着芭东海滩的一条街。可以观赏海景的酒吧、餐厅、礼品店错落排布，是游客的必去之地。到了晚上，播放音乐的嘟嘟车也是一道风景。由于位于海滩前，餐厅的价格稍高。

沿海滩而建的一条繁华的街道

Rat-U-Thit 路和 Song Roi Pee 路 Rat-U-Thit Rd.&Song Roi Pee Rd. MAP p.05-A3~D1

与海滩路平行的两条街道。Sai Nam Yen路以北叫Rat-U-Thit路，以南叫Song Roi Pee路。这里有很多礼品店和平价餐厅。芭东最大的购物中心江西冷购物中心（→p.32）就在这里。

江西冷购物中心前的宗祠

93

仅次于芭东的人气海滩

② 卡伦海滩 Karon Beach

Map 附册 p.06-A-B2

选一个中意的位置，然后自在地游乐

卡伦海滩DATA

海滩长度 / 逛街 / 休闲 / 娱乐活动 / 美食

🚩 交通
从机场乘车约需1小时，从普吉镇乘车约需30分钟，从芭东海滩乘车约需10分钟

娱乐活动
▶ 海上摩托30分钟 1500B
▶ 香蕉船 500B
▶ 帆伞 1200B

租金
▶ 遮阳伞 100B
▶ 沙滩垫+遮阳伞 200B

赤脚走在沙滩上，"沙沙"作响

芭东海滩以南约1公里处的卡伦海滩（别称：大卡伦海滩）全长约3公里，海滩上铺满细软的沙子。比起芭东，卡伦海滩的景色值得静静欣赏。事实上，还有个小卡伦海滩，现在是普吉岛艾美海滩度假酒店的专用海滩。城区核心区就在海滩旁的环岛附近，那里林立着餐厅和酒吧。

由两片海滩组成

③ 卡塔海滩 Kata Beach

Map 附册 p.06-C-D2

遮阳伞密布的大卡塔海滩

卡塔海滩DATA

海滩长度 / 逛街 / 休闲 / 娱乐活动 / 美食

🚩 交通
从机场乘车约需1小时，从普吉镇乘车约需30分钟，从芭东海滩乘车约需20分钟

娱乐活动
▶ 海上摩托30分钟 1300B
▶ 香蕉船 500B
▶ 帆伞 1000B

租金
▶ 遮阳伞 100B
▶ 沙滩垫+遮阳伞 200B

家庭游客较多的浅海海滩

与卡伦海滩相接的卡塔海滩由大卡塔海滩和小卡塔海滩两个海滩组成。白色的沙滩与澄澈的大海在晴天的阳光下格外壮观。大卡塔海滩的2/3位于普吉地中海俱乐部的酒店对面，适合在这里长期游玩的家庭游客。还有娱乐项目，可慢慢体验。

增值信息 无论哪个海滩，距离海岸线15米内的区域不得设置沙滩休闲区、遮阳伞和餐饮区。

Map 附册 p.07

可以放松休息的长海滩

4 班淘海滩 Bangtao Beach

充满专用海滩的情调

高档度假酒店集中的海滩

位于潟湖与海滩之间的拉古纳地区有座高档酒店。海滩非酒店专用，但酒店客人多在这片海滩游玩，为它增添了几分豪华气息。海滩长，海岸有椰林，是遮阳的好地方。从拉古纳地区的酒店步行可达，也可以坐穿梭巴士。

🚗 **交通**
从机场乘车约需 20 分钟，从普吉镇乘车约需 45 分钟，从芭东海滩乘车约需 30 分钟

普吉岛 ／ 卡伦海滩 ／ 卡塔海滩 ／ 班淘海滩 ／ 苏林海滩 ／ 奈扬海滩 ／ 奈汉海滩

Map 附册 p.07-D1

5 苏林海滩 Surin Beach

可用各酒店的沙滩垫

位于宋海角与辛海角之间的一片长约 1.5 公里的海滩。这片圆弧状粉沙滩极具南国风情。没有海上运动，周围店铺也少，安静而迷人。苏林海滩与辛海角的中间偏南位置还有个卡马拉海滩，环境也很清静。

有遮阳伞和救生员，可放心游玩

🚗 **交通**
从机场乘车约需 30 分钟，从普吉镇乘车约需 50 分钟，从芭东海滩乘车约需 30 分钟

Map 附册 p.02-B2

6 奈扬海滩 Nai Yang Beach

是机场附近的国家公园的一部分

从机场乘车 10 分钟左右即到，是斯里纳斯国家公园（Sirinath National Park）的一部分。它保留着自然的原生态，体现了当地的风貌。可以静静地坐在沙滩上，看海上漂浮的渔船。海滩上什么东西也没有，只有南边有一块区域聚集了几家餐厅和货摊。往北走就到了海龟上岸产卵的迈考海滩。

海岸有树林，可以看到自带午餐的当地人用餐

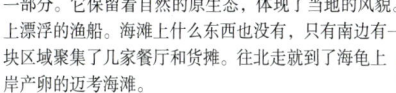

🚗 **交通**
从机场乘车约需 10 分钟，从普吉镇乘车约需 1 小时，从芭东海滩乘车约需 45 分钟

Map 附册 p.03-F2

7 奈汉海滩 Naiharn Beach

普吉岛最南端的绝美海滩

位于普吉岛最南端的神仙半岛（→ p.97）前面，长约 1 公里，周围山丘环抱，所以看上去像是个隐秘的海滩。白色的沙滩，湛蓝的大海，茂密的雨林以及海面突兀的海岛，美景尽收眼底。与其他海滩相比，这里浪小海平，适合玩冲浪和帆板。但是 6~10 月不能下海。

这里的日落景观被称为普吉岛最美

🚗 **交通**
从机场乘车约需 1 小时 30 分钟，从普吉镇乘车约需 30 分钟，从芭东海滩乘车约需 30 分钟

95

Area

古朴的中心城区

8 普吉镇
Phuket Town

Map 附册 p.08

位于交通环岛正中央的 Surin Circle 钟楼

古老排屋簇拥的街道本身就是一道大美的风景

普吉镇的中心区是老城区。历史上，普吉以盛产锡而闻名，街上年华未老的建筑诉尽了当时的繁华。色彩鲜艳的中葡式建筑如今大多被改建成咖啡馆。漫步街区，兴起时进咖啡厅小坐片刻，镇上的安宁给人不一样的乐趣。

🐘 交通
从机场乘车约需 30 分钟，从芭东海滩乘车约需 25 分钟

什么是中葡式建筑
"中"是指中国，"葡"指葡萄牙，中葡式建筑是一种融合了中国和葡萄牙两国元素的建筑样式。当年，中国人在锡矿山充当劳工，欧洲文化也经由马来西亚传入泰国，两种文化交融，形成了中葡式建筑。这类建筑集中在他朗路、迪布街。

色彩鲜艳的油漆与窗户是典型的特征

普吉镇的街道

他朗路
Thalang Rd.   MAP p.09-B2

老城的主干道。每周日晚上，这里就变成步行街，是年轻人逛街的首选。

上 / 白天的他朗路
右 / 步行街的货摊从傍晚开始摆

罗曼尼巷
Soi Rommani   MAP p.09-B2

连接他朗路和迪布街的一条小巷。中葡混合式建筑在街上整齐排布。

建筑的一部分被改装成风情酒吧和商店

普吉镇的景点

迪布街
Dibuk Rd.   MAP p.09-B2

五彩的殖民地风情建筑将街面装点成一幅画。改建后的时尚商店和餐厅点缀其间。

上 / 拥有 100 多年历史的中葡式建筑   右 / 艺术涂鸦的墙壁也吸引游人的注目

普吉泰华博物馆
Phuket Thai Hua Museum   MAP p.09-B1

前身是 1934 年建造的汉语学校。博物馆以荧幕形式展示普吉的中国文化及历史。

在 2001 年前，它是一所学校

📍 28 Krabi Rd. 📞 076-211224 🕘 9:00~17:00
💰 200B 休 无 🚶 从 Surin Circle 钟楼步行 10 分钟

---

96 **增值信息** 普吉镇的老城为了保护景观，将所有的电线都埋在地下。

岛内其他景点也很精彩！

普吉岛最大的寺庙

查龙寺
Wat Chalong
查龙湾　Map p.03-E2

此寺建于1837年前后。寺庙供奉着108尊金佛的佛堂给人留下深刻的印象。寺内还有佛舍利塔等。

左／查龙寺的佛塔
右／查龙寺的正殿

🕐 6:00~18:00　休 无
🚌 从普吉镇乘车约20分钟

释放希望之光的大佛

普吉大佛
Big Buddha
卡伦海滩　Map p.06-C3

大佛由汉白玉制成，宽25米，高45米，坐落在普吉岛西南部山顶的最高处。正式名称是Phra Phutthaminmongkol Akenakkeeree Big Buddha Image。由于大佛位于普吉第二高的山顶上，可实现360°全景眺望。礼佛时，请注意不要露出自己的皮肤。穿无袖或露膝盖的服装时，请在入口处租借围腰或布。大佛的修缮工程持续数年之久，佛像基座修复在2017年完工。

🚌 从普吉镇乘车约20分钟

走近看，更为它的巨大所震撼

岛中央的两人雕像

女英雄纪念碑
Heroines Monument
他朗　Map p.02-C2

1785年缅甸军队进入普吉时，奋起保卫普吉的时任统治者之妻以及妹妹的雕像。

🚌 从普吉镇乘车约15分钟

位于环岛中央

可欣赏普吉岛最美的落日

神仙半岛
Laem Phromthep
奈汉海滩　Map p.03-F2

位于普吉岛最南端的海角，以落日闻名。一到傍晚，游客和当地情侣纷至沓来。→ p.36

🚌 从普吉镇乘车约30分钟

可以一直走到海角的顶端

适合家庭游客

热带风暴水上乐园
Splash Jungle
迈考海滩　Map p.02-B2

大型水上乐园。配备水滑梯和泳圈等的泳池全天开放。

长长的水滑梯

🏠 65 Moo 4, Mai Khao Soi 4, T. Mai khao, A.Thalang
📞 076-372111　🕐 10:00~17:45
休 无　成人1295B　儿童650B　JMV
🌐 splashjungle.com　🚌 从机场乘车约5分钟

位于攀瓦角的国家水族馆

普吉水族馆
Phuket Aquarium
查龙湾　Map p.03-F3

虽然不是大型水族馆，但是饲养、展示了超过100种鱼类。可近距离观察鲨鱼，也可以在水中隧道慢步穿行。

雨天去也不错

🏠 51 Moo, 8 Sakdidet Rd., Nichit Mueang　📞 076-391126
🕐 8:30~16:30　休 无　成人180B　儿童100B　不可
🌐 phuketaquarium.org　🚌 从普吉镇乘车约20分钟

97

皮皮岛
Koh Phi Phi

皮皮岛位于普吉岛东南约 48 公里的近海。这个由亮白的沙滩、清澈的大海，及耸立在海面之上的小山组成的美景群岛被誉为安达曼海乐园。

被珊瑚礁环绕的 6 个岛

皮皮岛是个群岛，由主岛大皮皮岛 Koh Phi Phi Don、其南端的小皮皮岛 Koh Phi Phi Ley、再往南的内比达岛 Koh Bidah Nai 和外比达岛 Koh Bidah Nok，以及北部的蚊子岛 Mosquito Island（荣岛 Koh Yung）、竹子岛 Bamboo Island（百岛 Koh Phai）组成。大皮皮岛是唯一有人定居的岛，总人口约 2500 人，其中 80% 是佛教徒。观光的主景区是大皮皮岛的通塞村。村子不大，但是集中了大量餐厅和商店等，基本都靠游客维持生计。白天可以在海滩玩耍、游泳、浮潜，感受大海的壮阔；晚上在村子里悠闲地休息，这就是皮皮岛的旅行生活。从普吉岛到这里可以当日往返，建议住一晚充分体验皮皮岛的魅力。

从普吉岛出发的当天往返之旅 → p.18

MAP p.03-F4

皮皮岛 Koh Phi Phi

- 皮皮岛假日度假村 Holiday Inn Resort Phi Phi Island
- 蓝通角 Laem Tong
- 蓝通海滩 Laem Tong Beach
- 拉纳湾 Ao La Nah
- 大皮皮岛 Koh Phi Phi Don
- 通塞村 P.99
- 罗达拉木湾 Ao Loh Dalum
- 观景台 View Point
- 通塞湾 Ton Sai Bay
- Phi Phi Paradise Pearl
- 长滩 Long Beach
- 博角 Laem Po
- 猴岛 Monkey Beach
- 至甲米兰塔岛
- 维京洞穴 Viging Cave
- 霹雷湾 Pi-Leh Lagoon
- 小皮皮岛 Koh Phi Phi Ley
- 至普吉岛
- 玛雅湾 Maya Bay
- 罗萨姆湾 Loh Samah Bay

Koh Phi Phi 皮皮岛

前往皮皮岛的交通方式

普吉岛的拉萨达港口（MAP p.03-E3）有可容纳400~500人的大型轮渡开往大皮皮岛的通塞湾。多家轮渡公司都经营轮渡，有些船还到大皮皮岛北部的蓝通湾。一般情况下，提供与普吉岛的酒店（芭东海滩等）或机场（加钱）之间的接送服务。可在轮渡公司网站订票，请求当地的旅行社协助购票更加省心。在通塞湾下船时需要缴纳20B的港口建设费。

抵达通塞湾栈桥的渡船

我会帮你把行李运到酒店的哦

轮渡公司
Sea Angel
需要1小时30分钟 / 往返1500B
普吉出发 8:30/14:30
皮皮岛出发 9:00/14:30

Royal Jet Cruiser
需要2小时 / 往返1200B~
普吉出发 8:30/11:30/13:30
皮皮岛出发 9:00/14:30/11:00

Chao Koh Group
需要1小时30分钟 / 往返1000B
普吉出发 11:00/15:00
皮皮岛出发 9:00/14:00

普吉岛 皮皮岛

漫步皮皮岛

皮皮岛的核心区是大皮皮岛的港口所在地——通塞湾的通塞村。下船，支付港口建设费，走出出口即到了村庄的入口。如果入住的是中档以上酒店，还有人力货车接站，为客人搬运行李。位于蓝通湾附近的酒店有长尾船接送。其他酒店就得自行徒步前往。步行10分钟左右就能到达村中心。道路像迷宫，不容易走，但是由于本身面积不大，多走几次就能记住方位。从通塞湾朝正北方向走，约摸3分钟就到了另一头的罗达拉木海滩。

村中心道路两侧商铺云集

连接普吉岛和皮皮岛的轮渡。游客可以待在一、二层座椅区，也可以上甲板

皮皮岛的日常交通工具——长尾船

岛内的沙滩

适合游客休闲游乐的是罗达拉木海滩。附近还有餐厅，很是方便。到了晚上，沙滩旁的酒吧开始营业，一直到深夜都会人声鼎沸。通塞湾里停靠着轮渡和长尾船，往西侧走一点还有沙滩。如果你想去一个更加安静的地方，最好选择那些散布在岛内各地的小沙滩，长尾船将会带你去目的地。

长尾船的费用
包括蓝通海滩在内，往返东侧的海滩1500B（2人），3小时旅行1800B（2人）。

在岛上兑换
岛中心有兑换处，岛上设有ATM的便利店也能兑换，较为方便。有些餐厅和商店不接受信用卡支付。

银行兑换处，同时设有ATM

罗达拉木湾 Loh Dalum Bay
至观景台
岩石餐厅&酒吧 The Rock Restaurant & Bar
皮皮岛卡巴娜酒店 Phi Phi Island Cabana Hotel
皮皮查理海滩酒店 PP Charlie Beach
7-11便利店
7-11便利店
ATM
Papaya Restaurant
皮皮酒店 Phi Phi Hotel
杧果餐厅 The Mango Garden
阿库阿餐厅 Aqua
7-11便利店
皮皮岛菩提别墅度假村 Phi Phi Banyan Villa
栈桥
Market Rd
清真寺
通塞湾 Ton Sai Bay
通塞海鲜餐厅 Ton Sai Seafood
海滩露台餐厅 Beach Terrace Restaurant
50m
通塞村 Ton Sai Village

通塞湾的海滩

99

皮皮岛的景点

观景台 View Point
可以看到普吉最具代表性的景观

MAP p.98

从通塞湾出发，穿过通塞村，沿着路牌走一段峻峭的上坡和台阶。入口处支付30B门票后就到了第一个观景台。这里放置着一些雕塑作品，景色迷人，还能眺望通塞湾和各小岛的美景。从那里朝植物园的方向再上行10分钟左右就到了山顶的观景台。从这可将通塞湾与罗达拉木湾之间的村庄以及两片海域的绝佳景色尽收眼底。

从第一个观景台看到的美景。现在是点缀雕塑作品的公园

从山顶的观景台远眺到的景色。右边是罗达拉木湾，左边是通塞湾

走过一段长长的台阶后到达观景台

观景台
距离通塞湾约2.5公里，步行前往40分钟，返程20分钟左右。路面不好，需要穿结实一些的鞋子。另外，观景台片区的管理员为穆斯林，禁带酒类饮品。有小商店，销售普通饮料。

半日浮潜游 Half Day Snorketing Tour
从小皮皮岛前往玛雅湾

MAP p.98

一个能更好地体验皮皮岛魅力的旅游团。岛内各地都有旅游团游览介绍。内容包括从通塞湾乘长尾船绕行小皮皮岛一周的线路，在美丽的玛雅湾停留约1小时。虽然游览内容大同小异，但是有些团的快艇出发时间不尽相同，所以还是多问几个团再作决定。如果是全天团，还可能去北侧的蚊子岛。

半日浮潜游
乘长尾船的半日浮潜游价格400B~，分为上午出团和下午出发的赏落日团。全天600B。包括浮潜套餐、饮料和午餐。玛雅湾的国家公园门票需要单独再付，400B/人。

半日浮潜游

09:00 出发 Let's Go!
从通塞湾乘长尾船

09:10 浮潜
在蓝通海滩浅海浮潜

10:00 维京洞穴
坐在船上赏景，可以看到海燕巢穴

09:40 猴子海滩
下船观赏猴子。注意自己的行李不要被抢了

10:20 天堂湾
在四周由断崖环抱的湖状海域游泳

10:45 罗萨姆湾
在透明度高的珊瑚礁海域浮潜

11:00 玛雅湾
在美丽的玛雅湾散步，在海滩上游玩

增值信息 在皮皮岛夜间可围观沙滩酒吧前组织的火把舞"博衣"表演。

皮皮岛的餐厅
Restaurant

通塞村内有各种餐厅,以泰国菜为主,意大利菜和其他国家风味的餐厅同样能觅得踪迹。通塞湾附近的道路两旁分布着一些可以欣赏海景的海鲜餐厅。

Koh Phi Phi 皮皮岛

面对海景,细细品味

海滩露台餐厅
Beach Terrace Restaurant

位于通塞湾西侧一个可以俯瞰港湾的地方。傍晚时分的落日最为动人。菜单中含有泰国菜和国际风味菜肴。海鲜320B~,汉堡和三明治为240B。还有酒吧。

在皮皮岛卡巴挪酒店的前面

MAP p.99
住 Moo 7, Ton Sai　电 075-601170(转7004)　营 10:00~23:00
休 无　C M V

杧果甜品专卖店

杧果餐厅
The Mango Garden

经营各类以杧果为原料的甜品。堪称招牌的特色杧果果冻售价90B,在杧果果冻上浇上鲜奶油和鲜杧果制成。杧果冰沙的味道浓郁,十分美味。店内开有空调,可在这里暂作休整。位于栈桥附近。

在曼谷设有分店

MAP p.99
住 Moo 7, Ton Sai　电 061-8919265　营 7:00~23:00　休 无
C J M V

欣赏海景,品尝海鲜

通塞海鲜餐厅
Ton Sai Seafood

通塞湾东侧诸多海鲜餐厅中的一家。一到夜晚,餐厅的冰面上就开始铺满海鲜,食客也可挑选自己喜欢的食材,请店方加工。以重量计费,大鱼一般280B~,龙虾380B~。菜品多,主打中国风味。

向海而建,店内宽敞,开放式空间

MAP p.99
住 Moo 7, Ton Sai　电 075-601268　营 18:00~23:00　休 无
C M V

独特的外观吸引着顾客

岩石餐厅 & 酒吧
The Rock Restaurant & Bar

这家餐厅&酒吧位于村外的一块大岩石上,外观形如一艘船。店内可欣赏街景和海景。主打泰国菜,兼营比萨和意大利面等。早餐和午餐菜单各100B。菜品附图。

店前有一段细长的楼梯

MAP p.99
住 Moo 7, Ton Sai　电 091-7509202　营 9:00~23:00　休 无
C 不可

欧洲 & 泰国菜餐厅

阿库阿餐厅
Aqua

一位丹麦女士经营的餐厅,以白色为主色调,风格时尚。由三文鱼、伏特加酒和粉沙司共同制作的意大利面260B、鸡肉沙拉等颇受欧洲游客欢迎。

距离主干道较远

MAP p.99
住 Moo 7, Ton Sai　电 097-2947268　营 9:30~15:00、18:00~22:30
休 无　C M V

101

皮皮岛的酒店
Hotel

小小的通塞村聚集了从度假酒店到宾馆的各类住宿设施，数量庞大。高档度假酒店主要分布在海滩沿线。有些度假村只能乘船前往，如果主要活动区域是海滩的话，不妨一试。

位于核心区的舒适酒店
皮皮酒店
Phi Phi Hotel

从通塞湾步行即到，是一座5层的城市酒店。地理位置佳，去哪儿都方便。客房淡雅，有山景房和面朝通塞湾的海景房。

价格适中，顾客爆满

MAP p.99

129 Moo 7, Ton Sai　075-601022　山景房2200B~、海景房2400B~　※含税款、服务费，不含早餐　74间
C M V　www.phiphihotelthailand.com

独占美丽海滩
皮皮岛假日度假村
Holiday Inn Resort Phi Phi Island

从通塞湾乘长尾船到蓝通海滩。度假村有包括别墅和海景度假村房间两种房型。泳池、SPA、潜水中心等设施一应俱全。餐厅供应泰国菜和国际美食。

面积大，还有充满南国风情的泳池

MAP p.98

Laem Thong Beach　075-627300　花园小屋4602B~、豪华公寓式套房4925B~、海滨小屋7267B~　※税款、服务费另计，不含早餐　79栋+47间房　C A D M V　www.phiphi.holidayinn.com

以悦榕庄酒店为背景
皮皮岛菩提别墅度假村
Phi Phi Banyan Villa

位于主干道以东200米处。入口就是悦榕庄酒店。酒店绿意盎然，环境清幽。客房依泳池而建，面积宽敞，标配带座椅的阳台。

经营通塞海鲜餐厅→p.101

MAP p.99

129 Moo 7, Ton Sai　075-601268　悦榕房2218B~、花园房2495B~　※含税款、服务费，不含早餐　62间
C M V　www.ppbanyanvilla.com

位置极佳，满满的度假气息
皮皮岛卡巴娜酒店
Phi Phi Island Cabana Hotel

位于村中心，建有一座大泳池，酒店面积也很大。客房环境优雅，给你十足的度假气氛。酒店有3个餐厅，海滩就在眼前，很方便。

位于通塞湾西侧的海滩旁

MAP p.99

58 Moo 7, Ton Sai　075-601170　豪华房8000B~、高档套房15000B~　※含税款、服务费，不含早餐　164间
C M V　www.phiphi-cabana.com

城中小屋型酒店
皮皮查理海滩酒店
PP Charlie Beach

由建在罗达拉木海滩附近的5座木质小屋构成。酒店外用竹子装饰，营造出自然风情。客房色调以蓝、白为主，时尚温馨。主楼内有餐厅和潜水商店。

距离通塞湾200米

MAP p.99

104 Moo 7, Ton Sai　075-210928　经济房1800B~、标准房2200B~、家庭房3400B~　※含税款、服务费，不含早餐　5间
C M V

海滩触手可及的泳池别墅

和精选度假别墅

数目众多

酒店
Hotel

普吉岛的度假村堪称"非日常"的存在。
是出于便利选择海滩附近？
还是重视环境？或者入住别墅？
或者选择带私人泳池的酒店……
酒店的选择真是个幸福的烦恼。

- 酒店 NAVI → p.104
- 在带泳池的别墅休息 → p.106
- 隐秘的豪华别墅 → p.108
- 现代化的泰国传统度假村 → p.110
- 芭东海滩附近的便捷度假村 → p.112
- 机场周边的时尚度假村 → p.114
- 还有更多酒店 → p.115

※ 本书所标示的价格受旅行季节、预约时间和之后价格变动等因素影响，有可能会发生改变。此外，请注意有些场合的价格中含7%的税款和10%的服务费，有些不含

酒店 NAVI

Hotel

旅行生活中，在度假村的时光同样很重要。那让我们提前了解一下遴选酒店的关键词和对旅行有用的信息吧。

1 选酒店时的一个关键点是：你在乎什么？

普吉岛的酒店数量宛若星辰，数不胜数。本书主要枚举一些人气度假村，当地当然还有大量的酒店，如果只是看酒店网站的话会感觉无穷无尽。因此，选酒店时要明白自己最在乎的是酒店的哪个因素。

● 喜欢能直达海滩的度假村！

有坐落在海滩旁的酒店、有道路能直达海滩的酒店等，推荐清晨或整天都想在沙滩上悠闲游玩的游客选择。不过即使酒店面朝海滩，如果建在斜坡上，到海滩仍需一定的时间。建议在主页上确认酒店的图片等。也可参照 p.105 介绍的客房类型。

● 喜欢能看到大海的房间！

如果想从房间看大海，建议选择海景房。虽然都叫海景房，但是有些客房必须去阳台才能看到海，看到的海景也多种多样，最好先通过酒店网站等提前确认。建在小山斜坡上的度假村大多数拥有海景房。

● 想在森林别墅独享静寂

在热带的大自然中居住也能休养身心。推开窗

位于芭东海滩中心区的芭东拉弗洛拉度假酒店→p.112

户，对面椰树轻摇，繁花似锦，鸟鸣依依，这样的度假村同样十分受欢迎。大多离海较远，很多是别墅类或低矮建筑。

● 隐秘的私人小屋

独门独户的别墅式小屋，散布在一片广阔区域内。推开门，有小路通向客房，室内有独立的卧室、客厅和浴室等，跟别墅无异。大部分小屋配备私人泳池。这是游人的梦想住所，也因此价格略贵。外出稍显不便。适合只在该区域内游玩的人。

● 购物、饮食方便的酒店

比起客房的类型和规格，更注重购物、饮食的便利性的人，最好选择从芭东海滩步行 15 分钟以内的酒店。周边有很多酒店。出行也不需要担心，在沙滩上玩够之后回到酒店冲澡，然后购物、饮食，还可以在酒吧玩到深夜。

2 税款、服务费和早餐是否包含在内？

住宿费需要加收 7% 的税款和 10% 的服务费。但是否包含在明示的价格中，需要看价格明细表确认。对于早餐，有些包含有些不包含。如果不包含，加钱就可以让酒店提供早餐。度假酒店的早餐是自助式，种类丰富，建议选择由酒店方供应早餐。

3 不要将榴梿带进酒店房间

住宿设施禁止将外购的榴梿带进客房。因为即使放进冰箱，气味也很大。买了以后就当场吃完吧。

禁止携带榴梿的标识

4 酒店客房浴巾和沙滩浴巾分开使用

通常，酒店客房里的浴巾不允许带到室外。想去泳池和沙滩，可以租借专用的沙滩浴巾。租借的地方各酒店不同，有的在酒店，有的是在海滩办公处。办理入住的时候会有相关介绍，要仔细听。另外，遗失或者忘记归还时，会将相应费用算进房费中。

普吉岛悦榕庄酒店→p.108 还在班淘海滩为客人准备了沙滩浴巾

5 事先了解酒店的客房类型

度假酒店的客房类型有很多。预订时，请确认好客房类型和关键词。即使是海景房，也分全海景房和部分海景房，两者相差甚大。以下是一些你可能不知道的客房关键词。

普吉岛纳卡泳池别墅→p.107
内私人别墅的无边际泳池房

●花园景观房
可以欣赏花园的客房类型。很多酒店既有海景房又有花园房，只是花园房一般更便宜。

●部分海景房
从房间可以看到部分海景，或者从阳台可以看到一点海景的客房。请注意它不是真正的海景房。

●全海景房
大海整个展现在眼前的客房类型。离海较远的高层酒店也有海景房，而全海景房大多设置在更靠近海的酒店里。

●海滩直连房
从房间的阳台可以直达海滩。不过酒店设有围栏，并不是近到几步就能下海。

●泳池别墅
带私人泳池的别墅。普吉岛的高档度假村内这种类型的客房越来越多。泳池多为10米见方。

●双人房
有两张床的房间。适合家庭或团队住宿。两个单人间之间有门连通，打开门就形成了一个双人间，也叫连通房。

●无边际泳池
无边际泳池指可以看到地平线的美景泳池。要么就在海边，要么位于可以看到海的地方，总之，从无边际泳池可以无遮无拦地看到大海，有一种天、人、海一体的浑然天成的感觉。

●管家服务型客房
从入住到退房，全程都有一名专职管家提供服务。酒店内的所有事情，只需一个电话，不用出门就能让管家代理完成。超豪华酒店和特殊房型会提供这种服务。

6 如果是深夜抵达、清晨出发，可以住在机场附近的酒店

普吉岛的机场位于麦考海滩以南、奈扬海滩以北的位置。住在位于这片区域的酒店，坐车到机场只需10~15分钟，抵达后和出发前都有比较充裕的时间。另外，从机场到芭东海滩如果遇到交通拥堵，可能会花上1小时左右。有些酒店提供到芭东海滩的接送巴士，可以利用这项服务先去芭东海滩玩一天，然后参加旅游团，或者在酒店附近的海滩悠闲地游玩都很方便。

普吉岛德瓦凯世度假酒店→p.114

7 请注意酒店大堂和酒吧等地是禁烟的

在泰国，开空调的公共区域全部禁烟。酒店大堂、酒店酒吧和餐厅也一样，即使露天区域，有些地方也是禁烟的。吸烟者请提前确认好吸烟处。另外，垃圾也禁止随地乱扔。

酒店网站（p.106~118/162~166）内的小图标

- 浴缸
- 吹风机
- 泳池
- 洗衣服务
- 室内保险柜
- 咖啡机
- 商店
- 迷你吧
- 电视
- 餐厅
- 冰箱
- 网络连接
- 客房服务

（指房间内有此项设备、设施、服务）　（指房间内无此项设备、设施、服务）
（指部分房间有此项设备，或需要向前台申请）

Special Hotels

安达曼海景色怡人
在带泳池的别墅休息

体验度假舒心情

在房间和私人泳池，
一边欣赏大海和森林的美景，一边休养身心。
在这个度假村度过特别的时光。

左 / 带泳池的别墅式海景房，有独立的客厅
上 / 大得惊人的私人泳池

这才是重点！
Point!

专属成人的空间
私密的结构设计
可远眺美景的酒吧

专为成人准备的美丽的五星度假村
爱亨阁普吉酒店
The Pavilions Phuket

这座为成人准备的度假村距离机场约 20 分钟，坐落在一片热带森林中。经典时尚的套房和带泳池的别墅共有 93 间。带泳池的别墅最受欢迎，融合了泰国传统和欧洲典雅的设计元素，营造出现代化的氛围。客房最小都有 300 平方米，泳池单边长度为 12 米。部分客房只提供给 16 岁以上人士，供他们在这片私密空间享受纯粹的休憩。餐厅、美景酒吧和 SPA 等设施也都豪华高档。有穿梭巴士将客人从度假村送到拉扬海滩。

MAP p.07-B3

地区 班敦海滩
住 31/1 Moo 6, Cherngtalay Thalang
电 076-317000
网 www.pavilionshotels.com/phuket
房间数 93
费用 SPA& 泳池房 15385B~、热带泳池别墅 20230B~、海景泳池别墅 23120B~
※ 税款、服务费另计，含早餐

C A D J M V

酒店内的主要设施
泳池……客房自带及公共泳池 1 个，餐厅 & 酒吧 2 座
其他还有 SPA、图书馆和健身房等

这里也不错！
Check! 360° 酒吧 → p.62

106 旅游信息 据说在特里萨拉别墅酒店 → p.107 可以喝到被那里的员工引以为傲的精酿啤酒 KAGUA。

左／海景泳池別墅。泳池長 10 米　右上／單人間客房　右下／酒店內有 6000 棵各類樹木，清脆的鳥鳴淨化心靈

MAP p.07-A1

地区 拉扬海滩　住 60/1 Moo 6, Srisoonthom Rd., Cherngtalay Thalang　电 076-310100　FAX 076-310300　网 trisara.com　费用 39　海景泳池別墅 US$ 1316~、全海景泳池別墅 US$1774~　※ 税款、服务费另计，提供机场接送，含早餐

普吉島　在帶泳池的別墅休息

独享海滩的私密之所
特里萨拉别墅酒店 Trisara

这家带泳池的别墅酒店坐落在延伸至拉扬海滩的小山坡上，绿树成荫。特里萨拉的意思是"天堂第三花园"。酒店的占地面积大，共有 16 座别墅，有的高档住所内有多达 6 间房。是远离喧嚣、独享假期的最佳酒店。

这才是重点！Point!
在美景、绿树与静谧中驱散疲惫
山庄一般的大别墅

酒店内的主要设施
泳池 2 个，餐厅 & 酒吧 4 座
其他还有 SPA、旅游服务台、商店、儿童房等

这里也不错！Check!
特里萨拉 SPA → p.87

大海与无边际泳池的胜景
卡他泰尼海岸酒店 The Shore At Katathani

海景泳池别墅内的泳池

MAP p.06-D2

地区 卡塔海滩　住 14 Kata Noi Rd. Muang　电 076-330124　FAX 076-330426　网 www.theshore.katathani.com　房间数 48　费用 泳池别墅 17150B~、海景泳池别墅 22050B~　※ 含税款、服务费，含早餐，提供机场接送。入住者须年满 12 周岁

所有别墅房型都带私人泳池。主要的泳池还与小卡塔海滩相连，形成无边际泳池。客房以白色为主色调，落落大方，清静怡雅。酒店内设施齐全，服务员的热情服务也大获好评。

优美的大海与无边际泳池
在幽静的环境中享受闲适

酒店内的主要设施
泳池 1 个，餐厅 & 酒吧 2 座
其他还有 SPA、健身房等

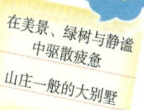

左／从别墅看到的落日也很美
右／从泳池走下台阶就到了海滩

将自然与设计巧妙地融合
普吉岛纳卡泳池别墅 The Naka Phuket Pool Villa

这才是重点！Point!
悬浮在空中的建筑结构
独立的设计，私密的空间

位于高于海面的半岛尽头约 7 万平方米的山坡之上，94 栋独立的别墅错落点缀其间。保证了私密性，可以赏海景的三面玻璃客房如同悬浮于空中。酒店提供高尔夫车用于出行。有空中酒吧和海景餐厅。

距离芭东海滩 10 分钟车程。有接送巴士

MAP p.04-B1

地区 卡马拉海滩　住 1/18, 1/20 Moo 6, Kamara　电 076-337999　FAX 076-337990　网 www.thenakaphuket.com　房间数 94　费用 套房 19900B~、大床泳池别墅 26580B~、3 床泳池别墅 69600B~　※ 含税款、服务费，含早餐

左／205 平方米的大床泳池别墅。可泡在泳池里欣赏大海
右／海滩边的长 50 米的无边际泳池

107

Special Hotels 环境和服务都让人心情放松
隐秘的豪华别墅

在普吉岛，有一些令人心驰神往的
高档度假村和以独特设计闻名的酒店。
在这些隐秘的别墅里忘掉日常的烦恼，尽情享受奢华的度假时光吧！

悦榕庄泳池别墅的室内

这才是重点！
Point!
奢华的空间与高品质服务
步行即到班淘海滩
还有可体验SPA的别墅

泰国最具代表性的SPA度假村
普吉岛悦榕庄酒店
Banyan Tree Phuket

即使与班淘海滩沿线拉古纳地区的一众高档酒店相比，这也是一家出类拔萃的豪华度假酒店。客房正对着潟湖，全是带泳池的别墅房型。房间外是6米长的私人泳池，房间有木板露台，处处透露着东方设计之美，真是一种轻松愉悦的享受。可在酒店内漫步，去海滩也很近。还有空间宽敞的SPA和普吉岛拉古纳高尔夫球场。餐厅一流，有多国美食。

正对着潟湖的大型酒店

从悦榕庄泳池别墅的泳池看客房

淋浴室在室内，浴缸在室外

MAP p.07-B3
地 班淘海滩
住 33，33/27 Moo 4，Srisoonthorn Rd.，Cherngtalay，Talang
电 076-372400　传 076-325552
网 www.banyantree.com
房间数 173
费 悦榕庄泳池别墅14900B~，泳池别墅16500B~，大潟湖泳池别墅19800B~
※ 含税款、服务费，含早餐
C A D J M V

酒店内的主要设施
泳池……客房自带及公共泳池1个，餐厅＆酒吧8座
其他还有旅游服务台、专用接送车、游船晚餐等

这里也不错
Check! 普吉悦榕庄SPA → p.45

108　增值信息　靠近自然的别墅蚊子也多，不过高档度假村在驱蚊上可谓不遗余力。另外还备有防虫喷雾。

左/森林泳池房。是2层建筑，从床上可以看到森林和泳池
上/餐厅也很有特色

普吉岛 隐秘的豪华别墅

这才是重点！Point!

所有房间均是带泳池的别墅房型

犹如误入奇幻世界

设计令人怦然心动的酒店
基马拉度假水疗酒店
Keemala Resort & Spa

这家别墅式度假酒店于2015年10月盛大开业，设计灵感来源于传统与文化。所有客房带泳池。客房有茅屋顶草泥泳池小屋、帐篷泥泳池别墅、森林泳池房和鸟巢泳池别墅，每一间都有独特的造型。酒店的餐厅和SPA也别具一格。

草泥泳池小屋的室内

MAP p.04-A2

地区 卡马拉海滩
住 10/88 Moo 6, Nakasud Kamara
电 076-358777　传 076-358778
网 www.keemala.com/ja　房间数 38
房间费 草泥泳池小屋 13328B~、森林泳池房 16730B~、帐篷泳池别墅 15225B~、鸟巢泳池别墅 18270B~
※不含税款、服务费，含早餐
C A D J M V

酒店内的主要设施
泳池……客房自带及公共泳池1个，
餐厅＆酒吧2座
其他还有SPA、旅游服务台等

坐落在海角的高档时尚度假村
马姆提斯度假酒店
Mom Tri's Villa Royale

酒店老板是泰国知名建筑师Mom Luang Tridhosuth Devakui。酒店设计融合了周边的自然环境。所有房间均是套房，古典的家具与热带氛围叫人留恋。SPA和豪华餐厅等配套设施齐全。从酒店可直接到卡塔海滩。

带岩石元素的海água泳池。另外还有两个淡水泳池

这才是重点！Point!

时尚宽敞的套房
直连卡塔海滩

左/豪华的海滩之翼套房。有12个类型的套房
上/马姆提斯餐厅的视野也很好

MAP p.06-D2

地区 卡塔海滩　住 12 Kata Noi Rd., Kata Noi Beach
电 076-333568　传 076-333001
网 www.villaroyalephuket.com　房间数 43
房间费 海滩之翼套房 10500B~、皇家之翼套房 9200B~、卡塔套房 11000B~、泳池套房 20500B~　※不含税款、服务费，不含早餐
C A D J M V

酒店内的主要设施
泳池……客房自带及公共泳池1个，
餐厅＆酒吧2座
其他还有SPA、旅游服务台等

109

Special Hotels

亲近自然，感受沉静
现代化的泰国传统度假村

泰情荡漾，从限有的房间可以进入泳池

高档的人气度假村散发着异国风情。
房间带私人泳池，也可直达海滩，
更增添了几分豪华感。

海龟造型的小雕刻艺术品随处可见

广袤自然中的带泳池别墅

安纳塔拉水疗酒店
Anantara Hotel & Spa

位于迈考海滩，那里有一片作为国家公园一部分的森林。距离机场约有15分钟的车程。所有客房都是自带泳池的别墅房型。泰国设计元素遍布各个细节，给人内心以安定。泳池深1.2米，角落处还有浴缸。酒店面积大，出行可以骑自行车，也可以悠闲地步行。连接海滩的泳池也很宽大。海边的海鲜烧烤餐厅"海洋之火索尔特"每天供应的菜单都不同，深受游客喜欢。

独享绝美的迈考海滩

这才是重点!
Point!
坐落在树木茂密的森林
私密性好的别墅
可直达迈考海滩

位于靠近海滩一侧的主泳池旁的酒吧

房间外的卫生间，还有淋浴室和汗蒸室

潟湖泳池别墅的客房。房间宽敞，有168平方米

这里也不错 Check! 安纳塔拉 SPA → p.86

MAP p.02-A2
地区 迈考海滩　住 888 Moo 3, Mai Khao, Thalang　电 076-336100　FAX 076-336177
网 phuket.anantara.com　房间数 91
费用 泳池别墅 10125B~，潟湖泳池别墅 16100B~，Sala 泳池别墅 18800B~
※ 不含税款、服务费，含早餐
C A D J M V

酒店内的主要设施
泳池……客房自带及公共泳池1个，餐厅&酒吧3座
其他还有泰国料理培训班、商店等

110　增值信息　在高档酒店林立的迈考海滩，购物要去龟村。那里还有咖啡厅和 Mini-Mart 便利店。

海风轻拂的纯天然度假村

普吉岛双棕榈树度假村
Twinpalms Phuket Resort

与苏林海滩隔了一条路,穿过木质顶篷的酒店大堂后,能看到一片椰林茂密的泳池,一派地道的南国景象。客房在泳池的两侧,有带私人泳池的房间和泳池在楼梯下的房间等多种类型。"棕榈海滨餐厅"在房客之外的顾客中也颇受好评。

实用、温馨的客房。还有个小阁楼

MAP p.07-D2

地区 苏林海滩　住 106/46 Moo 3, Surin Beach Rd., Cherngtalay, Thalang
电 076-316500　传真 076-316599
网 www.twinpalms-phuket.com　房间数 97
费用 豪华棕榈房 5270B～、大豪华棕榈房 6758B～、大豪华礁湖泳池房 6673B～、豪华泳池套房 15725B～
※不含税款、服务费,含早餐
C A D J M V

酒店内的主要设施
泳池1个,餐厅&酒吧3座
其他还有红酒屋、健身房、图书馆、SPA用品商店等

棕榈海滨餐厅主要供应海鲜类菜品

这才是重点!
Point!
椰林下的度假时光
轻松直达苏林海滩

从入口到前台有一个顶部挑高的大堂

这里也不错
Check!
双棕榈 SPA → p.87

有一个大得像水池一样的泳池,池边倒映着椰树的影子

可欣赏卡马拉海滩的高档度假村

安达拉别墅度酒店
Andara Resort Villas

坐落在一个俯瞰卡马拉海滩的小山斜坡上,客房分为海景套房和带私人泳池的泳池别墅。客房面积最小的也有150平方米。大泳池、SPA、泳池旁泰国餐厅等配套设施齐备。提供前往卡马拉海滩的车辆接送服务。

大床套房。总而言之,就是大

适合悠闲品味泰国美食的丝绸餐厅和在当地口碑极佳的酒吧

这才是重点!
Point!
全是大空间海景房
整天都可以在卡马拉海滩畅游

MAP p.04-A2

地区 卡马拉海滩　住 15 Moo 3, Kamala Beach, Kathu　电 076-338177
传真 076-338949　网 www.andaraphuket.com
房间数 63　费用 带阳台大床套房 13450B～、大床泳池套房 15250B～
※不含税款、服务费,含早餐
C A D J M V

酒店内的主要设施
泳池1个,餐厅&酒吧1座
其他还有 SPA、健身房、商店、儿童俱乐部等

普吉岛 现代化的泰国传统度假村

111

Special Hotels

沙滩、游玩、购物，全在咫尺之间！
芭东海滩附近的便捷度假村

这里有即使身处游客扎堆的芭东海滩，也能让你感受到度假气息的酒店。玩到很晚也能步行回去。

便利性与度假完美结合

这才是重点！
Point!

- 可直达芭东海滩
- 晚上也能放心出门
- 房前就有泳池，景色也好

离海滩和城区都很近

芭东拉弗洛拉度假酒店
La Flora Resort Patong

可直达芭东海滩的少数几个酒店之一。从位于海滩路方向的入口到海滩，矗立着两排建在泳池旁的房间。一层可直接穿过露台走向泳池，有些房间还带私人泳池。从二层可看到沙滩。房间不大，但海鲜什锦餐厅、SPA、健身房等设施非常齐全。最重要的是安全措施到位，员工也很和善、热情。

带阁楼的泳池别墅有4间卧室

泳池别墅内的波浪式浴缸。所有房间都带浴缸和淋浴

SPA 理疗室

泳池旁的双层客房

这里也不错！
Check

MAP p.05-B2

芭东海滩　住 39 Taweewong Rd., Patong
076-344241　FAX 076-344251
www.lafloraptong.com　房间数 67
豪华泳池景观房 6825B～，豪华泳池直达房 8125B～　※ 不含税款、服务费，含早餐　C A D J M V

酒店内的主要设施
泳池2个，餐厅＆酒吧2座
其他还有SPA、健身房、旅游服务台等

地表餐厅和酒吧→p.63

112　**增值信息**　在芭东拉弗洛拉度假酒店可免费畅饮冰箱里的冷饮。

普吉岛　芭东海滩附近的便捷度假村

豪华海景房

从主泳池可以看到芭东海滩的美景（上）／海景餐厅拉·格丽塔 → p.59

这才是重点！
Point！
步行10分钟到达芭东海滩
几乎所有客房都能欣赏海景

坐落在芭东海滩对面的小山上

普吉岛阿玛瑞酒店
Amari Phuket

位于芭东海滩南部小山坡上的一家热门度假村。由两栋客房楼组成，一栋坐落在躲避喧嚣、可独享幽静的斜坡上，另一栋位于海滩旁，被称为海滩之翼。很多客房带阳台，几乎所有客房都能欣赏海景。餐厅供应意大利菜和国际美食。有SPA室和健身房。

从具有国际范的Rimtalay浪漫观海餐厅观赏远景

MAP p.04-D2
芭东海滩　2 Meun Ngern Rd., Patong　076-340106　076-340115
amari.com/phuket　380
高级海景房5600B～，豪华海景房6250B～　※不含税款、服务费，含早餐
C A D J M V

酒店内的主要设施
泳池2个，餐厅&酒吧4座
其他还有旅游服务台、购物长廊、儿童房、SPA等

便捷的典雅度假村

安达曼拥抱芭东度假村
Andaman Embrace Patong

位于芭东海滩靠内侧的道路旁，去往海滩的路上有餐厅和超市。度假村是一栋沿泳池而建的高层建筑，从高层的房间可以看到大海。还有适合家庭游客的小屋。设有开放式的餐厅、SPA、小型购物中心。

左／沿泳池而建，外观纯白的大型度假村。有外籍员工
下／主要的豪华客房都带阳台

水池边的SPA室也可以从酒店外进入

这才是重点！
Point！
全室禁烟，空气洁净
附近有海鲜小摊

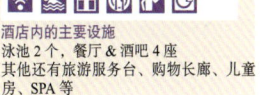

MAP p.05-B2
芭东海滩　2 Hadpatong Rd., Patong
076-370000　076-370001
www.andamanembrace.com
222　安达曼豪华客房2275B～，带阳台豪华客房2593B～，高档套房5292B～　※以上为住2晚以上每晚的价格。含税款、服务费，含早餐
C A D J M V

酒店内的主要设施
泳池1个，餐厅&酒吧2座
其他还有SPA、旅游服务台、图书馆、商店等

113

Special Hotels

落地后出发前的时间都可以玩
机场周边的时尚度假村

奈扬海滩附近恰是机场所在的地区。那里的别墅是前来休闲度假的人的不二之选，去机场也很方便，是一个便利的好地方。

普吉岛德瓦凯世度假酒店的别墅式客房

这才是重点！Point！
距机场不足10分钟车程，很近
有别墅和酒店房间等多种房型可选

悠闲地度假
普吉岛德瓦凯世度假酒店
Cachet Resort Dewa, Phuket

由带泳池的别墅和高级公馆组成。穿过小巷到达的别墅营造出自然的氛围。别墅带有泳池，室外还有浴缸和淋浴室，空间开阔。走过一条路就到了海滩边。专供美味的餐厅、面包房和SPA等设施也一应俱全。有免费穿梭巴士前往芭东海滩和普吉镇。

适合长期居住的高级公馆配置了厨房等，功能齐全

别墅的泳池。淋浴和浴缸也在室外
公馆的大泳池

MAP p.02-B2
奈扬海滩
65 Moo 1, Saku Thalang
076-372300　076-372399
www.cachethotels.com　77
高档套房4500B~，泳池别墅5500B~
※不含税款、服务费，含早餐
C A D J M V

酒店内的主要设施
泳池……客房自带及公共泳池2个，餐厅&酒吧2座
其他还有面包房、SPA等

撩拨度假心情的设计型酒店
普吉岛斯莱特酒店
The Slate

由前蓝珍珠酒店改建而成的全新度假村。是全球著名美国设计师Bill Bensley在锡加工厂的基础上打造而成，整个酒店像座美术馆，客房也透露着浓浓的古典气息。酒店规模大，带私人泳池的别墅有7栋，公共泳池3个，餐厅和酒吧共8座。

大堂也装饰得五光十色，艺术氛围浓厚

这才是重点！Point！
如同美术馆一般的艺术酒店
众多餐厅和酒吧可选

MAP p.02-B2
奈扬海滩
116 Moo 1, Saku Thalang
076-327006　076-327338
www.theslatephuket.com
184
珍珠床套房7470B~，D-Buk套房6120B~，泳池别墅9720B~，大床泳池别墅20520B~
※不含税款、服务费，含早餐
C A D J M V

酒店内的主要设施
泳池……客房自带及公共泳池2个，餐厅&酒吧8座
其他还有SPA等

114

增值信息 奈扬海滩南侧有一块海鲜餐厅专区，新鲜、实惠的海鲜也是当地人的最爱。

还有更多酒店

包含全球名流的御用度假酒店和热门酒店

从可以欣赏海景的高档度假村,到市区的时尚酒店、独门独户的别墅等,普吉岛为你准备了各种各样的住宿地,其中大多数集中在西海岸。位置稍偏的度假村在出行和价格上是游客需要考虑的因素。另外,住宿费之外通常还会加收7%的税费和10%的服务费。

普吉岛/机场周边的时尚度假村/还有更多酒店

普吉岛芭东雅高美爵大酒店
Grand Mercure Phuket Patong

度假村 芭东海滩 MAP p.05-D2

雅高酒店集团旗下的五星级酒店

这家五星级酒店内和房间内均设施完善,但是酒店餐厅和咖啡馆等处的物价却实惠得让人吃惊。餐厅供应法餐,味道可口,深受顾客喜爱。步行5分钟左右即到海滩。购物也很方便。

住 Soi Ratuthit 200 Pi 2 Rd., Patong
电 076-231999
传 076-231998
网 www.grandmercurephuketpatong.com
房间数 314
费用 直通泳池高档客房5740B~、套房7240B~、高档套房9240B~
※ 不含税款、服务费,含早餐
C A D J M V

高档套房7240B~

钻石崖温泉度假酒店
Diamond Cliff Resort & Spa

度假村 芭东海滩 MAP p.04-C3

视野好,受外国游客青睐

位于小山丘上,大部分房间是海景房。客房共有8类,全都带阳台,还有别墅房型。餐厅&酒吧共5座,钻石SPA→p.87也很受欢迎。

住 284 Prabaramee Rd., Patong
电 076-380050
传 076-380056
网 www.diamondcliff.com
房间数 346
费用 超豪华客房3590B~、钻石套房5522B~、大波浪式浴缸套房6351B~
※ 不含税款、服务费,含早餐
C A D J M V

有个大泳池

可意温泉度假酒店
The Kee Resort & Spa

度假村 芭东海滩 MAP p.05-B2

闹市的时尚酒店

距离芭东海滩邦古拉街很近,交通便利。客房色调明快,内饰时尚。屋顶有一间休息室可以远眺芭东海滩,黄昏时分景色最美。

住 152/1 Thaveewong Rd., Patong
电 076-335888
传 076-335808
网 www.thekeeresort.com
房间数 224
费用 广场客房3416B~、豪华客房4005B~、海景套房12683B~
※ 含税款、服务费,不含早餐
C A D J M V

豪华泳池房内景

115

海滩精品屋酒店
The Beach Boutique House

酒店 卡塔海滩 MAP p.06-C2

适合家庭游客的中档酒店

一家以粉色的中国—葡萄牙式建筑外观为特色的中档酒店。房间大，最多可容纳 3 名成人和 1 名孩子，因此房客多为家庭游客。到海滩步行约 7 分钟，距离卡塔集市约 200 米，很方便。

住 98/18-21 Kata Rd., Karon Muang
TEL 076-333113
FAX 076-333499
URL www.thebeachphuket.com
房间数 472
费用 高档客房 1338B~、豪华客房 1529B~、豪华池畔房 1720B~
※ 不含税款、服务费，含早餐
C A J M V

外观是浓浓的英伦风，时尚亮眼

普吉岛卡伦海滩瑞享度假村及水疗中心
Movenpick Resort & Spa Karon Beach Phuket

度假村 卡伦海滩 MAP p.06-B2

位于卡伦海滩上的大型知名度假村

以手工冰激凌享誉全球的瑞享酒店集团在全球多国开展业务，经营时尚酒店。该酒店位于卡伦海滩核心区，大堂开阔。

住 509 Patak Rd., Karon Muang
TEL 076-396139
FAX 076-396122
URL www.movenpick-hotels.com
房间数 336
费用 花园别墅 5850B~、池畔房 6480B~、阁楼池畔房 7380B~
※ 不含税款、服务费，含早餐
C A D J M V

客房是木质装修

普吉盛泰澜卡伦海滩度假村
Centara Grand Beach Resort Phuket

度假村 卡伦海滩 MAP p.06-A1·2

拥有人气水上公园的五星级酒店

泰国最大的商场酒店集团盛泰旗下的五星级酒店。酒店位于海滩上，室外有 4 个泳池，还有流动水泳池和滑梯等，成人也能玩耍。房间面积 49 平方米，空间宽敞。

住 683 Patak Rd., Karon Muang
TEL 076-201234
FAX 076-201235
URL www.centarahotels.com
房间数 262
费用 面海豪华房 5200B~、豪华泳池套房 6800B~、奢华泳池套房 1 万 B~
※ 含税款、服务费，含早餐
C A D M V

酒店是中国—葡萄牙式建筑

普吉岛乐谷浪都喜天丽酒店
Dusit Thani Laguna Phuket

度假村 班淘海滩 MAP p.07-C2

适合在班淘海滩长期旅行者

始创于 1987 年的泰国知名酒店。典雅的客房多为海景房。酒店还配备了两个泳池、网球场、多种健身设施，可在豪华中享受轻松与自在。

住 390 Moo 1, Srisoonthorn Rd., Cherngtalay, Thalang
TEL 076-362999   FAX 076-362900
URL www.dusit.com
房间数 254
费用 豪华全海景房 3840B~、都喜俱乐部客房 6400B~、都喜套房 12080B~
※ 不含税款、服务费，不含早餐
C A D J M V

位于班淘海滩的拉古纳地区

普吉岛奥特瑞格拉古纳海滩度假酒店
Outrigger Laguna Phuket Beach Resort

度假村 | 班淘海滩 | MAP p.07-C2

拉古纳地区的度假村

酒店位于潟湖湖畔。配有带滑梯的泳池和网球场等休闲娱乐场所。集中了SPA和商店、餐厅的"运河村庄"和高尔夫球场也在附近。

住 Laguna Phuket 323 Moo 2, Srisoonthorn Rd., Cherngtalay, Thalang
TEL 076-360600　FAX 076-360670
URL www.outrigger.com
房间数 255
费用 潟湖景观房 3916B~，带阳台海景房 6400B~，海景大床套房 11196B~
※不含税款、服务费，含早餐
C A J M V

高档海景房有43平方米

安缦普瑞度假村
Amanpuri

高档度假村 | 苏林海滩 | MAP 07-D1

卡伦海滩上的大型知名度假村

1988年开业。这家被称为终极密室的首家安缦普瑞度假村是小型高档酒店的代名词。房间数和占地面积在安缦系列中最大。著名的黑泳池连接着潘西海滩。

住 Pansea Beac, 118 Moo 3, Cherngtalay, Thalang
TEL 076-324333
FAX 076-324100
URL www.aman.com
房间数 40
费用 泳池亭阁 US$ 700~，花园亭阁 US$ 850~，海景亭阁 US$ 1250~
※含税款、服务费，不含早餐
C A J M V

部分海景泳池亭阁

普吉岛苏林酒店
The Surin Phuket

度假村 | 苏林海滩 | MAP 07-D1

潘西海滩上的私密酒店

位于小面积的潘西海滩前的一家私密的高档时尚度假村。从位于度假村中央的餐厅可以看到泳池和椰林、大海，组成一幅热带风景画。客房都是小屋房型。

住 Pansea Beac, 118 Moo 3, Cherngtalay, Thalang
TEL 076-316400　FAX 076-621590
URL www.thesurinphuket.com
房间数 103
费用 大床山间小屋 6720B~，海滩画室套房 11519B~，海滩豪华套房 14688B~
※含税款、服务费，含早餐
C A J M V

海滩豪华套房内景

阿亚拉卡马拉温泉度假酒店
Ayara Kamala Resort & Spa

度假村 | 卡马拉海滩 | MAP p.04-A1

拥有绝佳景色的卡马拉时尚酒店

位于高档别墅区内侧的地区。从餐厅可以看到湛蓝的大海，美不胜收。旱季可乘坐电梯下到小型私人酒店专用海滩体验浮潜。

住 22/10 Moo 6, Layi-Nakalay Rd., Kamala
TEL 076-310777　FAX 076-310748
URL www.ayarakamalaresort.com
房间数 42
费用 豪华海景房 5796B~，泰式天然大海景和水疗房 7088B~，大泳池别墅海景房 16013B~
※含税款、服务费，不含早餐
C A J M V

从酒店餐厅看到的美景

普吉岛　还有更多酒店

117

普吉岛佐利图德别墅度假酒店
Villa Zolitude Resort & Spa

度假村 甲涂 MAP p.03-E2

情侣和女性同伴喜欢居住在这里

小山上的别墅隐没在绿树之间，犹如一片秘境。还设有可眺望热带雨林的户外餐厅和升逸 SPA → p.86。在大自然中体验 SPA 是种奢侈的享受。

住 53/52 Moo 5, Soi Bann Nai Trok, Chaofa Nok Rd.
TEL 076-521333 FAX 076-521330
URL www.villazolitude.com
房间数 45
费用 热带泳池别墅 5915B~，树顶复式泳池别墅 7875B~，树顶全景泳池别墅 8575B~
※ 不含税款、服务费，不含早餐
C A M V

别墅均自带私人泳池

阿亚拉山顶精品温泉度假酒店
Ayara Hilltops Boutique Resort & Spa

度假村 苏林海滩 MAP 03-D1

所有房间均是套房的高档酒店

从坐落在高低错落的山上的套房可以看到美丽的苏林海滩。绿荫花园中矗立的泰式及尖顶小木屋造型很现代。

住 125 Moo 3, Srisoonthorn Rd.
TEL 076-271271
FAX 076-271270
URL www.ayarahilltops.com
房间数 48
费用 花园景观标准套房 3651B~，花园景观高级套房 3938B~，豪华海景大空间套房 4833B~
※ 含税款、服务费，含早餐
C A D M V

无边际泳池畔的别墅

普吉 JW 万豪水疗度假酒店
JW Marriott Phuket Resort & Spa

度假村 迈考海滩 MAP p.02-A2

迈考海滩上的高级度假村

宽敞的酒店有 3 个泳池。酒吧和餐厅等配套设施也很完备。在如此豪华空间内还能享受到理疗效果上佳的曼德拉 SPA。购物中心龟村也在附近。

住 231 Moo 3 Mai Khao, Thalang
TEL 076-338000
FAX 076-348348
URL www.marriott.com
房间数 265
费用 豪华花园景观房 5300B~，豪华海景房 7400B~，带阳台豪华家庭房 8100B~
※ 不含税款、服务费，含早餐
C A D J M V

豪华花园景观房

斯攀瓦度假村
Sri Panwa

度假村 攀瓦角 MAP p.03-F3

极具热带风情的现代化酒店

一家位于攀瓦角尽头的豪华度假村。客房是别墅式，几乎所有客都能欣赏落日。这家豪华酒店重视保护客人隐私，利于休憩。

住 88 moo 8, Sakdidej Rd., Vichit, Muang
TEL 076-371000 FAX 076-371004
URL www.sripanwa.com
房间数 59
费用 大床泳池套房 11552B~，大床泳池别墅 17632B~，大床阁楼海景房 17024B~
※ 不含税款、服务费，含早餐
C A J M V

大床泳池别墅

118

苏梅岛

Koh Samui

- 度假 7 类型 → p.125
- 美食 → p.137
- 美容 & 购物 → p.147
- 地区指南 → p.155
- 酒店 → p.161

苏梅岛各地区 NAVI

以查汶海滩为分界线，北部的波普海滩、南部的拉迈海滩都是度假区。

A 北部的热门海滩
波普海滩
p.158
附近有美食摊点

B 仿佛漂浮在海上的巨佛
山顶大佛
p.160
高12米的巨大佛像，金光闪闪

冰镇甜点种类多

南园岛 Koh Nang Yuan
涛岛 Koh Tao
Koh Nai Phut
Koh Mae Ko — Koh Sam Sao
安通岛 Koh Ang Thong
Koh Phaluai
苏梅岛 Koh Samui
Koh Chuak
Koh Som
Koh Nok Taphao
Tean island
帕岸岛 Koh Phangan

班泰海滩 Bantai Beach
纳兰角 Laem Na Lan
班普莱角 Baan Plai Laem
兰雅 Laem Yai
圣塔布里苏梅乡村俱乐部 Santiburi Samui Country Club
湄南海滩 Mae Nam Beach
沙子海角 Laem Sai
B 山顶大佛 Big Buddha
春蒙海滩 Choeng Mon Beach
A 波普海滩 Bophut Beach
大佛海滩 Big Buddha Beach
千手观音庙 Plailaem Temple
F 那通镇 Nathon town
那通码头 Nathon Pier
苏梅国际机场 Samui International Airport
雅诺伊海滩 Yai Noi Beach
欣叻瀑布 Hin Lat Waterfall
A
C 查汶海滩 Chaweng Beach
利巴诺伊海滩 Lipa Noi Beach
春库拉姆角 Laem Chon Khram
通洋海滩 Thong Yang Beach
利巴诺伊码头 Lipanoi Pier
纳芒2号瀑布 Na Muang Waterfall2
楠角 Laem Nan
纳芒1号瀑布 Na Muang Waterfall1
D 拉迈海滩 Lamai Beach
E 祖父祖母石 Hin Ta & Hin Yai
塔林甘海滩 Taling Ngam Beach
华路 Hua Thanon
苏梅水族馆和老虎园 Samui Aquarium & Tiger Zoo
辛科姆角 Laem Hin Khom
通库湾 Ao Thong Krut
蛇园 Snake Farm
赛特角 Laem Set
兰穆角 Laem Sor

当地名特产椰奶糕，在祖父祖母石现场制作、销售

C 主海滩是这里
查汶海滩
p.128·156
这条长约7公里的海滩是苏梅岛的核心区

D 资深游客喜欢的
拉迈海滩
p.157
白沙与蓝海的美出类拔萃

也可以去乐趣无穷的南园岛

将具有南国风情的杂货当作礼品

E 独特的岩石
祖父祖母石
p.160
欣赏岩石与大海交融的独特景观的地方

F 连接周边岛屿的港口
那通镇
p.159
跟度假村不同，这里有浓浓的生活气息

120

别名"椰岛"

苏梅岛全岛遍布着椰林，因此也被称为"椰岛"。这个泰国第三大岛南北长20公里，东西长18公里，几乎是个圆形。岛周边白沙滩分布在各处，不过它的一半面积是山地。几条瀑布从热带雨林中倾泻而出，广袤的自然是这座岛最大的魅力。

注意别被落下的椰果砸中

玩在查汶海滩

苏梅岛的主海滩是查汶海滩，一个约7公里的超长海滩。海滩海水较浅，且透明度高，极目眺望，充满了浓郁的南国风情。还有水上摩托、帆伞、水上滑板等海上运动。可玩度高，不妨挑战一下吧。

水上喷射飞行器"飞行滑板"也很刺激

最佳旅游季节与高峰期

苏梅岛旅行的最佳季节是2~5月。这段时间每天艳阳高照，适合去海边游玩。6~9月雨相对也较少，可以说是第二个最佳季节。同时，2~5月也是旅行高峰期，全世界的游客都会蜂拥而来。飞机、住宿全都很拥挤，建议提前预订。详情请参考→ p.9。

在珊瑚海与鱼群同游

苏梅岛的海固然很美，但它的周边还有国家海洋公园的安通群岛和海景同样美丽绝伦的南园岛、涛岛等，游玩时可当日往返。珊瑚海中有很多五彩缤纷的鱼，可以试试潜水。南园岛→p.126、安通群岛→ p.132

海滩附近有步行街

查汶海滩与波普海滩旁的海滩路其实是一条终日热闹非凡的购物&餐饮街，还有很多能欣赏沙滩的海鲜餐厅。拉迈海滩的中间位置有很多餐厅，夜间挤满了游客。

海滩路直到深夜还很喧闹

岛内交通

■ 从机场前往岛内，或从岛内前往机场都可以乘坐多座迷你巴士（面包车）或出租车。迷你巴士要到达一定的人数才发车，因此要在多个酒店前停留，会浪费一定的时间。路况好的情况下，从机场到查汶海滩大约需要15分钟，到拉迈海滩需要30分钟。→ p.177

■ 岛内交通，详情请参照→附册 p.18

双条车

双条车由敞篷货车改装而来。在车厢上装上座椅，乘客相对而坐。白天行驶于固定线路，乘坐该方向的车即可。晚上需要包车，价格可谈。

双条车是从车后上车，速度要快

出租车

正规出租车车身为红、黄色，车顶有TAXI-METER的标识。很难见到路上揽客的出租车，可以让酒店帮忙叫车。

价格基本固定，但是最好在乘坐前跟司机再确认一遍

租赁摩托车

苏梅岛交通拥堵严重，因此很多游客选择租赁摩托车，但是事故和纠纷多，不建议使用。

租赁汽车

租赁汽车的需求也在增大，可是当地道路狭窄，道路不平，摩托车的量也很大，不建议使用。

121

椰岛

人气

苏梅岛 3晚4天

经典线路

沙滩上可购物、玩耍的经典线路

在苏梅岛的的核心区查汶海滩玩过之后，去享受SPA、美食和购物！还可以参加以海景闻名的南园岛一日游。是一条可尽情玩乐的力荐线路。

第1天 上午从国内出发 下午抵达苏梅岛

抵达苏梅国际机场

国内有航班前往苏梅岛，但是需要在曼谷或中国香港、新加坡中转。

苏梅国际机场的小型行李转盘

从国内前往苏梅岛的交通方式→p169

乘车 15~30分钟

抵达酒店

从机场前往波普海滩、查汶海滩均为15分钟左右。距离较远的度假村也不过1小时。

第一天可根据航班抵达时间安排周边休闲或酒店休息。

查汶海滩的华纳百丽豪华精选度假村

酒店→p.161

20:00 享用晚餐

酒店内有餐厅，波普海滩和查汶海滩的酒店附近也有很多餐厅。

以海鲜为特色的扎瑟餐厅

美食→p.137

+More 如果想在夜间玩得更嗨

查汶海滩路沿线有一些餐厅和酒吧营业到深夜，游客也多。周五的晚上，波普海滩还有步行街夜市→p.136，一直营业到22:00。

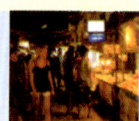

第2天 在查汶海滩游玩！

苏梅岛最热闹的海滩。有各种海上运动可供体验。

9:00 在酒店泳池享受轻闲一刻

所有酒店的泳池都很大，有些别墅式客房自带泳池。一进入泳池就会立即精神起来。

苏梅岛安纳塔拉普度假村→p.164

10:00 前往查汶海滩

如果住在海滩附近的酒店，步行也可以去。有些酒店还配有接送巴士，不妨打听一下。

查汶海滩→p.128、156

可以悠闲地度假，也可以玩海上运动

步行约1分钟

12:00 在海滩周边吃午餐

海滩附近有可以品尝到泰国菜和海鲜的海景餐厅。

★附近餐厅推荐 页码餐厅→p.140

页码餐厅装修新潮

装盘精致的泰国菜

步行约5分钟

13:00 做SPA和足部按摩可以放松身心

SPA和足部按摩助你消除旅途的疲劳。要是想缓解全身酸痛，建议体验泰式按摩。

★附近店铺推荐 扎瑟SPA→p.151

美容&购物→p.147

在扎瑟SPA体验草药球按摩

步行约7分钟

15:00 甜品中的轻闲时光

这家咖啡厅装修时尚，供应咖啡和热带水果制成的甜品，让你瞬间充满能量。

★附近店铺推荐 苏梅岛奶油咖啡厅→p.143

甜品→p.142

苏梅岛冰激凌咖啡厅的杞果奶酪蛋糕

步行即可

16:00
在尚泰苏梅岛购物中心购物
位于城中央的尚泰苏梅岛购物中心是一个大型的综合商城。还有 TOPS Market 超市,是搜寻伴手礼的好地方。

尚泰苏梅岛购物中心→p.129

想去一次的地方

18:00
晚餐吃海鲜
在海景餐厅一边欣赏落日,一边享用晚餐,是一种最高的享受!

★附近餐厅推荐 青蛙博士餐厅→p.138
塔鲁阿海鲜餐厅→p.139

炸鱼丸

Another Plan
下午可以去查翁海滩→p.158,那里还有个餐厅。还有商店密集的迪扪→p.136。

第3天
南园岛一日游
南园岛由漂浮在苏梅岛浅海上的3个小岛组成,白沙滩是它的特色。在珊瑚海里还能与鱼群亲密接触。

南园岛一日游→p.126

7:00
酒店出发
辗转多个酒店,载客前往北部的湄南港口。

乘车约30分钟

8:00
湄南栈桥出发
从位于湄南海滩一端的栈桥出发,在大型轮渡码头坐船前往南园岛。

乘坐双体游艇向南园岛进发

乘船约1小时30分钟

9:30
抵达南园岛
前往海滩和观景台
走过浮在海面上的栈桥,走向3个岛中正中间的那个岛。在那里可以观景,也可以潜水。

从观景台观赏南园岛

11:30
期待已久的午餐时间
在中间那座小岛上的唯一一个餐厅内享用午餐。

有咖喱和炸鸡等泰国美食

14:30
南园岛出发
穿过涛岛,回到苏梅岛。

乘船快报 约10分钟

再次坐船,回苏梅岛

乘船约1小时30分钟

抵达湄南栈桥
抵达后,坐上各酒店的接送巴士返回酒店。

16:40
乘车约30分钟

17:30
抵达酒店

第4天
清晨出发,回国
从苏梅岛出发回国,可以根据需要选择早、晚航班。

酒店出发
提前退房,争取在航班起飞前2小时抵达机场。建议提前一天预订出租车。

5:15
乘车15~30分钟

7:15
苏梅机场起飞
在苏梅岛办理出境手续,登机前往泰国本土的曼谷。

值机后在候机厅静候

8:30
抵达曼谷
下飞机后,前往曼谷机场国际线登机口。

抵达曼谷的素万那普国际机场

飞行时长约1小时

中转停留时长2小时左右

10:10
曼谷出发
回国。

飞行时长4小时40分钟

15:50
抵达北京首都国际机场

攻略 乘坐夜间航班可以多出1天的游玩时间!
从北京出发,如果选择乘坐夜间航班,抵达苏梅岛的时间是第二天早上7点左右,抵达当天便有一整天的时间可以玩。同理,如果从苏梅岛出发也选择夜间航班,在出发前有足够的时间用来购物等,抵达北京的时间在第二天早上7点左右。只是夜间航班飞行时间短,无法在飞机上睡觉。

苏梅国际机场很小,因为登机口的候机厅

123

如果再多1天的话……追加线路

PLAN 01 — 大象骑乘与丛林越野探险

参观热门景点，体验大象骑乘，主要的内容还是驾驶吉普车进行丛林越野。此行内容丰富。

惊险刺激的丛林越野！ → p.130

9:00 酒店出发
辗转于各酒店，接上游客。

东车约20分钟

9:30 前往祖父祖母石
在苏梅岛的知名景点拍照留念。当地特产椰奶糖一定要尝一尝！

巨岩被海水冲刷后，形成了奇妙的造型

东车约20分钟

10:30 体验大象骑乘
参观完椰子农场后，在苏梅岛纳芒探险公园与大象亲密互动。

在椰子农场赏猴，骑大象

东车约15分钟

12:00 前往库拉母庙
祭拜安放在玻璃棺内的苏梅岛著名僧人的木乃伊。他离世至今已40年。

可以近距离参观

13:00 美景与午餐
驾驶吉普车穿越丛林，一路向观景台前进。一边欣赏美景，一边吃午餐。

东车约40分钟

数台吉普车并驾前行

东车约1小时

16:30 最后是参观山顶大佛
再次穿过丛林，驶向山顶。美景如画的山顶耸立着一尊金色的大佛。

坐在吉普车里也要注意路两旁的树枝

东车约30分钟

17:30 抵达酒店

PLAN 02 — 参观安通国家公园

安通群岛已被列为国家海洋公园。划着皮划艇，游览海中的岩石群和洞穴，度过充实的一天。

安通国家公园→ p.132

7:30 从酒店出发
前往那通镇。

东车约45分钟

9:00 那通港口出发
登上设有遮阳甲板的大型客轮，在优美景致中驶向安通群岛。

安通群岛的各岛屿进入视线

东坐快艇约2小时

10:30 划皮划艇前往湄合岛
下船后，开始划皮划艇，沿着湄合岛沿岸前进。40~50分钟后上岸。

划皮划艇即到

从湄合岛上岸后，沿着台阶登上观景台，观赏翡翠湖的壮美景色

12:30 在船上吃午餐
划了皮划艇后，就到了以泰国美食为主的午餐时间。

工作人员分餐

13:30 抵达卧牛岛
在椰影婆娑的海滩上享受海水浴，也可以徒步游览岛上的著名景点，时间可以自由支配。

东拖约30分钟

拥有白沙与碧海的沙滩

15:00 从瓦达拉岛出发
在欣赏安通群岛美景的同时，驶向苏梅岛那通港口。

东船约1小时30分钟

16:30 抵达那通港口
抵达后，坐上各酒店安排的接送车，回酒店。

东车约45分钟

17:30 抵达酒店

Resort style 7 苏梅岛
度假7类型

苏梅岛的乐趣尽在这里

海岛度假系列

在海滩上体验海上运动,也可以去白沙与碧海相得益彰的离岛。在丛林中骑大象,体验越野,享受动感旅程。夜间赏海景,还能购物,享美食。

- 前往如诗如画的南园岛 →p.126
- 畅游查汶海滩 →p.128
- 惊险刺激的丛林越野! →p.130
- 在安通国家公园的大自然中徜徉 →p.132
- 骑大象渡过溪流! →p.134
- 挑战制作椰子油! →p.135
- 周五晚上闲逛步行街 →p.136

Resort 1 旅游团

3 个小岛的白沙滩彼此相连！
前往如诗如画的南园岛

位于泰国湾的南园岛由 3 个小岛组成，它们的白沙滩彼此相连，形成了南园岛独特的地形地貌，其如诗如画的美景令游客赞不绝口。海水极其明净，通过潜水可以接触大量的鱼群，感觉真好。

日程安排 约需 10 小时 30 分钟

- 7:00 ★ 酒店出发
- 8:00 ★ 湄南栈桥出发
- 9:30 ★ 抵达南园岛
- 11:30 ★ 午餐
- 15:00 ★ 南园岛出发
- 16:40 ★ 抵达湄南栈桥
- 17:30 ★ 抵达酒店

随身携带物品清单
- □ 泳衣（穿着出门）
- □ 防晒霜
- □ 帽子
- □ 浴巾（如果需要在海滩上使用）
- □ 包括手机用等防水袋

1 从湄南海滩的栈桥出发

因为是大船，所以晃动小

旅游团清早在酒店外等候。在北部的湄南栈桥乘船。组织方提供咖啡和点心，可当早餐，相对方便。

2 抵达海景美丽的南园岛

途经帕岸岛，行进约 1 小时 30 分钟抵达南园岛。距离潜水胜地涛岛不过 300 米。它的海景之美久负盛名。

南园岛有很多大岩石

从码头走过一段浮桥后登岛

海岸的巨石震撼人心，从栈桥还能看到海里有很多鱼在游

南园岛
涛岛
帕岸岛
湄南栈桥
苏梅岛

126　南园岛　Koh Nang Yuan　MAP p.10-C3

3 站在观景台欣赏海滩与岛屿胜景

拾小路而上,岩石渐渐出现

上岸后,先去位于小岛山顶的观景台。从山上可以清晰地看到海滩全连在一起了。沙滩与大海的颜色很美。

苏梅岛 前往如诗如画的南园岛

从观景台观赏南园岛的海滩

4 唯一的餐厅采用自助的形式

想吃多少旋多少,饱饱的吧

午餐是泰式自助餐。有咖喱、炸鸡、炒菜、沙拉等。甜品是热带水果。

想在自助餐厅保证有座位需要早到

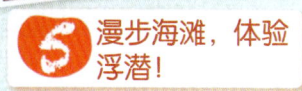

5 漫步海滩,体验浮潜!

走在细软的妙子上,往来于几个小岛之间

南园岛的北岛与南岛之间还有座小岛,那里有一座栈桥。岛的东西两侧均是沙滩,可以体验潜水。沙滩如同沙洲,在涨潮时会被海水淹没。

有大量五颜六色的热带鱼

这块沙滩十分罕见,两侧都是碧波大海

还可以体验深度潜水!

在透明度极高的南园岛海域,浮潜时就能看到大量鱼群,而深度潜水则能近距离观察更多的鱼。有外籍教练做指导,一开始是在脚能够得着的海域训练,因此即使新手也无须担心。

南园岛深度潜水旅游团
成人 4200B、儿童 3500B
(潜水 1 次 + 浮潜) 体验 30~40 分钟的水下漫步

潜水前可以在海滩上休息

127

游苏梅岛从这里开始
畅游查汶海滩

运动项目、美食、购物……查汶海滩上的乐趣应有尽有。
游苏梅岛就从这里开始，让我们开怀畅玩吧！

约需 8 小时

日程安排

1. 10:00 查汶海滩 // Beach
2. 12:00 页码餐厅 // Lunch
3. 13:00 扎瑟 SPA // Spa
4. 15:00 苏梅岛奶油咖啡厅 // Cafe
5. 16:00 尚泰苏梅岛购物中心 // Shopping
6. 18:00 热带土豆酒吧 // Dinner

运动项目需要在沙滩上报名

1 查汶海滩 Chaweng Beach

可休息，也可以体验海上运动

在美丽的查汶海滩，既能悠闲休息，也能进行各种海上运动。去尝试香蕉船和帆伞吧。
➡ p.156

挑战一下飞行滑板吧！

沙滩上经常可以见到担着扁担卖货的人

步行1分钟

2 页码餐厅 The Page

设计型酒店内的泰国餐厅

以图书馆为设计原型打造的个性、时尚餐厅。可以一边欣赏查汶海滩，一边品味泰式创意美食。
➡ p.140

供应泰国菜和西餐

酒店内的图书馆主题餐厅

地图标注：
- 湖
- ⑤ 尚泰苏梅岛购物中心
- ④ 苏梅岛奶油咖啡厅
- ① 查汶海滩
- ③ 扎瑟SPA
- ⑥ 热带土豆酒吧
- ② 页码餐厅

128

增值信息 在有"椰岛"之称的苏梅岛，据说建筑物的高度不能超过椰树。

步行5分钟　Spa

3 扎瑟 SPA
Zense Spa

缓解一上午的疲劳

这家SPA虽然位于城区,但安静整洁的店内依然透露出豪华的气氛。推荐体验能消除由海上运动引起的疲劳的泰式按摩和足部按摩。

➜p.151

在安静的店内休息

位于海滩路

苏梅岛　畅游查汶海滩

步行7分钟　Cafe　Shopping

4 苏梅岛奶油咖啡厅
Cream Café Samui

尚泰苏梅岛购物中心前的精品咖啡馆

这家时尚咖啡厅的墙壁是由砖砌成的。除了供应蛋糕和冰激凌,还有泰国美食和意大利面等。

➜p.143

含新鲜杧果的杧果奶油蛋糕 139B

人气时尚咖啡厅

5 尚泰苏梅岛购物中心
Central Festival

坐落在城中心的购物商城

位于查汶海滩的大型购物中心。餐厅、时装店、百货店等品类齐全,购物便利。Tops Market也进驻在内。

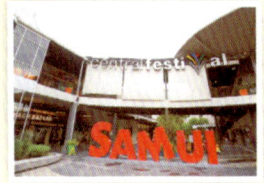

位于海滩路对面的商城入口

MAP p.12-C·D1

🏠 209 Moo 2, Bophut　☎ 077-962777
🕐 11:00〜23:00　休 无
💳 各店铺有所不同

索娜 Saona
🏠 Beach Bazaar F1
☎ 无
🕐 11:00〜23:00
休 无　C 不可

以麻布为原料制作的晚装包适合夏季使用 590B

摆满了高品位商品 1790B

泰国玻璃 Thai Vetro
🏠 Beach Bazaar F1
☎ 081-8491588
🕐 11:00〜23:00
休 无　C M V

还有很多清凉系列的海洋主题商品 490B

290B 的大咸指确实很有气场

步行即到　Dinner

6 热带土豆酒吧
Tropical Murphy's

以大盘肉食为人熟知的爱尔兰酒吧

坐着感受喧闹街道的热情,品尝大盘的肉及种类丰富的生啤。

➜p.146

Murphy 的知名猪排 半份 325B

在超市找伴手礼

超市堪称伴手礼的宝库。尚泰苏梅岛购物中心内的 Tops Market 超市销售有苏梅岛特色的食材和糕点,适合用来分发。水果干、椰奶、方便面等无不价格实惠。

椰子&花生糖 65B

杧果干 59B。还有菠萝蜜和椰子干

椰奶只卖 23B,相当便宜

129

激情越野，驶向山顶
惊险刺激的丛林越野！

驾驶强大的四驱吉普车在苏梅岛越野的野外之旅。骑过大象，看过瀑布之后，在山顶餐厅欣赏美景。

日程安排 （约需8小时30分钟）

9:00	★ 酒店出发
9:30	★ 祖父祖母石
10:00	椰子农场
10:30	★ 大象骑乘，纳芒2号瀑布
12:00	库拉母庙（高僧木乃伊）
12:20	丛林越野
13:00	在山顶餐厅吃午餐
15:30	★ 丛林越野
16:30	山顶大佛
17:30	抵达酒店

随身携带物品清单
- 防晒霜
- 帽子
- 方便走路的鞋子
- 泳衣（如果要玩水上骨梯）
- 防虫喷雾

自然界令人惊叹的鬼斧神工

1 在祖父祖母石吃椰子糖

游玩的首站是祖父、祖母石。参观过后，品尝椰子糖。
➡ p.160

散发椰子香的饼状糕点

2 观赏猴子轻松摘椰子

在素有"椰岛"之称的苏梅岛，工作人员会让猴子摘椰果。在华路农场，游客可以见到这一幕。还能与猴子合影留念。

很轻巧地接下椰子

听从驯象师的指示做动作的聪明的大象

3 大象骑乘与大象、猴子表演

表演套圈和足球等项目

纳芒探险公园里有大象、猴子互动体验项目，还能骑大象。加钱还能与老虎合影。

苏梅岛地图：
- 湄南海滩
- 苏梅岛
- 餐厅（观景台）
- 山顶大佛
- 纳芒2号瀑布
- 祖父祖母石
- 神秘花园
- 椰子农场（猴子表演）
- 纳芒探险公园
- 库拉母庙

苏梅岛 Koh Samui MAP p.10-C2·3

苏梅岛 惊险刺激的丛林越野！

4 在瀑布和水上滑梯玩水

在与探险公园相隔很近的纳芒2号瀑布附近进行丛林漫步，观赏水上滑梯和瀑布。加钱还能玩瀑布穿越。

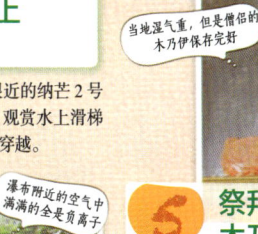

从水上滑梯上滑下时，有一种马上要撞上石头的错觉

瀑布附近的空气中满满的全是负离子

当地湿气重，但是僧侣的木乃伊保存完好

5 祭拜高僧的木乃伊

库拉母庙供奉着高僧的木乃伊，至今还保持圆寂时盘腿打坐的姿态。这位僧人自1973年以后一直保持着样的打坐姿势。祭拜者络绎不绝。

6 在景色奇绝的山顶餐厅吃午餐

吃午餐的餐厅位于山顶，要翻过丛林中崎岖的坡路才能到达，餐厅同时还是一个观景台。山上的空气令人心旷神怡。

坐在车顶虽然视野好，但是晃动厉害

在丛林中的栏路上也能飞速疾驰

开放式的餐厅，可以一眼看到海

每周的菜品不同

7 丛林越野 惊险与刺激并存！

午餐过后开启越野之旅。也可以坐在车顶，但是要注意别掉下来。途中会经过有沿河石雕的神秘花园。

这尊佛以国王孙子的名字命名

8 参观山顶大佛，远望美景后下山

从湄南方向下山前，参观山顶的另一个景点——山顶大佛。从这里欣赏苏梅岛也能获得不错的视野。

路旁还有树枝伸出，要留心 　学习从橡树上采集橡胶

丛林越野一日游 Full Day Jungle Safari Tour
Mr.Ung's Magical Safari Tour　Moo 3, Chaweng Beach　077-230114　www.ungsafari.com
成人 1950B，儿童 1250B　※受天气状况的影响，旅游团的日程安排有可能出现变动

131

旅游团 ④ 划船或远眺，享受优美海景
在安通国家公园的大自然中徜徉

拥有丰富多彩的大自然的安通群岛已被列为国家海洋公园。划船能看到海岩与洞穴等，还可以登岛游玩。

日程安排 约需 10 小时

- 7:30　酒店出发
- 8:30　那通码头出发
- 10:30　抵达安通群岛 开始划船
- 11:45　翡翠湖观景台
- 12:30　午餐
- 13:30　前往瓦达拉岛
- 15:00　抵达瓦达拉岛
- 17:00　抵达那通码头
- 17:30　抵达酒店

随身携带物品清单
- □ 泳衣（提前穿上）
- □ 防晒霜
- □ 帽子
- □ 浴巾
- □ 换的衣服

① 从那通码头乘坐大船出发

从那通码头登上长 25 米的大型船只，向安通群岛进发。在 2 小时的航行时间内，可以从甲板上欣赏壮美的海景。

驶往安通群岛的愉快旅程

也可以在遮阳甲板上休息

划着皮划艇在美丽的海面上徐徐前进

卸下装在船上的皮划艇，划船前进

② 在湄合岛挑战皮划艇！

划船靠近湄合岛险峭的海岸，登上海滩。这需要一些体力，但是教练会提供很大的帮助，所以不用过于担心。

教练讲解完后就开始划吧！

安通群岛　湄合岛　瓦达拉岛　那通码头　苏梅岛

安通群岛　Koh Ang Thong　MAP p.10-D3

132

3 眺望仿佛要被吸进去的翡翠湖

沿着洞穴和岩石行进40~50分钟，到达湄合岛的主海滩。从那里再步行10分钟左右，抵达风景怡人的翡翠湖观景台。

从湄合岛的观景台看到的美景

从观景台看到的翡翠湖

苏梅岛 在安通国家公园的大自然中徜徉

4 回船吃午餐

欣赏过翡翠湖的美景后，划皮划艇回到客轮，进入愉快的午餐时间。一番运动过后肚子也饿得咕咕叫，此时的午餐更显美味。

有油炸、炖煮食品和水果

工作人员为游客盛盘

5 在瓦达拉岛的美丽海滩休闲

到了下午，在岛屿美景的陪伴下，乘船向瓦达拉岛出发，路上约需30分钟。椰林与细软沙滩都在告诉人们：这里是南国。可以静静地休息，也可以登上观景台欣赏壮阔的安通群岛的迷人景色。

迎接你的是一株株椰子树

在白沙与碧海中享受海水浴

沿着散步小路，向观景台走去

连接瓦达拉岛的海滩到可以一览安通群岛美景的观景台的是一条整洁的散步小道，长500米，中途还有4个观景台可以饱览风景。最高处海拔262米。到第一个观景台步行约需10分钟。

沉浸在安通国家公园的景色之中

133

Resort style 5 旅游团

在纳芒瀑布丛林中
骑大象渡过溪流！

想去沙滩上玩，还想骑大象……
为了满足这部分游客的愿望，特意将时间压缩，
隆重推出30分钟或60分钟大象骑乘体验项目！

准备好了吗？

约需 2小时30分钟

1 骑在大象背上，摇摇晃晃地在林中漫步

体验骑大象和参观纳芒瀑布的半日旅游团。9:00～14:15 有去酒店载客的30分钟的骑大象过河的体验，还要参观纳芒1号瀑布。60分钟的旅游团还可以去榴梿林散步。

丛林漫步

到达纳芒1号瀑布附近的营地后，立即就去骑大象。登上大象背上的座椅，系好安全带后，一切准备就绪！

左／向着森林缓慢进发。与体形庞大的大象在森林小路上相遇
右／拐弯渡河，前往能看到瀑布的地方

2 喝椰汁，休息片刻

很好喝的哦！

营地内有简餐和杂货等销售，还有礼品店。椰子一个50B。喝完后还可以让店家帮忙打开吃椰子肉。

3 给小象喂香蕉！

骑完大象后，去大象基地喂食。买了香蕉走近圈养地后，嗷嗷待哺的小象们会主动靠近你。1盘香蕉50B。

这头小象一直要香蕉，太可爱啦

苏梅岛最大的瀑布

4 前往具有心灵治愈效果的瀑布

去参观茂密森林中的纳芒1号瀑布。或观看倾泻而下的湍急水流，或与其拍照留念，还可以戏水玩耍。

左／从围栏之间递出香蕉后，小象就会伸出鼻子来接 左下／近距离观察象，还可以抚摸象鼻

Tour info

骑大象徒步 Elephant Trekking MAP p.10-C2
Namuang Jungle Trip
住 Namuang Waterfall 1　☎077-950721　📧 www.samuijungletrip.com
30分钟 成人700B，儿童600B；60分钟 成人1200B，儿童800B

134

旅游团 6

使用苏梅岛的有机椰子，挑战制作**椰子油**！

苏梅岛也被称为"椰岛"。
游客可在椰子博物馆体验用古法制作椰子油的工艺。

约需 3小时15分钟

苏梅岛 — 骑大象渡过溪流！／挑战制作椰子油！

从椰果中提取椰子油！

在这家家族经营的椰油工厂创办的博物馆内，了解苏梅岛及椰子的历史之后，体验椰油制作过程。自己制作的椰油可以带走。

9:15 参观椰子博物馆

还原原来的厨房，里面摆着由椰子制作的厨具

同时销售工厂生产的商品。右图为椰油200mL 190B，左图为纯椰子粉

8:30 从位于壹泼海滩的酒店出发。抵达博物馆后，首先了解苏梅岛及椰子历史

9:30 椰油制作 Start!

如果不顺着芽将切刀垂直向下切，就无法完整地切开

要点是从四周往中间切

讲授椰子的切法

上／使用专用工具切下椰子的果肉部分。注意不要切到手 右／工具的尖头部分呈锯齿状

左／在果肉中加入10%的清水后揉搓，待变白后取出果肉 右上／采用滤网滤出椰油。为了分离出油，需要静置15分钟左右

10:20 参观工厂

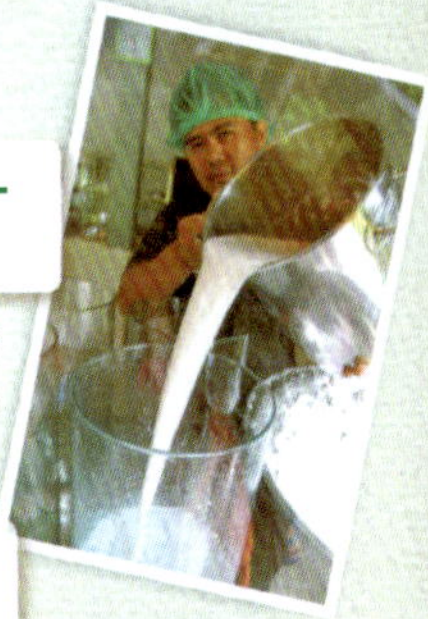

据说有瘦身及抗衰老的疗效

利用分离的间隙参观工厂。15个椰子可以生产1L油。工厂参观只限上午。

11:00 搞定！

右图为加热后析出的椰油，左图为最初的椰油。可以用来美容，也可以做菜。

最后获得一张盖有姓名的证书

10:35 再度制作椰油

将澄清后的椰油倒入锅中，加热后析出椰油

过滤后装瓶

注意不要糊了

滤网下滤出水分、乳脂和油三层。工厂要在温度为31℃的环境下，花1天时间滤出椰油

Tour info 椰油制作体验 MAP p.10-B1
🏠 56/5 Moo 2, Angthong Soi 2 T. Angthong ☎ 077-421211 🌐 www.samuirenong.com
只在工作日组团，成人、儿童各790B。提供酒店接送

135

Resort style 7 漫步

热闹的渔村！
周五晚上闲逛步行街

波普海滩沿岸的渔村是一块咖啡厅与时尚餐厅聚集的人气宝地。周五的晚上变成了一条步行街。

很好吃，尝尝吧！

使用苏梅岛的椰子制作的手工装饰物

渔村入口处的拱廊

波普步行街
Bophut Walking Street

开车驶上波普海滩沿岸的海滩路，前方与海相交的地方附近就是渔村。每周五晚上都开设步行街，货摊和杂货铺一字排开，游客可以边走边吃边购物，很是惬意悠闲。

举办日 / 周五
时　间 ▶ 17:00~22:00

MAP p.15-B·C2

这里也有步行街！

查汶步行街
Chaweng Walking Street
MAP p.12-C1
地区 查汶海滩
交通 海滩路上的尚泰苏梅岛购物中心停车场

举办日 / 周三
时　间 ▶ 17:00~22:00

拉迈步行街
Lamai Walking Street
MAP p.14-D1
地区 拉迈海滩
交通 海滩路北侧的一部分及卜蜂莲花超市前方的加油站与拉迈集市之间

举办日 / 周日
时　间 ▶ 17:00~22:00

左上／横贯村中心的海滩路　右／眼前是广阔的波普海滩

渔村
Fisherman's Village

渔村中原本是些中国风格的建筑，经过法国人改建后形成今天的模样。海滩路沿线有一排复古的时尚餐厅和酒吧。

MAP p.15-B·C2
地区 波普海滩　交通 从机场乘车约15分钟，从查汶海滩乘车约30分钟

渔村的人气餐厅
- 可可塔姆的佩皮纳яка餐厅→ p.144
- 满月餐厅→ p.145
- 爵士比萨2号餐厅→ p.146

茅屋造型的精致南国酒吧
可可塔姆的海滩酒吧
Coco Tam's Beach Bar

位于海滩路西侧的一家人气酒吧。鸡尾酒220B~ 种类丰富，有大杯装和超大杯装。餐食主要是一些点心，但是带有图案，方便挑选。

超大杯装才卖 800B

左／能感受到海风的露天区域　右／有秋千坐椅席位和海滩前的席位　下／Apple a Day 饮品 240B 由草莓利久酒内加入苹果和西瓜调制而成

MAP p.15-B2
地区 波普海滩　住 62/1 Moo 1, Bophut
电 087-5927900、093-6812563
营 13:00~次日 1:00　休 无　C 不可　人均消费 120B~
网 cocotams.business.site

在浪漫的气氛中 品尝 苏梅岛美食！

美食
Gourmet

苏梅岛的海滩周边餐厅林立，
从不少店可以眺望海景。
听着海浪的声音享用美食是南国专属的一大乐事。
有海鲜、泰国菜，
还有铺满水果的甜品！

- 海洋风光 & 海鲜美食 → p.138
- 口感、氛围均令人享受的泰国菜 → p.140
- 用香浓的甜品补充能量 → p.142
- 还有更多美食 → p.144

Gourmet

在美景中感受浪漫
海洋风光 & 海鲜美食

苏梅岛四面环海，因此海鲜店的数量巨大。在品尝美味、传奇的美食时，关键词是"海景"！

如果想看大海和椰林风光，白天最好

意大利与地中海美食老店

悬崖酒吧和烧烤
The Cliff Bar & Grill

多本杂志报道过这家分量充足的烧烤店。最受欢迎的是海鲜拼盘。有1人份，也有多人份。除了鱼，还有肉食。周末最好提前预订。

烤肉什么的不在话下

1 豪华海鲜拼盘（2人份）4980B
　普吉龙虾、淡菜、阿拉斯加帝王蟹等海鲜搭配3种酱汁。赠送薯条、沙拉和米饭
2 咖喱烧烤大虾　880B
　烤褐虎对虾，咖喱味
3 泰式奶油淡菜　820B
　白葡萄酒奶油搭配新西兰淡菜

餐厅内还有酒吧区

MAP p.14-C3
地区 拉迈海滩
住 124/2 Tambon Maret
电 077-448508　营 12:00～23:00
休 无　C A M V　人均消费 800B～
网 www.thecliffsamui.com

大厨塞尔焦先生

父子经营的城中食堂

星光海鲜餐厅
Starry Seafood

位于那通镇附近的一家老铺，店前就是大海。店内有鱼缸，可以品尝到新鲜的海鲜。中式口味，即使不擅吃辣的人也能在这里找到美味。气氛温馨。

MAP p.10-B1
地区 那通镇周边
住 26/5 Moo 5, Angthong
电 062-608-8304　营 10:30～21:30
休 无　C 不可　人均消费 600B～

上／店铺位于海滩前
下／画着螃蟹的招牌引人注目

1 辣味蟹　300B
　原料是两只肉多汁美的蟹，分量十足
2 浓汤炖竹蛏　300B
　采用中餐里的勾芡做法，炖煮竹蛏

意大利及泰国菜的知名餐厅

青蛙博士餐厅
Dr.Frogs

位于拉克观景台（→p160）附近。主厨是意大利人，过去曾在苏梅岛的高档餐厅工作。海鲜意大利面和17种比萨最受欢迎。

来杯红酒怎么样？

左侧就是小查汶海滩

主厨马西莫先生

1 海鲜意面　480B
　在弹性十足的意大利面中加入西红柿、淡菜、虾等足量配菜
2 香辣海鲜沙拉　380B
　使用含椭圆形鱿鱼和海贝肉的辣酱调制的香辣沙拉
3 海鲈　680B
　用罗勒和迷迭香先处理一遍海鲈，达到去腥和使肉质松软的效果

MAP p.11-D2
地区 查汶海滩
住 103 Moo 3, Bophut
电 077-448505　营 7:00～23:00
休 无　C A M V　人均消费 400B～
网 www.drfrogs.com

增值信息　苏梅岛还有一种像带子墨鱼的美食。也可以仅烹饪鱼卵，或加工墨鱼干。

经理查衣先生　多种新鲜的海鲜

苏梅岛　海洋风光 & 海鲜美食

视野开阔，就像坐在船上

塔鲁阿海鲜餐厅
Tarua Seafood

屋顶形似帆船的白帆，格外吸引人。进入店内，两边是养着龙虾和虾蛄的鱼缸。餐厅是两层建筑，一、二层打通，晴天时可以看到海天相映成趣的美景。在这里用午餐可以欣赏到美景，来试试吧。

1	蒜蓉虾蛄 1kg	3600B
	用蒜炒比龙虾肉质更鲜嫩的虾蛄	
2	干鱼青杧沙拉	380B
	使用青杧果制作的泰国南部特色美食——"沙丁雏鱼饭"与青杧果沙拉	
3	酸辣带子墨鱼	380B
	这家的柠檬酱蒸带子墨鱼除了有满腹的墨鱼子与不俗的墨鱼口感，还能品尝到辣椒的辣与酸味	

MAP p.11-D3
地区　查汶海滩
住　210/9 Moo 4, Maret
电　077-448495　营　11:00~23:00
休　无　C J M V　人均消费 1500B~

位于查汶与拉迈海滩之间的海角

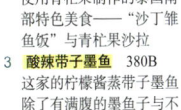

法式海鲜与泰国菜

维他命海餐厅
Vitamin Sea

法国老板每天都会从渔民那里直接采购最新鲜的鱼，用这些食材制作法餐和泰国菜。分量足，装盘美。请提前咨询当天的招牌菜。

坚持选用刚出海的海鲜！

主厨 旺女士

门口的巨大勺子和叉子是其标志

眼前是一片安静、悠深的大海

1	伊桑海鲜沙拉	220B~
	在泰国东北伊桑地区的猪肉和米饭沙拉（肉饭沙拉）中加入海鲜	
2	大虾宴	320B
	将苏梅岛附近海域捕到的大个海虾精致盛盘	
3	奶油椰子汤配海鲜（辣味海鲜汤）	240B
	一般使用鸡肉，这家店用墨鱼。椰奶油汤口感爽淡	

MAP p.10-C2
地区　拉迈海滩
住　195 Moo 1, Tambon Maret
电　099-0451039　营　11:00~22:00
休　无　C A D J M V
人均消费 400B~

139

Gourmet

从老字号到隐秘私厨
口感、氛围均令人享受的泰国菜

在传统泰国菜的基础上，各店推陈出新，打造全新的泰式菜肴。来品尝一下叫人垂涎的泰国菜吧。

左 / 穿过阅读者塑像走向餐厅　右 / 木瓜海鲜沙拉350B（左）一般使用普通木瓜，但是这家店将木瓜油炸，于是也产生了别样的口感。一道在椰饼椰奶基础上添加虾、椰肉和甜辣酱做成的前菜——辣椰饼300B～（右）

主厨巴德先生

页码餐厅
The Page

图书馆主题餐厅

海滩路上的图书馆主题酒店"图书馆度假酒店"→p.165内设的餐厅。阅读者塑像随处可见，休闲的心情被瞬间勾起。可以品尝到菜色上佳的泰国美食。晚餐种类多达11种。

MAP p.13-A3
地区 查汶海滩
住 14/1 Moo 2, Chaweng Beach
电 077-422767
营 7:00~24:00（22:30 LO）
休 无
卡 CAMV
人均消费 700B～
网 www.thelibrary.samui.com

推荐
香辣咖喱牛肉
460B

店以白色为主色调，店前就是查汶海滩

以大块土豆与软嫩牛脸肉为原料的香辣咖喱牛肉

扎瑟餐厅
Zazen Restaurant

种类丰富的红酒与豪华泰国大餐

除了菜单上单点的菜，还有豪华海鲜拼盘和海鲜套餐。有300种采自全球各地的红酒是本店的特色。周四、周日20:00～有泰国舞蹈表演，这个时段客人尤其多，尽量提前预订。

推荐
特色热海鲜拼盘
5500B

中间是椰奶红咖喱，周围有加拿大龙虾、墨鱼、蟹、虾、淡菜等。还送米饭

左 / 咖喱辣味虾 490B
右 / 空心菜炒牡蛎 200B

位于具有亚洲风情的度假村内

MAP p.15-B1
地区 波普海滩
住 177 Moo 1, Bophut
电 077-430345
营 11:00~23:30
休 无
卡 CAMV
人均消费 800B～
网 www.samuizazen.com

与泰国美食相配的红酒也有很多种

增值信息　超市和便利店里出售的带鸡蛋图案的调味酱特别适合用来做鸡蛋盖浇饭。

咖喱粉拌鳄肉，再加鸡蛋翻炒

竹子餐厅
Bamboo Restaurant

轻松享用海鲜和泰国美味

位于海滩旁，食材是当地产的海鲜，价格实惠。店主每早上从那通集市上采购最新鲜的鱼贝，以此做成的泰国美食备受好评。

MAP p.14-D1
地区 拉迈海滩
住 124/433 Moo 3，Maret
电 061-1903235
营 8:00~24:00
休 无
C 不可
人均消费 100B~

苏梅岛

口感、氛围均令人享受的泰国菜

推荐 五香猪排 150B

随着客人的增多，店面也扩大了

蒜味辣猪排。可以吃出黑胡椒和大蒜味

前图是冬阴功汤 140B，有海鲜味和鱼两种可选。后图是零陵香饭 100B

前图是有虾的绿咖喱 350B，后图是含虾和淡菜的海鲜沙拉 290B

我们的特色是坚持严选食材

海盐餐厅
Sea Salt Restaurant

度假村内的隐秘私厨

蔬菜选用无土栽培的菜，在食材上十分考究。招牌泰国菜装盘精美，此外还有汉堡和意大利面等。

泰式鸡蛋炒面和加拿大龙虾套餐

推荐 泰式炒面与龙虾套餐 550B

上下通透的圆形餐厅

MAP p.10-A3
地区 春蒙海滩 住 63/253 Moo 5，Bophut
电 077-426621、093-5753552
营 7:30~22:30 休 无
C M V 人均消费 1000B~
网 seadanceresort.com

141

Gourmet
五颜六色，十分精致！
用香浓的甜品补充能量

能吃到果粒多多的甜品也是南国的魅力之一。
不止有椰子汁和冰激凌，
我们还将介绍最新式的浓稠甜品！

半熟奶酪蛋糕一共有4种

店主朱恩女士

不添加白糖，仅通过肉桂和椰枣果实本身产生甘甜味的蓝莓松饼 60B A

混合蛋糕 95B。有草莓、蓝莓等5种莓类可选的思慕雪 B

推荐喜欢杧果的人品尝这款百香果杧果橙汁 100B A

带有木莓的微酸的半熟奶酪蛋糕"木莓蛋糕" 120B A

杧果糯米饭 225B。杧果糯米饭与牛奶刨冰套餐 B

甜瓜刨冰 225B。用切半的甜瓜做容器，装入牛奶刨冰 B

A 自然空间与艺术的搭配
艺术咖啡厅
Art Café

一家需要脱鞋进店的咖啡厅，特别推荐有6种之多的松饼和半熟奶酪蛋糕。还销售纯手工格兰诺拉麦片和有机蜂蜜等养生产品。

上／店主原来是设计师，店内摆放着他自己的作品　下／木结构的隐秘小店

到处装饰着艺术作品

MAP p.15-C3
地区 波普海滩　住 119/17 Moo 1, Bophut
电 077-425587、089-7249673
营 9:00~18:00　休 无　C 不可

B 以超大思慕雪著称的秘境咖啡厅
我的咖啡馆和餐厅
My Café & Restaurant

思慕雪是店里的特色，从杯沿向上还有10厘米高，看一眼就足以让人震惊。其他的人气商品还有奶昔 75B~、自制蛋糕 115B~。传统泰国菜和东北伊桑美食的种类也很多。

右／混合蛋糕。大份 185B
左／从渔村步行约10分钟

MAP p.15-C2
地区 波普海滩　住 2/20 Moo 1, Bophut
电 093-4644551、086-3929077　营 11:00~23:00
休 无　C M V　人均消费 100B~

增值信息 苏梅岛的杧果在雨季前的4月左右成熟。有绿杧和黄杧等多个品种。

苏梅岛 用香浓的甜品补充能量

造型可爱的蛋糕也很受欢迎

海绵状特大红蛋糕实为巧克力味，名为"红丝绒"，120B ⓒ

店主图伊女士

杧果奶酪蛋糕139B。点了奶酪蛋糕后，店方会配上新鲜杧果

西瓜汁110B。装在桶中，超大份！ⓒ

任选3种意式冰激凌245B。可以从32种中挑选，如果客人自己带杯，店方也会精心地盛放 Ⓓ

开心果味马卡龙 39B ⓒ

百香果马卡龙 39B ⓒ

苏梅岛天气炎热，所以意式冰激凌格外畅销

杧果、草莓、巧克力的大杯230B。还有小、中杯 Ⓓ

多种莓马卡龙 39B ⓒ

经理里瑟女士

Ⓒ 店面和蛋糕都很精致！
苏梅岛奶油咖啡厅
Cream Café Samui

紧挨着尚泰苏梅岛购物中心的精致小店。蛋糕全手工制作，120B~。还有品种多样的精致泰国美食、意大利面、三明治和薄脆饼等。

右／店内地板为黑白搭配，墙壁由砖建造
左／露天座椅区位于海滩路旁

MAP p.12-D1
地区 查汶海滩　住 45 Moo 2, Bophut
电 098-3782808　营 9:30~23:00　休 无
ⓒ 不可

Ⓓ 正宗的意式冰激凌专卖店
卡萨意大利咖啡
Casa Itlia

情不自禁就将目光投向了整齐排列的意式冰激凌上。手工制作的华夫饼有蛋卷筒和球形两种可选。杯装的价格相同。最畅销的是草莓奶酪蛋糕。该店的烘焙咖啡85B~香气浓郁。

右／咖啡为该店自己烘焙。可现场观看烘焙过程
左／店内既有带桌座椅，也有沙发区

MAP p.15-D3
地区 波普海滩　住 108/11 Moo 1, Bophut
电 091-0263576　营 7:00~22:00
休 无　ⓒ 不可

143

还有更多美食
不止泰国菜！精选各国美食餐厅

在苏梅岛除了可以吃到泰国美食之外，还可以品尝来自意大利、法国、日本、印度和俄罗斯的美食，很多餐厅都由本国的厨师掌勺。我们精选了一些游客常去的老店和新近崛起的餐厅，去探寻那里的人气美味。

维卡萨生活咖啡馆
Vikasa Life Cafe

生食 查汶海滩 **MAP** p.11-D3

设在露天的养生咖啡馆

可一览查汶海滩的咖啡馆。主要为素食主义者提供的蔬菜由2位获得欧洲最佳生食主厨大奖的厨师亲自把关。游客可以品尝到采用当地新鲜食材制作的美味。内设瑜伽养生区，早晚有自助式素餐450B。

- 住 211 Moo 4, Maret
- 电 077-422232
- 营 9:00～22:00
- 休 无
- C M V
- 人均消费 600B~
- 网 www.vikasalifecafe.com

创新魔幻枕果 380B

海南鸡饭餐厅
Khao Man Gai Go Loong

泰国菜 查汶海滩 **MAP** p.11-B1

多汁的海南鸡饭是招牌美食

海南鸡饭50B最畅销，早上还摆在橱窗里的鸡到了中午就只剩下几只了。顾客大半是泰国人，不过同时准备了带图片的英语菜单。有机会品尝下面汤、炖猪脚等泰国当地菜吧。位于环岛的4169号公路旁。

- 住 R.4169 Chaweng Moo 6, Bophut
- 电 062-2048525
- 营 7:00～15:30
- 休 无
- C 不可
- 人均消费 50B~

店前橱窗上挂着的鸡是一大特色

可可塔姆的佩皮纳餐厅
Coco Tam's × Peppina

意大利菜 波普海滩 **MAP** p.15-B2

海滨的精品意大利餐厅

由知名海滩酒吧Coco Tam's与曼谷的热门意大利餐厅Peppina共同经营的餐厅。用竹、藤做的装修及椰树房顶等透露自然气息的热带风格内饰颇有特色。采用意大利进口锅具烘烤的拿波里比萨290B~口感柔嫩。以新鲜水果为原料的菜品最多，饮品的种类也非常丰富。

- 住 62 Moo 1, Bophut
- 电 077-945269
- 营 13:00～次日 1:00
- 休 无
- C M V
- 人均消费 700B~

二层有屋顶休息间和游戏厅

144

满月餐厅
Fullmoon Restaurant

创意菜、烧烤
波普海滩
MAP p.15-B1

在交通便利的餐厅享用肉菜

由经验丰富的澳大利亚主厨打造的澳大利亚、亚洲风味相融合的混合美食和特色烧烤。同时经营由泰国的名牌大学开发的高档牛排"KU牛排"。请在椰树环绕的池边座椅和海景座椅享用吧。红酒的选择也很讲究。

住 99/1 Moo 1, Bophut
电 077-428300
营 12:00~22:30
休 无
C A D J M V
人均消费 1500B~
网 samui.anantara.com/full-moon/

半份澳大利亚烤羊排 1150B

塞比安莱
Sabieng Lae

泰国菜
拉迈海滩
MAP p.10-C3

泰国南部的人气海鲜

可以品尝到苏梅岛和泰国南部风味海鲜的海滨餐厅。泰国人和外国游客都喜欢来这里,从中午时分开始一直客人不断。海鲜的种类和菜品很多。在The Wharf购物中心和查汶海滩有分店。

住 438/82 Moo 1, Tambon Maret
电 077-332651
营 10:00~22:00
休 无
C J M V
人均消费 300B~
网 www.sabienglae.com

椰奶炖章鱼 160B

埃多拉多餐厅
El Dorado

国际菜式
拉迈海滩
MAP p.14-D1

平价瑞典餐厅

从开业至今一直生意火爆的亲民餐厅,可以品尝到平价的国际菜。包括传统的瑞典菜、牛排、比萨和泰国菜等,种类繁多。每周三19:00~的290B的自助餐最受欢迎,周五还有墨西哥自助餐。

住 124/104 Tambon Maret
电 094-4090614
营 15:00~24:00
休 周日
C 不可
人均消费 300B~

220~495B 价位有3种每天不同的菜品

秘密花园餐厅和酒吧
Secret Garden Restaurant & Bar

国际菜式
大佛海滩
MAP p.10-B3

从上午开始营业的海滩餐厅

椰树叶屋顶与蔓藤桌椅营造出自然的气氛,可以一边赏海景一边用餐。白天供应三明治、比萨、意大利面和泰国菜,14:00以后才能吃到荷兰主厨制作的欧美菜。周四晚上的自助式BBQ肋排之夜350B上有众多食客。需要预订。

住 22/1 Moo 4, Ban Bangrak
电 077-447703
营 8:00~23:00
休 无
C M V
人均消费 350B~
网 secretgardensamui.com

皮塔饼、墨西哥薄饼等饼类有4种

苏梅岛 还有更多美食

145

MK 餐厅
MK Restaurant

泰式火锅

查汶海滩

MAP **p.12-D1**

知名泰式火锅连锁

老牌人气餐厅。菜单上有图片，方便点菜。既有单品，还有蔬菜、肉类拼盘，聚餐的人数少也用不着担心。烤鸭185B 是店里很多客人都会点的名菜。午餐时段还供应面条和点心的单品。可以在空调房里享用美食。

住 209, Moo 2, Chaweng Bophut
☎ 077-410441
营 11:00~21:45
休 无 C A J M V
人均消费 300B~

2~3人份的拼盘

爵士比萨 2 号餐厅
Juzz'a Pizza 2 Restaurant

意大利菜

波普海滩

MAP **p.15-C2**

经典老店

是苏梅岛意大利餐厅前几名中的常客。由于海外生活多年的一对泰国夫妇把关的餐食不仅受当地人欢迎，在欧美人中也赢得不少粉丝。意大利面350B~。海滩一侧的座椅数量少，需要提前预订。

住 6/3 Moo 1, Bophut
☎ 077-332512
营 12:00~22:00
休 周一
C M V
人均消费 500B~

菠菜白酱意面

热带土豆酒吧
Tropical Murphy's

爱尔兰酒吧

查汶海滩

MAP **p.13-A3**

生啤受欢迎

提到爱尔兰酒吧，就是这家了。上到经理，下到店员，待客热情。分量足的各种菜及各种温度的生啤深受当地外国侨民的欢迎。啤酒有健力士黑啤 1/2 品脱 150B、福佳白啤酒 140B 等。

住 14/40 Moo 2, Chaweng
☎ 077-413614
营 9:00~次日 1:00
休 无
C M V
人均消费 500B~

只在周日供应的周日烤肉 390B

帕春吉食堂
Pae Chuan Chim

泰国菜

大佛海滩

MAP **p.10-B3**

这个食堂的菜既香又便宜

经典炒罗勒、炒饭、面食等一个菜碟就能装下的菜价格实惠。不仅泰国人，在附近工作的外国人也常来这家口碑极佳的家庭经营餐厅。只是口味只照顾了泰国人，相当辣。店面开阔，整洁。

住 34/60 Moo 4, Bangrak
☎ 085-8142513
营 7:00~15:00
休 周日
C 不可
人均消费 60B~

蒜蓉墨鱼盖饭 60B

苏梅米特餐厅
Mit Samui Restaurant

泰国菜

查汶海滩

MAP **p.12-B2**

有当地特色的泰国菜

比起海滩路，这家提供正宗泰国菜的气氛明快的餐厅价格要便宜得多。海鲜品种多，一般称重计费。原来是只有几张桌子的食堂，人气爆棚后，现在发展成拥有 400 张餐桌的大型餐厅。

住 184/27 Moo 2, Chaweng
☎ 089-7272034
营 11:00~23:00
休 无
C 不可
人均消费 100B~

店前的特征是屋檐下挂着一只大龙虾

小堀餐厅
Kobori

日本料理

湄南海滩

MAP **p.10-A2**

由日本人经营的日料餐厅

穿和服迎客的是出身日本东北部地区的店长，热情好客。这家餐厅同时受到欧洲客人的追捧。经营苏梅岛附近捕捞到的鱼制作的生鱼片 320B~、大碗盖饭、面食和咖喱等，菜单选择余地大。那通镇的港口路有分店。

住 183/4 Moo 1, Maenam
☎ 083-1746530
营 12:00~15:00, 17:00~23:00
休 无
C 不可
人均消费 300B~

笑容可掬、热情爽朗的店长还是一位潜水员

146

旅行的乐趣，
SPA 和购物
消减旅途的疲惫

美容 & 购物
Beauty & Shopping

在"SPA 天堂"泰国，作为度假岛屿的苏梅岛有大量的 SPA 店。
从私密性高的别墅 SPA,
到城区 SPA 和足部按摩，
旅行途中一定要去体验一次。
购物时不要忘记度假小物件！

- 连环境都有治愈效果的高档 SPA 令人心醉！→ p.148
- 位于城中的便捷 SPA 就在这里！→ p.150
- 适合在度假时使用的物品→ p.152
- 还有更多商店→ p.154

Beauty SPA 天堂独有的豪华设备

连环境都有治愈效果的高档 SPA 令人心醉！

酒店内设的 SPA 环境一流，令人心情大好！
在人气豪华 SPA 享受无与伦比的幸福时光。

在自然乐园中疗养

普拉纳 SPA
Prana Spa

通塞湾度假村→ p.162

追求终极治愈效果的 SPA 店都是重视隐私性的小屋。所有房间都是双人间，配备浴缸、蒸汽桑拿等设备。在服务最后如果加个牛奶浴，放松的效果会更好。

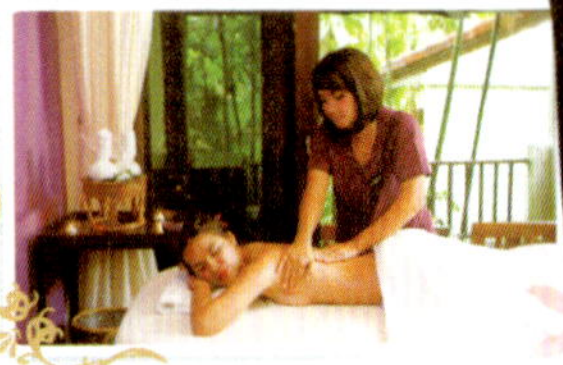

撒满花瓣的浴缸得到客户的好评

泡牛奶浴的感觉就像是公主

在一片绿意中享受按摩

Menu
◆ 芳香按摩 60 分钟 2000B
◆ 草药混合按摩 120 分钟 3500B
◆ 芳香牛奶浴 30 分钟 1600B

所有的理疗室都是私密小屋

使用从纯天然原料中提取出来的精油。店内有售

MAP **p.10-A3**

春蒙海滩　84 Moo 5, Bophut
077-245380　10:00~21:00
休 无　CADJMV　预约 需要
http://www.tongsaibay.co.th

按摩后的饮品每天不重样

洁净无比的高档 SPA

华纳 SPA
Vana Spa

苏梅岛华纳百丽豪华精选酒店度假村
→ p.164

两个房间内提供蒸汽浴和按摩浴缸

这家 SPA 店以椰子叶做屋顶，传递着南国的风情。4 间理疗室既宽大又奢华。服务包括 30 分钟到 5 个半小时的各种类型，种类繁多。

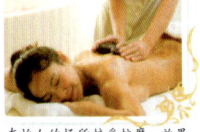

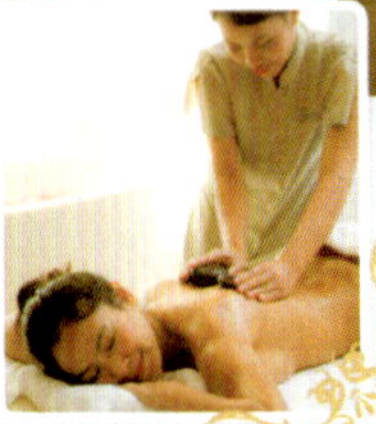

在怡人的场所接受按摩，效果也更好

左起依次是姜黄、椰子、死海之盐、杏和黄瓜磨砂膏

Menu
◆ 热石按摩 90 分钟 6000B
◆ 传统泰式按摩 90 分钟 4000B
◆ 传统泰式按摩 120 分钟 4500B

前台的后面有一座神秘塑像

MAP **p.11-C2**

查汶海滩　9/99 Moo 3, Chaweng Noi Beach　077-915555　9:00~21:00
休 无　CADJMV　预约 需要　www.vanabellekohsamui.com

悬崖之上的美丽景色

希拉蓉 SPA
Silarom Spa

在苏梅岛,能如此近地感受大海的 SPA 并不多,让人仿佛置身于大自然间享受按摩。店主亲自指导,技师的技艺也是有口皆碑,价格也相应较贵。

我们的服务就是这么棒

有茉莉及玫瑰磨砂膏、薰衣草精膏、薄荷精油可选

Menu
◆ 含热草药套装的泰式草药全身按摩 90 分钟 1600B
◆ 完美泰式全身理疗 150 分钟 2700B
◆ 希拉蓉按摩 120 分钟 1500B

双人间共 5 间,另外还有空调房

位于查汶河内西班轩精品度假酒店内

眼前就是广阔大海的豪华享受

MAP p.11-D2
查汶海滩　5/5 Moo 3, Bophut
077-448510、083-6405532
10:00~18:00　休 无　C M V　预约 需要
silaromspa.com

苏梅岛　连环境都有治愈效果的高档 SPA 令人心醉!

从 11 种香氛磨砂膏中选出自己最喜欢的

一处能体验泰式氛围的花园 SPA

纯天然日间 SPA
和平热带 SPA
Peace Tropical Spa

和平度假村内的 SPA,建筑样式是泰国传统建筑。这家店占地面积大,绿树之中有一个水池。SPA 室共 7 间,泰式按摩室 2 间,可通过纯天然理疗和按摩来放松身体。

宽敞的泰式木槌疗法室

Menu
◆ 传统泰式按摩 60 分钟 1300B
◆ 天堂之鸟 120 分钟 2500B (全身按摩、香熏面部按摩各 60 分钟)

波浪式浴盆、蒸汽桑拿等设施齐全

MAP p.15-B1
波普海滩　17 Moo 1, Bophut
077-430199　10:00~20:00　休 无
C J M V　预约 需要　www.peacetropicalspa.com

茉莉香米、椰子奶油、热带水果、玫瑰磨砂膏

149

Beauty 轻松去除旅途的疲惫
位于城中的便捷 SPA 就在这里！

介绍几家从热门海滩查汶、波普海滩步行就能抵达，并且价格实惠的城中 SPA。去那里消除疲劳、重拾活力吧！

位于渔村内

传递东方风韵的豪华氛围

青蓝 SPA Cyan Spa

VIP 房有淋浴间，其中 2 间房还是海景房。推荐体验"Evasion"套餐，包含身体磨砂 40 分钟、波浪浴盆 30 分钟、精油按摩或热石疗法 90 分钟。

Menu
- 传统泰式按摩　60 分钟　350B
- 精油按摩　　　60 分钟　500B
- Evasion 套餐　120 分钟　2500B

MAP p.15-B2

波普海滩　　65/1 Moo 1, Fisherman's Village, Bophut
08-07466954　11:00～23:00　休 无　C M V　预约 不用　 www.cyanspasamui.com

预约时确认是否还有海景房

这家 SPA 店是一栋 3 层的气派大楼，金色的入口尤其炫目

由清一色的资深技师提供服务的 SPA

樱花 SPA Sakwsa Spa

这家 2 层的 SPA 店招牌爬满了绿植，有天然气氛。店内还有绿植和水池。理疗室有 3 间 VIP 房，其中 2 间是海景房，视野极佳。

有樱花系列的磨砂膏和按摩精油。

双人海景理疗室

泰式按摩评价好

位于海滩路，绿植环绕的招牌独具一格

Menu
- 传统泰式按摩　60 分钟　450B
- 身体磨砂　　　60 分钟　1200B
- 香薰按摩　　　60 分钟　800B

MAP p.15-B·C2

波普海滩　　54/1 Moo 1, Fisherman's Village, Bophut
077-952623　11:00～22:00　休 无　C J M V　预约 不用

150　**增值信息**　如果想在这些城中 SPA 的 VIP 房或海景房体验按摩，需要提前预订。直接前往有可能享受不到。

带波浪式浴盆 & 蒸汽桑拿间的客房共2间 
忘记身在城中，漫享轻闲一刻

苏梅岛 位于城中的便捷 SPA 就在这里！

城中 SPA 也能营造酒店 SPA 的氛围

扎瑟 SPA Zense Spa

位于海滩路，交通便利。店内装修给人安静、清凉感。在如此高雅的场所内，理疗师提供的服务也仿佛酒店级别。带波浪式浴盆 & 蒸汽桑拿间的客房共2间，需要预订。

位于查汶海滩的雅致 SPA

使用原创 SPA 用品

轻慢缓解旅行的疲劳

MAP p.13-A3

地区 查汶海滩　住 14/47 Moo 2, Bophut　电 077-938299　营 10:00~24:00
休 无　C M V　预约 不用

Menu
◆传统泰式全身按摩　60 分钟　550B
◆泰式精油按摩　60 分钟　650B
◆泰式草药热包混合按摩　60 分钟　1200B

随时可体验的平价 SPA

麦按摩 Mais Massage

位于主干道，附近集中了很多按摩店。泰式按摩 60 分钟 200B，很便宜。还有桑拿房和 SPA 房。

Menu
◆足部按摩（反射疗法）60 分钟　200B
◆精油按摩　60 分钟　300B
◆芦荟胶按摩 60 分钟　500B

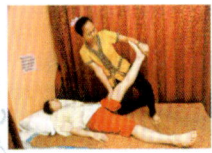

时而抬腿，时而用手拧，以此放松身体

MAP p.14-D1

地区 拉迈海滩　住 128/41 Moo 3
电 093-7725135　营 10:00~24:00
休 无　C 不可
预约 不用

上／一层的精致按摩房
下／耐心地松弛脚底和脚趾

美甲在这里！

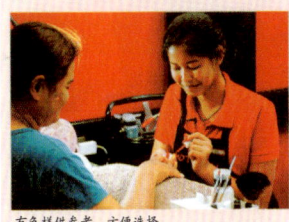

有色样供参考，方便选择

热度美甲 Hot Nails

在苏梅岛开有三家分店的美甲店。修好的美甲脱落等意外情况也能在这里得到处理。看过色样再决定用哪种吧。

Menu
◆指甲艺术　300B
◆3D 美甲　450B
◆亚克力或天然胶　800B

MAP p.13-C2

地区 查汶海滩　住 17/47 Moo 3, Chaweng Beach
电 081-2736524　营 11:00~23:00
休 无　C 不可
预约 最好

店内明净整洁

151

Shopping 挑选适合在常年火热的岛屿使用的物件
适合在度假时使用的物品
在当地购买的泳装、度假时尚用品立即就能用上!
甚至在回国后也能回味一下度假气氛。

卡里诺小姐
Ms.Carino
换成极具南国风情的装扮

脱鞋进入店内,扑面而来一股可爱风! 小小的枝形吊灯与白摩托等装饰的店内精雅俏皮。以适合女性的花纹和柔和色调商品为主。

店内对地板瓷砖、枝形吊灯和内饰均精挑细选

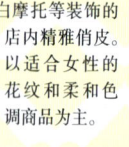

店员考伊女士

有很多时尚的小物件

配有贝壳和流苏的手串。上 450B,下 390B

MAP p.12-C1
查汶海滩
167/17 Moo 2, Chaweng Beach Rd. Bophut
083-1715733 12:00~23:00
无 C A D J M V

胸前有钩边花边。使用丝绸生产的吊带连衣裙 1990B

配有贝壳和串珠的敞口挎包 2590B

热销的大花吊带长裙 1990B

人气镶石拖鞋 1990B

德塞奥
Deseo
进驻泰国的伊维萨岛时尚品牌

店铺主人从西班牙伊维萨岛(Ibiza)获得灵感,自己亲自设计了使用刺绣和亮闪装饰物制作的服饰、大件饰品、刺绣手包等。

位于渔村入口附近

有精致的刺绣与可爱穗头的肩包 3500B

成人女式束腰长上衣 2850B,领口的金色饰品是亮点

层层叠叠的手串 750B

轻色调组合 Good! 2800B

绿松石色的手串 800B 绝对物有所值

MAP p.15-C2
波普海滩
38/2 Moo 1, Bophut Beach
15:00~23:00 休 C 不可

152

自然艺术长廊
Nature Art Gallery
采用珍贵石头制作的首饰

　　店铺紧挨着尚泰苏梅岛购物中心。店内摆满了以贝壳和岩石为原料的首饰。还能见到用陨石做成的戒指、项链等珍贵首饰。

MAP p.12-D1
- 查汶海滩
- 200/0 Moo 2，Chaweng Beach Rd.
- 077-422594
- 10:00~24:00
- 无 C A D J M V
- www.thailand-jewelry.com

约有70种石头

花与心形的珊瑚耳坠售价 500~800B

用苏梅岛常见的材质制作的耳坠 800B

带精细图案的银质胸戒每只 250B

大石给人强烈印象的项链 3200B

还有拉利玛石手镯哦

绿松石色的吊坠大小、形状各异 600B~

皮革编织物及2串手镯 200B~

苏梅岛 适合在度假时使用的物品

手工染织的连衣裙也是大卖商品

渔民短裤店
Fisherman Pants
岛上唯一的泰式短裤专卖店

　　由泰国设计师经营的专卖渔民短裤"泰式短裤"的店铺。条纹、图案、颜色都很多，1200B~。使用丝绸制作的泰国北部传统的 Mudmee 泰式短裤 2800B。

MAP p.14-D1
- 拉迈海滩
- 156/7 Moo 4，Maret
- 089-5865263
- 11:00~19:00（周日10:00~）
- 无 C M V
- www.fishermenpants.com

手工染织的单件针织品

手工制作的大手提包 1200B

店内整齐摆放着泰式短裤

没有尺寸，松紧可调。穿法请参照→p.83

尼泊尔首饰每件 500B

带椰子图案的鲜花造型化妆包 780B

用椰子串珠制作的手串 259B

帽子的款式也很多哟

帽子的种类多样。带边帽 820B

鸡蛋帽
Egg Hats
Get 椰制伴手礼！

　　尚泰苏梅岛购物中心内的一家杂货铺。有采用苏梅岛产椰果制作的饰品和化妆包等。还有泰国南部的传统竹编袋。

帽子和小物件集中的店铺

MAP p.12-C1
- 查汶海滩
- 209/1-209-2 Moo 2，Bophut
- 11:00~23:00 无 C 不可

图案可爱的椰子钱包 259B

153

还有更多商店
去能找到伴手礼的商店逛逛

悠闲度假的同时，还有一件事让我们操心——选伴手礼。我们精选了一些店铺，解决你"买什么"的问题。这些商店的商品在日常生活中也很实用。接下来就去探寻带 SAMUI 标识的物件和传统手工艺品吧。

埃高
Ego

丝绸制品
查汶海滩　MAP p.12-B2

充满亚洲风情的设计

经营手工极佳的丝绸及棉制品。从单色女式披肩和抱枕套，到泰国北部的传统五彩精致物品，小物件的种类确实很多。大多价格便宜，手工制品最受欢迎。买来送给身边重要的人吧。

住 167/29 Moo 2，Chaweng Beach Rd.
电 077-300599
营 10:30~23:30
休 无
C A J M V

琳琅满目的商品中总有一款你会喜欢

节俭超市
Saver Mart

杂货、化妆品
查汶海滩　MAP p.13-A3

适合在这里寻找小礼品

除生鲜食品外，还有各种货品的老字号超市。很多日用商品适合长期居住者。香熏、香皂、化妆包和泰国烹饪食材等，价格实惠，是一个选择小礼品的好地方。所有商品都明码标价，可以安心选购。位于解班苏梅度假酒店的对面。

住 14/9 Moo 2，Chaweng Beach Bophut
电 077-230861
营 10:00~23:00
休 无
C 不可

海滩路上的地方超市

蓝色香草
Blue Vanilla

杂货
大佛海滩　MAP p.10-A3

款式众多的精品杂货

岛内共开有4家分店。经营内容包括原创木质日用品、木质品、箱包及自制果酱、小袋水果干、当地甜品、咖喱酱、香草茶等食品，带 SAMUI 的标识，适合用作礼品。内设海景咖啡吧，面积不大。

住 Wat Phra yai Moo 4，Bangrak Bophut
电 089-4744671
营 8:00~19:00
休 无
C M V

店员用心打造了一片舒适的空间

地区指南
Area Guide

在海滩上嬉戏，
感受热带
小镇风光

在海滩的遮阳伞下休闲，
或参加各种海上运动。
同时建议去充满原始气息的岛内
各景点及可体验当地人生活的
那通镇参观游览。

- 查汶海滩→p.156
- 拉迈海滩→p.157
- 波普海滩→p.158
- 那通镇→p.159
- 湄南 & 班泰海滩→p.159
- 岛内其他景点→p.160

苏梅岛的主海滩

MAP 附册 p.11

① 查汶海滩
Chaweng Beach

位于苏梅岛的东海岸,全长7公里,是苏梅岛最大的海滩。海水浅,景色美,还能体验海上运动。

- ⑥ 班泰海滩
- ⑤ 湄南海滩
- ③ 波普海滩
- ④ 那通镇
- 苏梅岛
- ① 查汶海滩
- ② 拉迈海滩

出售饮品和食物的摊贩

海滩上的椰林告诉人们这里是南国

查汶海滩海水浅,海浪小

还销售沙滩上用得着的泳衣和连衣裙

抵达苏梅岛后最先想去的海滩
深受游客欢迎

苏梅岛最热闹的主海滩,海滩上白沙绵延,有近7公里长。由于海水浅,总是挤满前来享受海水浴的游客。与别的海滩相比,这里的海上运动种类丰富,有漂浮在海面的水上乐园和香蕉船、水上摩托、水上滑板等。玩累了还可以在海滩上享受按摩,中午有卖泰国美食和烤鸡的小吃摊,就这样在海滩上玩一天也没有问题。

查汶海滩 DATA

(雷达图:海滩长度、逛街、休闲、娱乐活动、美食)

🚌 **交通**
从机场乘车约15分钟

🎢 **娱乐活动**
水上摩托 20分钟 1400B
香蕉船 15分钟 2000B
帆伞 15分钟 2000B
水上滑板 15分钟 1500B

还有一个当地人喜欢去的银色海滩

查汶海滩与拉迈海滩中间有一片海水清澈、岩石与椰林都很美的通塔基安海滩。当地人也把这里叫作银色海滩或塔利斯塔海滩,即海滩正前方的一层小屋的名称。这里没有沙滩床,因此在太阳下休息或海水浴时,需要铺上沙滩垫。适合不喜欢人多的游客。

MAP p.14-C3

上/天气晴好时景色更好
右/海水透明度极高

增值信息 水下呼吸器又有了新作!可用鼻子呼吸的新型面部呼吸器,优点是无须加装咬嘴。

Beach

MAP 附册 p.14 下

安静的第二大海滩

❷ 拉迈海滩
Lamai Beach

位于查汶海滩与楠角之间偏南侧的拉迈海滩也是一个热门海滩。有北、南两片，中间是酒店和购物街。

苏梅岛 ▶ 查汶海滩／拉迈海滩

确认海上运动价目表

拉迈海滩的中央十分安静

附近有很多平价住宿地，适合长期旅行者

仅次于查汶海滩的人气海滩。白天相对较安静，一到晚上，从拉迈海滩路一直延伸到海滩，成片的餐厅、酒吧相继开始营业，游客也多了起来。北部和南部有高档度假村，中部大多是一些便宜的平房，很多欧美的长期游客居住在这里。海上运动选项多，与查汶海滩相比价格稍高。

拉迈海滩 DATA

海滩长度／逛街／休闲／娱乐活动／美食

🌴 **交通**
从机场乘车约15分钟，从查汶海滩乘车约20分钟。

🌴 **娱乐活动**
水上摩托 15 分钟 1000B
香蕉船 10 分钟 500B
帆伞 10 分钟 2000B
水上滑板 10 分钟 1000B

白沙与碧海实在太美啦

热门项目"飞行滑板" 30 分钟 3000B

单人的沙发式气垫船 10 分钟 500B

157

MAP 附册 p.15

汇集欧亚风格，洋溢异国情调

❸ 波普海滩
Bophut Beach

横贯在苏梅岛北海岸的海滩，近年来人气飙升。其东部是建有金色大佛的大佛海滩。

比起海上运动，日光浴在这里更受欢迎

餐厅和商店多，眺望海景也能过一天

波普海滩所在地是一个海湾，停泊的船只多，不适合海上运动，不过在海滩路狭小的范围之内，却集中了不少商店和酒店。还有渔村这类购物、美食聚集区，游客可以在海景中享受旅行的各种乐趣。另外，周五晚上开放步行街，有露天小摊。

渔村旁的海滩

海滩边的船上小吃摊

在波普海滩可以看到船上小吃摊。在船上搭起炉灶，销售烤鸡 50B 和烤玉米 50B。还能品尝到辛辣青木瓜沙拉 100B 等其他多种美食。

有烤玉米哦

只卖给游客，所以价格略高，但是依然人气不减

在沙滩上玩过之后就想吃东西

波普海滩 DATA

（雷达图：海滩长度、逛街、休闲、娱乐活动、美食）

交通
从机场乘车约 15 分钟，从查汶海滩乘车约 20 分钟。

158 **增值信息** 波普海滩之前是个平静的渔村，欧美人喜欢这片区域，这里也因此快速发展起来。

④ 那通镇 Nathon Town

连接周边各岛的轮渡都停靠在那通镇，这里是苏梅岛的门户。没什么景点，但是可以欣赏安静港口的独特魅力。

背着一大堆行李的背包客也会来

刚炸出来的，很好吃呀

干炸 25B 是当地的特产

🚌 交通
从机场乘车约 45 分钟，从查汶海滩乘车约 50 分钟，从波普海滩乘车约 20 分钟。

了解苏梅岛居民日常生活的小城

小城以轮渡港口为中心。与度假区不同的是，这里是苏梅岛居民日常生活的地方。有不少餐馆、蔬菜店和日用品店等，颇有几分怀旧的气氛。海边停有渔船，有些商店销售刚捕捞出海的鲜鱼。来观光的话，到这里的路途有些远，但是能感受当地人的生活，还能去沿海餐厅吃一顿，也是值得的。

平民厨房 迷你小吃街

港口附近的小吃街有十足的地方特色。虽然规模小，但从饭菜摊到面摊等，当地的家常饮食在这里都能找到，价格也很公道。

可以坐在中间的餐桌上吃

还想去湄南 & 班泰海滩

点缀在波普海滩与那通镇中间的这两个海滩鲜为人知，是一个隐秘的好去处。适合那些寻求安静的人。

⑤ 湄南海滩 Maenam Beach   MAP p.10-A2

游人少，私密性高的海滩。海滩沿着海湾，长约 4 公里。每周四开放步行街，有一些小吃摊和露天货摊。从机场乘车约 20 分钟。

如同二人世界般的海滩

⑥ 班泰海滩 Bantai Beach   MAP p.10-A1

当地人推荐的隐秘海滩，位于湄南海滩的西侧。挂在椰树上的木牌上写着 Here is Koh Samui，那里是拍纪念照的好地方。从机场乘车约 30 分钟。

最适合安静度假的地方

著名风景名胜一览！**岛内其他景点**

苏梅岛的地标建筑是必看景点

山顶大佛
Big Buddha
大佛海滩
MAP p.10-A3

高达12米的大佛位于机场附近的芬岛上，靠近海滩。大佛全身金黄，背海而建。沿台阶拾级而上，可以看到一条围绕大佛一圈的佛钟回廊。据说钟声响起时，绕大佛一周愿望将得以实现。
拜佛时注意服装，需要赤脚祭拜
交 从查汶海滩乘车约20分钟

建在湖上的华美寺庙

千手观音庙
Wat Plailaem
大佛海滩
MAP p.10-A3

位于山顶大佛旁边的一间寺庙，建在湖面上。寺庙的标志是千手观音像。在桥的另一头还有座巨型黑色弥勒佛像，佛像造型独特。
18只手所持之物皆不同
交 从查汶海滩乘车约20分钟

远眺大海的上佳地点

拉克观景台
Lad Koh
查汶海滩
MAP p.11-D2

查汶海滩与拉迈海滩之间的观景点。周边是滨海公园，沿着散步小道可以一直走到海岸处的岩石旁。

可以看到优美的海岸线
交 从查汶海滩乘车约15分钟

惊异于大自然的鬼斧神工

祖父祖母石
Hin Ta & Hin Yai
拉迈海滩
MAP p.10-C3

坐落在拉迈海滩北侧的稀有景点，分别有祖父石、祖母石。石块面积大，矗立在海岸上更加显眼的是祖父石。它旁边的一些较零碎的石块群是祖母石。

从祖母石看到的祖父石景观
交 从查汶海滩乘车约15分钟

酒店内设的私营设施

苏梅水族馆 & 老虎园
Samui Aquarium & Tiger Zoo
华路
MAP p.10-C2

水族馆里向游客展示了潜水才能看到的五彩海鱼，以及鲨鱼、鲇鱼等。老虎园中有老虎、豹、狮子这些猛兽。还有鸟、老虎和海狮表演。

穿过火圈的大老虎
住 33/2 Moo 2, Maret　电 077-424317　时 11:00~16:00
休 无　费 水族馆 成人 750B、儿童 450B（含动物表演）
网 www.samuiaquariumandtigerzoo.com
交 从查汶海滩乘车约30分钟

有大型水上滑梯

苏梅岛粉象水上乐园
Samui Water Park Pink Elephant
湄南海滩
MAP p.10-B2

水上乐园藏身于湄南海滩附近的一片丛林中。有环形泳池、大型泳池、儿童泳池等，适合家庭游玩。

有多座水上滑梯
住 28/41 Maenam soi 1　电 077-423548　时 10:00~18:00
休 无　费 成人 1200B、儿童 690B
网 samuiwaterpark.asia
交 从查汶海滩乘车约30分钟

增值信息　通往祖父祖母石的道路两侧有现做现卖椰子糖的小摊。刚做好的糖温润可口。

精选 海滩沿线的 泳池别墅！

酒店
Hotel

岛上有很多特色度假酒店，
或视野开阔，或本身就建在海滩上。
如果你想度过一个特别的假日，
那么推荐入住带有私人泳池的热门别墅。
这些超乎想象的别墅能让你轻松自在。

- 让旅行更加有趣的度假村→p.162
- 还有更多酒店→p.165

※ 受旅行季节、预约时间和之后价格变动等因素影响，本书所标示的价格有可能发生改变。此外，请注意有些场合的价格中含 7% 的税款和 10% 的服务费，有些不含

Special Hotels

我想住在这样的酒店里！
让旅行更加有趣的度假村

独占海滩的绝佳位置，从客房欣赏到的美丽风光，还有奢华的 SPA、美味的餐厅……住在这样的度假村，本身就是一种享受。

位于海滨地区泳池别墅内的客房

这才是重点！
独享宽大的空间
从客房就能看到优美的风景

苏梅岛度假村的标杆
通塞湾度假村
The Tongsai Bay

据说第一代店主在到了这里之后，立即就被眼前的海滩美景所吸引，并在1987年兴建了这座度假酒店。酒店占地面积很大，依地形而建。客房的周边绿意葱茏，度假村内无任何塑料制品，这点继承了创建人注重环保的初衷。从建在山坡斜面上的别墅可以欣赏到令人惊讶的美景。尤其是通塞泳池别墅，露台、泳池的面积均足够大，前面就是一派独好的风景。

理念是"尊重自然"

接待处的工作人员

上／从私人泳池看到的胜景
中间／敞亮的酒店大堂
左下／客房充分利用了木质的温馨

MAP p.10-A3
春蒙海滩
84 Moo 5, Bophut
077-913750
077-425462
www.tongsaibay.co.th
83
海滩景观套房 11000B~，通塞大别墅 22000B~，海景泳池别墅 28000B~ ※税款、服务费另计，含早
C A D J M V

酒店内的主要设施
泳池2个，餐厅&酒吧3座
其他还有 SPA、网球场、健身房和水上体育设施等

162 | 增值信息 | 通塞湾度假村内销售的咖啡酱和果酱适合用作小礼品送人。

苏梅岛 让旅行更加有趣的度假村

俯瞰拉迈海滩的 Saffron 餐厅

这才是重点！

苏梅岛顶尖的SPA度假村
可以赏海景的别墅标配泳池

坐拥整个半岛绝景的隐秘之所
苏梅岛悦榕庄酒店
Banyan Tree Samui

连接查汶海滩和拉迈海滩的小山附近，有多座大柱子支撑的别墅。在丛林茂密的山坡上，有一条只有手推车才能通过的小道，推开木门进入别墅，仿佛走到一个隐秘的世界。客房有9个类型，标配泳池。眼前是一片翠绿的丛林和茫茫的大海。在SPA室内有水疗设施和The Rainforest设施。在酒店专用海滩上还可以体验海上运动。

左/海滩旁的"太阳"餐厅
上/在海滩与SPA区之间的水之景观

左/客房有独立的卧室和客厅，空间大
上/推荐体验悦榕庄SPA。The Rainforest 1小时 1500B

MAP p.10-C3
地区 拉迈海滩
住 99/9 Moo 4, Maret, Lamai Beach
电 077-915333　FAX 077-915388
网 www.banyantree.com
房间数 88
费用 豪华泳池别墅 30020B~，海景泳池别墅 39160B~，海景泳池别墅 28000B~
※ 含税款、服务费，含早
C A D J M V

酒店内的主要设施
泳池客房自带及公共泳池2个，餐厅＆酒吧3座
其他还有SPA、旅游咨询台、海滩娱乐项目等

163

特点鲜明的人气SPA

所有别墅房型配备私人泳池

左／从私人泳池眺望远景
上／带泳池的热带泳池别墅

MAP p.11-C2
地区 查汶海滩
住 9/99 Moo 3, Chaweng Noi Beach
电 077-915555
FAX 077-915556
网 www.vanabellekohsamui.com 房间数 80
费用 经典泳池套房 18200B～、大泳池套房 24200B～、海景泳池套房 30200B～ ※税款、服务费另计，含早餐
C A D J M V

用神秘的演出招待游客
苏梅岛华纳百丽豪华精选酒店度假村
Vana Belle, A Luxury Collection Resort, Koh Samui

位于幽静的小查汶海滩。"华纳"在泰国神话中意为天地之间人眼无法目测到的神秘森林。从酒店大堂那里能一眼望到波光粼粼的大海，走进大堂就像进入了一个别有洞天的世界。海景泳池套房和热带泳池别墅都有管家服务。

服务生引领至酒店门口

酒店内的主要设施
泳池 1 个，餐厅 & 酒吧 4 座
其他还有 SPA、健身房、图书馆等

拥有清丽花园的豪华五星级酒店
苏梅岛安纳塔拉波普度假村
Anantara Bophut Koh Samui Resort & Spa

由著名热带花园设计师 Bill Bensley 设计，去往客房需要穿过一个热带花园。室内装饰有泰国古典饰品，营造出豪华的氛围。酒店还有 30 米长无边际泳池和 SPA 房，它们与正前方的波普海滩连为一体。

用毛巾做的小猴子迎接四方游客

前台头顶处是挑高设计

MAP p.15-B1
地区 波普海滩
住 99/9 Moo 1, Bophut Beach
电 077-428300 FAX 077-428310
网 samui.anantara.com 房间数 106
费用 高档花园景观房 8500B～、豪华花园景观房 9000B～ ※税款、服务费另计，含早餐
C A D J M V

上／酒店的特色花园
右／温馨舒适的高档花园景观房

露天餐厅
采用阿育吠陀的正宗 SPA

酒店内的主要设施
泳池 1 个，餐厅 & 酒吧 4 座
其他还有 SPA 及皮划艇、潜水等娱乐项目

增值信息 预订高档度假村时，如果告诉对方你是来度蜜月的，度假村会提前在床上撒上一些鲜花。

还有更多酒店
从奢华到个性，更多度假村任你选择

岛上有极具泰国特色的独门独户式别墅度假村，还有充满异国风情的设计型酒店等，酒店类型繁多。我们主要精选了查汶海滩的舒适型度假村，从那里既能赏海景，又方便去城区；同时兼顾位于清静地带、可欣赏南边岛屿风景的度假村。

苏梅岛　让旅行更加有趣的度假村／还有更多酒店

图书馆度假酒店
The Library

查汶海滩上的白色绿洲

这座酒店堪称苏梅岛现代化酒店的奠基者，整个酒店显得时尚而富有个性。配备了iMac、蓝光播放器、音响等最新设备的时尚客房受到年轻人和情侣的好评。

度假村　查汶海滩　MAP p.13-A3

住 14/1 Moo 2, Chaweng Beach
电 077-422767~8
FAX 077-422344
网 www.thelibrarysamui.com
房间数 41
费用 公寓式套房12463B~、套房14244B~
※含税款、服务费，含早餐
C A D J M

套房的露天客厅

苏梅岛纱丽拉雅别墅套房酒店
Sareeraya Villas & Suites

在闹市区步行范围内的豪华度假村

所有客房都是套房，面积都在70平方米以上。室内雅致、整洁，通过使用紫色布料，营造出东方风韵，深受女性住客喜爱。从闹市区步行5分钟即达，位置上佳。

度假村　查汶海滩　MAP p.11-A3

住 100/1 Moo 2, Chaweng Beach Rd.
电 077-914333
FAX 077-914349
网 www.sareeraya.com
房间数 49
费用 纱丽拉雅海景套房11200B~、纱丽拉雅泳池别墅15400B~
※含税款、服务费，含早餐
C A J M V

套房面积宽大，受住客好评

香蕉扇海滨度假酒店
Banana Fan Sea Resort

回头客数量惊人

坐落在海滩旁，所有房间都是小屋式房型，充满热带气息。离白沙滩和城区都很近，交通便利。房间小，但是热情的工作人员提供的服务给人深刻印象。

度假村　查汶海滩　MAP p.13-C2

住 201 Moo 2, Chaweng Beach
电 077-413483~6
FAX 077-413487
网 www.bananafansea.com
房间数 73
费用 高级客房5500B~、海景景观别墅1万B~
※含税款、服务费，含早餐
C A J M V

必要的设施一应俱全的舒适客房

165

苏梅岛布里拉沙度假村
Burirasa Village Koh Samui

度假村 查汶海滩　MAP p.13-B2

泰国南部传统建筑与现代的融合

从海滩路进入酒店木质大门后，仿佛误入了一个木构造的古村落。由混凝土与木材混合搭建的泰国南部传统建筑共有2层，各层的房型不同。

- 住 11/2 Moo 2, Chaweng Beach
- TEL 077-956055
- FAX 077-956058
- URL www.burirasa.com
- 房间数 32
- 费用 豪华客房7800B~、豪华家庭套房16320B~
- ※ 含税款、服务费，含早餐
- C A D M V

更适于休息的矮床深受游客欢迎

苏梅岛塞利斯海滨度假酒店
Celes Beachfront Resort Koh Samui

度假村 波普海滩　MAP p.15-B1

现代化的新型海滨度假酒店

2017年夏天开业的私人泳池别墅式度假村。所有房型配备蓝光DVD播放器、Bose无线音响等，可以享受自在的生活。还提供瑜伽和泰国烹饪培训班等服务项目。

- 住 175/3 Moo 1, Thaveerat-Pakdee Road, Bophut
- TEL 077-900999
- FAX 077-900555
- URL www.celesresorts.com
- 房间数 68
- 费用 豪华客房6000B~、海滩景观泳池别墅20500B~
- ※ 含税款、服务费，含早餐
- C A D M V

实用、舒适的房间

森特酒店
The Scent Hotel

度假村 大佛海滩　MAP p.10-B3

让人联想到古印度支那的私密酒店

度假村所在地环境清幽，透露着古典、雅致的气息。整个度假村的空气中都飘浮着怡人的气息。客房为复古风格与现代设计融合的造型。

- 住 58/1 Moo 4, Bangrak Beach
- TEL 077-962198
- FAX 077-962199
- URL www.thescenthotel.com
- 房间数 15
- 费用 海风套房8500B~、海滩景观套房12500B~
- ※ 含税款、服务费，含早餐
- C A J M V

每间客房的设计主题都不同

苏梅岛森斯马尔度假村及SPA
Sensimar Koh Samui Resort and Spa

度假村 湄南海滩　MAP p.10-A2

仅供成人居住的度假村

仅面向16周岁以上的成人。有别墅和公寓房型，可在眼前的湄南海滩度过清静的假日。客房内日常设施齐全，注重保护隐私。酒店提供往返城区的穿梭巴士。

- 住 44/134 Moo 1, Maenam Beach
- TEL 077-953035
- FAX 077-953036
- URL www.sensimarsamui.com
- 房间数 125
- 费用 豪华客房4760B~、海滩泳池别墅12460B~
- ※ 含税款、服务费，含早餐
- C M V

公共泳池长达40米

166

对旅行有用的海量信息

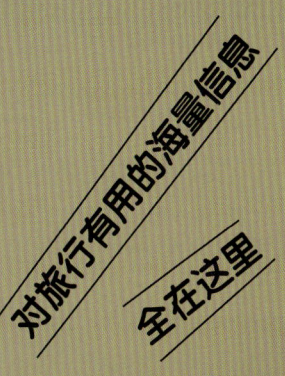

全在这里

便捷旅行
的基本信息

出发前要先了解目的地的概况。
让一段旅行不至于失败的秘诀是
制定一个囊括从出发到回国的基本信息的旅行规划。
这样才能在有限的时间里玩得更开心，
遇到意外时也不至于过于惊慌，享受惬意的旅程。

- 旅行的准备 → p.168
- 出境与入境 → p.170
- 普吉岛 & 苏梅岛的交通设施 → p.176
- 旅行资讯 → p.178
- 旅行的安全与纠纷应对 → p.182

旅行的准备 -Preparation-
申办护照

> 关于护照的信息
> 外交部护照 / 旅行证简介
> http://cs.mfa.gov.cn/zggmcg/hz/hzjj_660445/

普通电子护照的封皮为枣红色

> **护照**

护照是公民在国际间通行所使用的身份证和国籍证明，也是一国政府为其提供外交保护的重要依据。为此，我国居民出国旅游，需要申请办理护照。

> **申请材料**

（一）近期免冠照片一张以及填写完整的《中国公民因私出国（境）申请表》；

（二）居民身份证和户口簿及复印件；在居民身份证领取、换领、补领期间，可以提交临时居民身份证和户口簿及复印件；

（三）未满16周岁的公民，应当由其监护人陪同，并提交其监护人出具的同意出境的意见、监护人的居民身份证或者户口簿、护照及复印件；

（四）国家工作人员应当按照有关规定，提交本人所属工作单位或者上级主管单位按照人事管理权限审批后出具的同意出境的证明；

（五）省级地方人民政府公安机关出入境管理机构报经公安部出入境管理机构批准，要求提交的其他材料。

> **申请程序**

公民申请普通护照，应当由本人向其户籍所在地县级以上地方人民政府公安机关出入境管理机构提出，并提交以上真实有效的材料。

现役军人按照管理权限履行报批手续后，由本人向所属部队驻地县级以上地方人民政府公安机关出入境管理机构提出。

> **收费标准**

首次申请、换发、补发（不含丢失补发）护照200元/本，丢失补发护照400元/本，加注20元/枚。

> **办理期限**

收到申请材料之日起15日内签发，偏远地区或交通不便的地区或因特殊情况不能按期签发护照的，经省级地方人民政府公安机关出入境管理机构负责人批准，签发时间可延长至30日。

> **办理单位**

本人户籍所在地、现役军人本人所属部队驻地县级以上地方人民政府公安机关出入境管理机构。

> **入境泰国的注意事项**

需要提交有效期6个月以上的护照。目前，泰国对中国公民并不免签，但实行落地签政策，意味着中国公民前往泰国多了一种获得签证的方式。申请者可通过办理落地签和贴纸签证两种方式入境泰国，但由于落地签出签时间不稳定，为了避免耽误行程建议提前办理。另外，入境需带一定的现金（单人1万泰铢，全家2万泰铢），以备抽查。

168

航班信息

国内有直飞普吉岛的航班,也有在曼谷或中国香港、新加坡中转的航班。从北京飞往普吉岛的直飞航班所需时间约为 6 小时 25 分钟。前往苏梅岛无直飞航班,需要在曼谷或中国香港、新加坡等地转机,所需时间约为 9 小时 50 分钟~。

北京→普吉岛→北京的航班时刻表(所有起飞/降落时间均为当地时间)

航空公司	首都国际机场起飞	抵达普吉岛	普吉岛出发	抵达首都国际机场	中转
中国国航	19:40(T3)	00:40	01:40	07:55	无
海南航空	17:25(T2)	21:55	23:50	06:45	无
曼谷航空	05:55(T3)	10:30	21:55	04:30	无
泰国国际航空	05:55(T3)	10:30	21:55	04:30	无
国泰航空	08:00(T3)	17:25	12:15	21:30	中国香港

北京→苏梅岛→北京的航班时刻表(所有起飞\降落时间均为当地时间)

航空公司	首都国际机场起飞	抵达苏梅岛	苏梅岛出发	抵达首都国际机场	中转
中国国航	19:35(T3)	07:05	19:25	06:20	曼谷
东方航空	19:50(T2)	07:05	21:50	06:55	曼谷
曼谷航空	05:55(T3)	20:05	17:30	04:30	普吉岛
泰国国际航空	06:45(T3)	14:45	07:15	15:50	曼谷
国泰航空	03:30(T3)	11:25	07:15	20:25	中国香港/曼谷

※ 随着时间推移可能会发生改变,出发前请查询

境外旅行保险

境外旅行保险是针对国民境外旅游、探亲访友、公干在境外面临的意外、医疗等风险联合推出的 24 小时全天候、综合性的紧急救援服务及意外、医疗、救援服务费用保险保障。

目前的境外旅游保险涵盖范围不仅包括单纯的意外伤害,还包括了医药补偿、旅行者随身财产、个人钱财、旅程延误、旅游证件遗失、行李延误等。

热衷于境外旅游的人士在出游前一定要考虑一份包括意外和紧急救援医疗双重保障的境外旅行险。由于旅游者对选择的出游地点大多不是很熟悉,意外和紧急救援医疗双重保障就显得尤为重要,有了双重保障将更有利于境外旅游者应对在国外的突发风险,保障出游的质量。

各航空公司的联系方式和 IATA 二字代码
CA= 国航
(国内)0086-95583
0086-10-95583
www.airchina.com.cn
HU =海航
010-59157595
www.hnair.com
MU =东航
010-84415004
www.ceair.com
PG= 曼谷航空
www.bangkokair.com
TG = 泰国国际航空
www.thaiairways.com

机场 IATA 代码
首都国际机场= PEK
普吉国际机场= HKT
苏梅国际机场 =USM
素万那普国际机场 =BKK
廊曼国际机场= DMK

在廊曼国际机场转机的注意事项
如果需要在曼谷的廊曼国际机场转机,降落后去国内线候机厅,接受入境审查后前往国内线登机口。如果是普吉岛,会抵达国内线航站楼。如果购买了非联程中转机票,行李非直达,在换乘地需重新办理托运(不同航程行李额可能有差异),请留出足够的换乘时间。

169

出境与入境 Departure & Arrival-

中国出境

民用航空旅客托运行李最大重量、尺寸及件数限制

中国国航规定，每件托运行李重量须大于等于 2 千克（4 磅），且小于等于 32 千克（70 磅）。超过 32 千克（70 磅）的托运行李，须分成两件托运。每件普通托运行李的长、宽、高三边之和，须大于等于 60 厘米（24 英寸），小于或等于 203 厘米（80 英寸，包括滑轮和把手）。各航空公司对托运行李的规定不一，请详细查询。

民用航空关于托运物品的规定

每位头等舱、公务舱旅客可携带两件随身物品，每位经济舱旅客可携带一件随身物品。此外，根据《2016 飞机携带物品规定》还有以下要求：

★**关于禁止随身携带及禁止托运的物品的有关规定**

中国民用航空局规定，在中国境内乘坐民航班机禁止随身携带或托运以下物品：
1. 枪支、军用或警用械具（含主要零部件）及其仿制品；
2. 爆炸物品，如弹药、烟火制品、爆破器材等及其仿制品；
3. 管制刀具；
4. 易燃、易爆物品，如火柴、打火机（气）、酒精、油漆、汽油、煤油、苯、松香油、烟饼等；
5. 腐蚀性物品，如盐酸、硫酸、硝酸、有毒蓄电池等；
6. 毒害品，如氰化物、剧毒农药等；
7. 放射性物品，如放射性同位素等；
8. 其他危害飞行安全的物品，如有强烈刺激气味的物品、可能干扰机上仪表正常工作的强磁化物等。

★**关于禁止随身携带但可托运的物品的有关规定**

中国民用航空局规定，在中国境内乘坐民航班机禁止随身携带以下物品，但可放在托运行李中托运。禁止乘机旅客随身携带但可作为行李托运的物品包括：
1. 菜刀、水果刀、大剪刀、剃刀等生活用刀；
2. 手术刀、屠宰刀、雕刻刀等专业刀具；
3. 文艺单位表演用的刀、矛、剑；
4. 带有加重或有尖钉的手杖、铁头登山杖、棒球棍等体育用品；
5. 斧、凿、锤、锥、扳手等工具和其他可以用于危害航空器或他人人身安全的锐器、钝器。

★**关于液态物品携带的有关规定**

（一）乘坐国际及地区航班
中国民用航空局规定：
1. 乘坐从中国境内机场始发的国际、

登机手续（国际直达航班的国际出港旅客流程）

乘坐国际航班尽量在起飞前 2 小时到达机场，在航空公司的柜台办理登机相关手续。国航的全体登机手续为：T3C 四层国际乘机登机区办理乘机登机手续→国内、国际旅客分流处分流旅客→T3C 二层 APM 站台乘坐 APM→T3E 二层 APM 站台下车→国际联检区办理手续（检疫、边防、安检、海关）→国际候机区候机（远机位旅客在一层远机位候机厅候机）→登机口登机（远机位旅客自一层远机位登机口乘坐摆渡车登机）。

❶打印登机牌

在窗口出示电子客票副本（或购票信息）和护照，领取登机牌 Boarding Pass。登机牌 Boarding Pass 上通常标有登机口 Boarding Gate、座位 Seat 的号码 Number 等信息，在抵达目的地前不要遗失。

❷托运行李

在柜台办理随身携带行李之外的行李托运业务。被托运行李需要接受 X 射线检查。一旦发现危险物品，工作人员会要求旅客打开行李检查。

出境中国的手续

❶随身携带行李检查及全身检查

为了预防飞机劫持事件，需要对所有旅客的随身携带行李进行检查。将行李通过 X 射线安检通道，旅客本人接受金属探测仪检查。如果此时听到"哔"的声音，工作人员就会实施全身检查。禁带物品和限制携带物品如边栏里所述。箱子里面若有小包也需要取出放在托盘上。

❷海关申报

按照我国海关规定，居民旅客携带复进境的单价超过人民币 5000 元的照相机、摄像机、手提电脑等旅行自用物品，需要在海关申报。在机场向工作人员索取申报表，填写完整后，走红色通道出关，将表交给海关工作人员，就完成出关申报手续了。

❸出境检查

向海关人员出示护照和登机牌。摘下帽子、太阳镜等。

❹免税店与登机口

结束这些流程后就可以准备登机了。途中可能还有免税店，要购买的人不妨去看看。只是如果需要中转时，切勿携带 100 毫升以上的液体。

❺登机

为确保顺利登机，值机柜台截止办理手续的时间为航班起飞前 30~60 分钟不等，各航空公司具体规定不同，敬请留意机票说明。头等舱、商务舱和残障人士优先登机，带婴幼儿的乘客也可以提前登机。有时会出现临时改变登机口的情况。此时请勿慌张，提前找到并到达登机口，并尽量在附近候机。

登机前，部分航班还会再次检查旅客随身携带的行李。国际航班一般提前30分钟停止值机。

入境泰国

入境泰国的流程

从国内前往普吉岛、苏梅岛，既有直飞航班，也有中转航班。如果需要在泰国中转，一般在素万那普国际机场。在机场接受入境检查后，转向国内线登机口。中转时行李非直达，需在中转机场重新办理托运。从素万那普国际机场转机前往苏梅岛的流程如下：

❶ 转国内线前接受入境检查

降落后，接受转国内线的入境检查 Transfer Counter。素万那普国际机场是全球排名靠前的大型机场之一，在各个航站楼间需要走上1公里左右。一般情况下按照"Transfer to Chiangmai, Chiangrai, Phuket, Krabi, Samui, HaYai"的指示牌前进。入境检查前，有些境外航空公司柜台会确认在国内线转机的入境卡，确认过后，贴上"International Baggage Claim"的标签，意思是"国际线转机乘客，在目的地取行李"。

国内线转机时贴在行李上的贴条，注意不要让它掉下来

在素万那普国际机场转机时沿着这个指示牌走

❷ 入境检查

到达国内线入境检查柜台后，向检查人员提交提前在飞机上填好的出入境卡 Arrival/Departure Card（A/D卡。参照→ p.172）和护照，接受入境检查。检查结束后，检查人员会将出境卡夹在护照中返还给旅客。此卡的半截票在酒店入住时会用到，在出境前不要遗失。

❸ 在国内线转机

接受完入境检查后，还要接受随身携带行李检查，一切就绪之后就可以去国内线登机口和候机厅了。在电子屏幕上确认好所乘航班的登机口和时间。

❹ 抵达目的地

在普吉岛、苏梅岛机场降落后，顺着 Baggage Claim 的标牌走。此时不是国内线，而是走向国际线行李转盘。在曼谷等地贴上的"International Baggage Claim"标签意思相同。去往国际线行李转盘的途中

左／普吉国际机场的"International Baggage Claim"指示牌
右／苏梅机场的国际线行李转盘

国内航班的旅客，其随身携带的液态物品每件容积不得超过100毫升（ml）。容器容积超过100毫升，即使该容器未装满液体，也不允许随身携带，需要办理托运。盛放液态物品的容器，置容于最大容积不超过1升（L）的、可重新封口的透明塑料袋中。每名旅客每次仅允许携带一个透明塑料袋，超出部分应托运。

2. 盛装液态物品的透明塑料袋应单独接受安检。

3. 在候机楼免税店或机上所购物品应盛放在封口的透明塑料袋中，且不得自行拆封。旅客应保留购物凭证以备查验。

4. 婴儿随行的旅客携带液态乳制品、糖尿病或其他疾病患者携带必需的液态药品，经安检确认无疑后，可适量携带。

5. 旅客因违反上述规定造成误机等后果的，责任自负。

入境泰国的免税范围

■烟
　　每人最多可携带250克或200支烟，无须通过海关申报。超过部分原则上要被没收或处罚款。

■酒
　　每人可携带一瓶酒（1L），超过部分原则上要被没收或处罚款。

■其他
　　每人可携带1架相机、摄像机、5盒胶卷或3盒磁带。

泰国法律禁止使用加热不燃烧电子烟 IQOS。在泰国仅仅携带 IQOS 等电子烟也会被处以罚款或其他处罚。因此，请不要携带。

现金携带限制

携带泰铢或其他外币无限制，但是携带2万美元以上时需要进行现金申报（参考下文）。

海关申报

总计携带2万美元以上或金额相当的物品时需要填写海关申报单。海关申报单不在入境前发放，在领取行李后，顺着 Goods to Declare 的标牌，向海关工作人员索要相关材料。

禁止携带物品

所有毒品（大麻、鸦片、可卡因、吗啡、海洛因）及带有色情性质的纸质文件、图片、物品禁止携带入境。武器、弹药进口需要向当地警察局或地方监管部门申请。

部分植物也禁止携带入境，因此从国内携带水果和食品时要注意。动植物携带限制通过以下方式确认。

泰国驻华大使馆农业处

(86-10)8531-8700

便捷旅行的基本信息／出境与入境

171

要经过国内线行李转盘。如果在廊曼国际机场转机，那么飞机降落的地方就是国内线区域。

在苏梅岛下飞机后，有摆渡车通往航站楼，之后沿着国际线行李领取的标牌，去行李转盘。

出入境卡范本

出境卡部分　　**入境卡部分**

出境卡标注：姓氏、名字、出生日/月/年、护照号、国籍、离境航班号、英文手写签名

入境卡标注：姓氏、姓别、名字、国籍、出生日/月/年、出发国家、入境航班号、签证号、护照号、职业、到访目的、停留天数、居住城市、居住国家、泰国酒店地址、联系电话、联系邮件、英文手写签名

入境卡（正面）

入境卡／出境卡 背面

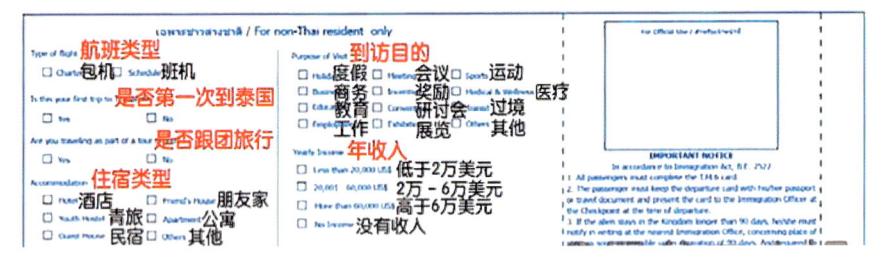

航班类型：包机、班机
是否第一次到泰国
是否跟团旅行
住宿类型：酒店、朋友家、青旅、公寓、民宿、其他
到访目的：度假、会议、运动、商务、奖励、医疗、教育、研讨会、过境、工作、展览、其他
年收入：低于2万美元、2万～6万美元、高于6万美元、没有收入

入境卡（背面）

各职业的英语表达

公司职员	OFFICE WOKER, OFFICE CLERK
国家公务员	GOVERNMENT OFFICIAL
医生	DOCTOR
护士	NURSE
教师	TEACHER
农业	FARMER
渔业	FISHERMAN
家庭主妇	HOUSEWIFE
退休人员	PENSIONER
无业人员	NONE
学生	STUDENT

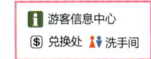

普吉国际机场 Phuket International Airport

- 游客信息中心
- 兑换处
- 洗手间

便捷旅行的基本信息｜出境与入境

机场跑道

至攀牙府

国内线航站楼
国际线航站楼
P

从跑道上看机场航站楼

1层为抵达层，3层为出发层。
2层与国内线航站楼相通。

402

至普吉镇、
芭东海滩方向

普吉国际机场

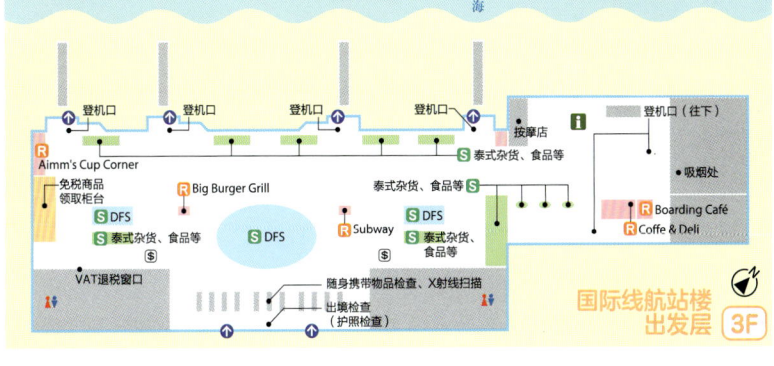

海

0 500m

至奈扬海滩、那通海滩

国际线航站楼 出发层 3F

海

登机口　登机口　登机口　登机口　　　按摩店　　登机口（往下）

Aimm's Cup Corner　　　　　泰式杂货、食品等　　　　　　　　●吸烟处

免税商品
领取柜台　　Big Burger Grill　　泰式杂货、食品等　　Boarding Café
　　DFS　　　　　　　　　　　　DFS　　　　　　　　Coffe & Deli
　泰式杂货、食品等　　DFS　　Subway　泰式杂货、
　　　　　　　　　　　　　　　　　　食品等

VAT退税窗口　　　随身携带物品检查、X射线扫描
　　　　　　　　出境检查
　　　　　　　　（护照检查）

苏梅国际机场 Samui International Airport

- 出发大厅
- 抵达大厅
- 游客信息中心
- 兑换处

票务柜台
值机柜台

出发　　抵达　　护照检查

护照检查

商店和餐厅　　护照检查

173

出境泰国

免税手续

出发航站楼有一个办理免税手续的 VAT 退税窗口 VAT REFUND FOR TOURISTS。在普吉岛购物后，手续齐全的前提下可在这里办理退税。

在泰国申请 VAT（税率 7%）退税，只限于在带"VAT REFUND FOR TOURISTS"标识的商店，一天内在一家店购物满 2000 泰铢以上的情况。

购物时，需要店方给你一张 VAT 退税申请表。收好 VAT 退税申请表副本与购物凭证、纳税单据 TAX Invoice，从购物日算起，60 天之内申请退税。申请时所购物品必须处于未开封状态。

在退税窗口递交提前从店方领取的 VAT 退税申请表、纳税单据和护照。有时工作人员会要求出示所购的未开封商品。如果没有问题的话，当场就会退税。可换成泰铢，也可要求信用卡转账（会产生一定的手续费）。

VAT 退税窗口。旁边有免税商品的领取柜台

从泰国携带物品出境

佛像、菩萨像的整体或部分均禁止携带出境。泰国国家艺术厅批准的除外。色情物品也是严禁出境的。此外，从泰国携带现金时，最多不得超过 5 万泰铢的现金。携带 2 万美元以上的现金时需要纳税，严重者会被罚款。

在普吉国际机场办理出境手续

❶登机手续

普吉国际机场于 2017 年 9 月开放了新航站楼。国际线航站楼与国内线航站楼自此分开。各航站楼间有通道和摆渡车相连。回国时，如果乘坐出租车去普吉国际机场，一般要在国际线航站楼下车，但是如果去曼谷的廊曼国际机场转机，需要在国内线航站

国际线航站楼的入口

楼下车。下车后，在所搭乘航空公司的值机柜台办理登机手续。通常会排队，需要尽量早点到机场。

值机时，工作人员会发给旅客写有"C.I.Q."的标签，请贴在身体较显眼的位置。C.I.Q. 是 Custom Immigration Quarantine 的简称，意思是已完成检疫等出境检查。

❷出境检查

检查完随身携带物品后，还要接受海关检查。交上护照后，工作人员会盖上出境印章，返回护照。出境卡在登机口被回收。普吉国际机场的出发层是 3 层。这一层有多家商店，抓住旅行时光的"尾巴"，再来一次购物吧。还有个可以观赏机场和飞机的露台。参照机场地图→ p.173。

出发层非常宽敞

❸在曼谷转机

抵达曼谷素万那普国际机场后，沿着国际线乘机旅客标志 International Transfer for C.I.Q. Passengers 前往国际线航站楼。由于转机还需要再办理行李托运，稍显麻烦。到达托运处的中途还有些商店和餐厅，看准登机时间，可以在这里稍事休息或购物。

有时会有工作人员举图片提示国际线乘机旅客

在苏梅国际机场办理出境手续

❶登机手续

与普吉机场相同，在国际线值机柜台办理登机手续后，领取登机牌。同时领取"C.I.Q."标签，贴在身体较为显眼的位置。

❷出境检查

出境检查时要向工作人员出示护照和出境卡。工作人员盖上出境印章，返还护照。之后，在登机口旁的候机厅等候办理登机手续。

如果需要在曼谷转机，流程与上述普吉岛流程相同。

提供免费饮品和餐食

返回中国

进入航站楼以后，你可参照航站楼内到达旅客的引导标识前往行李提取大厅。

中国入境

❶ 检疫

一般情况下可以通过。但是旅行中出现了严重腹泻及高烧等严重情况，可能会被领到健康咨询窗口。

❷ 入境审查

到写着中国公民的窗口排队，然后出示护照，盖上入境章。

❸ 提取行李

首都国际机场的行李提取厅位于一层，其入口处设有行李转盘显示屏，你可根据航班号查知你的托运行李所在的转盘。

❹ 动植物检疫

购买了水果、肉类、鲜花等时，要将该物品带到动植物检疫窗口办理携带入境手续。

❺ 海关申报

如果你携带有向海关申报的物品，须填写《中华人民共和国海关进出境旅客行李物品申报单》，选择"申报通道"（又称"红色通道"）通关；如果没有，无须填写《申报单》，选择"无申报通道"（又称"绿色通道"）通关。（按照规定享有免验和海关免于监管的人员以及随同成人旅行的 16 周岁以下旅客除外。）

中国海关对入境旅客携带物品的规定

一般来说旅客在境外获取的自用物品，只要不超过 5000 元人民币，海关就予以免税放行。境内的免税店（如日上免税店）购物额度为 3000 元。如果没有在境内免税店购物，所有东西都是购自境外，那么免税额不是 8000 元，而是 5000 元。两部分免税额不能合并一起计算。对于超出 5000 元人民币的物品，经海关审核确属自用的，海关仅对超出部分征税，对不可分割的单件物品则是全额征税。

如果被海关查获，以下物品都需要按照不同的比例补交税款：

15%：食品饮料、金银制品、家具、书刊、教育影视类资料等；

30%：纺织品、皮革制品、鞋包、钟表、钻石首饰、洗护保养品、医疗、厨卫、文具等；

60%：高档烟酒、高档手表、贵重首饰、化妆品、高尔夫球具等。

此外，还有 20 种不予免税商品：电视机、摄像机、录像机、放像机、音响设备、空调器、电冰箱、洗衣机、照相机、复印机、程控电话交换机、微型计算机及外设、电话机、无限寻呼系统、传真机、电子计算器、打字机及文字处理机、家具、灯具、餐料。

海关进出境自用物品申请表

申请人姓名（中英文）、性别、国籍、出生年月日按进出境有效证件填写。住址为境内住址。护照或通行证号码为进出境有效证件的号码。申请人签名由申请人本人按进出境有效证件签字样式签名。

主要的限制进口产品目录

根据《华盛顿公约》的规定，动植物及其加工制品（象牙、鳄鱼、蛇、蜥蜴、犰狳等动物的皮毛制品、猫科动物的皮毛和毛毯等）、活体动植物的进口属于限制类项目。详情请向海关咨询。药品、化妆品即使为个人使用，在携带数量上也有规定。

海关总署动植物检疫司
www.customs.gov.cn/customs/zsgk93/jgzn95/jgzn5/2011750/index.html

海关总署商品检验司
www.customs.gov.cn/customs/zsgk93/jgzn95/jgzn5/2011735/index.html

国家市场监督管理总局
samr.saic.gov.cn

普吉岛 & 苏梅岛的交通设施 -Transportation Facilities-
从普吉国际机场到各地的交通方式

普吉国际机场
Phuket International Airport
MAP p.02-B2
www.phuketairportonline.com

豪华出租车的费用
从机场出发
普吉镇 750B
芭东海滩 800B
卡塔 & 卡伦海滩 900B

豪华、大空间的机场出租车

小型巴士的费用
从机场出发
普吉镇 150B
芭东海滩 180B
卡塔 & 卡伦海滩 200B

普通出租车的费用
从机场出发
普吉镇 约 650B
芭东海滩 约 700B
卡塔 & 卡伦海滩 约 800B
※ 另交机场建设费 100B

机场出租车和小型巴士的售票处

机场巴士
机场~普吉巴士总站 100B
086-4706675
www.airportbusphuket.com
普吉巴士总站→ MAP p.09-B3

连接机场和普吉巴士总站

豪华出租车
机场出租车的一种。由豪华轿车改装而来，价格贵，但舒适。有3人+行李、4人+行李的车型和小型巴士。

小型巴士
有 8~10 人合坐的巴士。到达层设有售票处，可告知入住酒店名进行购票和取票。会送旅客至下榻酒店，十分便利，但是要把乘客送去各自的酒店，因此路上所花时间较长。

人数不够时不发车

普通出租车
车身为双色调，车顶有"TAXI-METER"标识的是普通出租车。虽然号称打表制，实际上打表计费的出租车的数量寥寥无几。费用最好在上车前商量好。其实跟豪华出租车的费用相差不大，并且还要支付机场建设费。抵达普吉镇最短用时

打表出租车

约 30 分钟，到芭东海滩约 45 分钟，到卡塔 & 卡伦海滩约 60 分钟。一般最多搭乘 2 名乘客。

机场巴士
出了机场航站楼后，沿着 Airport Bus 指示牌的方向前进就能看到机场巴士乘坐处。巴士途经线路为普吉国际机场~普吉岛斯莱特酒店（前靛蓝珍珠酒店）~女英雄纪念碑~卜蜂莲花超市~尚泰/Big C 购物中心~苏拉库体育场~普吉巴士总站（还有几个别的停靠站）

■从机场出发的机场巴士时刻表

机场	8:00	9:00	10:00	11:30	12:30	13:30	15:00	16:00	17:00	18:30	19:30	20:30
尚泰/Big C 购物中心	9:00	10:00	11:10	12:35	13:35	13:35	16:00	17:00	18:00	19:35	20:35	21:35
普吉巴士总站	9:20	10:20	11:30	12:50	13:50	13:50	16:20	17:20	18:20	19:50	20:50	21:50

从岛内到机场
■机场巴士
机场巴士始发站是普吉巴士总站，始发时间为 6:00，每隔一小时一班车，末班车 18:30。到机场需要 45 分钟~1 小时 20 分钟。白天经常堵车，要留足路上所花的时间。车费 100B。

■迷你巴士
穿梭于各酒店载客。去往机场的迷你巴士票可以通过旅行社等机构购买。只是这种车的始发站只设在芭东海滩，还要途经多个酒店，所花时间较多。车费 200B。

■出租车

最方便的莫过于出租车。高档度假村一般都有协议出租车，即使没有也可以通过前台帮忙预约。另外，路上也可以打到出租车，不过还是建议事先通过旅行社预订。车费600B~。

从苏梅国际机场到各地的交通方式

小型巴士（面包车）

配合飞机起降时间等候乘客的多座巴士。一直将客人送到酒店。可以在机场内的售票处购票。工作人员会问你是坐迷你巴士还是出租车，你只需要告诉对方坐迷你巴士以及酒店名称，然后付款，对方就会出票。从出口向左拐有一个集合点，在那里候车。只要够5人就发车，要途经多个酒店，因此所花时间较长。

虽然被统称为小型巴士，不过其中也有大巴

出租车

与迷你巴士在同一个柜台预约。车少的时候可能需要等一些时间。听从工作人员的安排，车来以后，递票上车。

机场内的小型巴士和出租车咨询处　　集合点前就是上车地点

从岛内到机场

从岛内到机场乘坐出租车。只是在苏梅岛，路上打不到出租车，所以需要通过酒店预订协议出租车，或者打电话预约。费用与从机场出来时相同。

苏梅国际机场
Samui International Airport
MAP p.10-B3
www.samuiairportonline.com

小型巴士的费用
费用 从机场出发
大佛海滩 100B
查汶海滩 130B
拉迈海滩 170~200B
波普海滩 130B
湄南海滩 150B
那通镇 200B

出租车的费用
费用 从机场出发
大佛海滩 500B
查汶海滩（北）500B
查汶海滩（南）600B
拉迈海滩 700~900B
波普海滩 500B
湄南海滩 700B
那通镇 1000B

便捷旅行的基本信息／普吉岛＆苏梅岛的交通设施

Check!! 普吉岛＆苏梅岛的岛内交通

普吉岛和苏梅岛的交通便利程度均不理想。普吉岛短途旅行首选嘟嘟车，运用得当可以节省交通成本。双条车在普吉岛相当于公交，在苏梅岛则是由多座皮卡改装而来，它在苏梅岛相当于嘟嘟车之于普吉岛的角色，很普遍。最便利的是出租车，但是乘坐次数多的话成本是个问题，所以不妨租一辆带司机的汽车。具体请参考普吉岛→附册p.16/苏梅岛→附册p.18。

■嘟嘟车
由轻卡改装成的多座出租车。在普吉岛是居民日常出行的重要交通工具。

■双条车
在普吉岛相当于公交车，连接着普吉镇和各地。在苏梅岛由多座皮卡改装而来，是最普遍的交通工具。

■出租车
普吉岛、苏梅岛的出租车比曼谷贵得多。普吉岛尚有少数打表计费的出租车，但是费用不低。上车前要跟司机谈好价格。

■出租摩托
在普吉岛、苏梅岛，是深受游客喜爱的交通工具。但是事故频发，除非车技高，否则不推荐。

■汽车租赁
苏梅岛有一条环岛公路，与普吉岛相比，车流量也小得多，因此租车的游客不在少数。但是跟出租摩托一样，也需要十分注意当地的交通状况。

普吉岛嘟嘟车的车身颜色是红色

苏梅岛的道路两旁有整排整排的摩托车

177

旅行资讯 -Travel Information-
预备现金与信用卡

关于携带现金
在当地能将人民币兑换成泰铢，因此可携带人民币入境泰国。

货币与汇率
泰国的主要流通货币叫泰铢 Baht，简称 B。辅助货币是萨当 Satang，1 泰铢等于 100 萨当。截至 2019 年 1 月 4 日，泰铢兑换人民币汇率为 1 泰铢 =0.2142 元人民币，100 元人民币 = 466.82 泰铢。

200B 　50B
100B 　500B 　1000B 
25Satang 　50Satang 　1B 　2B 　5B 　10B 

关于兑换
一般在兑换处兑换外币。城区有多个兑换处。手续费都一样，推荐找一家汇率好的兑换点。另外，每天汇率都会变动，建议一次少兑换些金额。银行也有兑换窗口，汇率较理想。机场的兑换处普遍汇率较差。

查询当日汇率后再兑换

兑换方法
先看兑换窗口外及标示在显眼位置的金额，确认完当日汇率后再兑换。将人民币和护照从窗口下的小孔递给工作人员，随后工作人员会返回护照、兑换的泰铢和兑换凭证，注意确认好金额。

使用 ATM
不去兑换点也想兑换泰铢，只能去 ATM。银行、购物中心等地都有 ATM，数量多。如果你持有国际现金卡，可以在当地取泰铢现金。手续费每次 200B~，略高，如果每次只取一点，几次下来手续费也不菲。另外，取款的最高限是每天 3 万泰铢。ATM 上也可以使用信用卡取款，各家发卡银行的手续费都不同。

城区各处都能看到 ATM

ATM 的使用方法
与国内一样，可以直接在界面上操作。一开始会让顾客选择语言，如果有中文，点击即可。如果只有英语和泰语，会泰语的人自不必说，否则请点击英语按钮。主要英语单词及短语如下：
Enter →输入
Accept →同意
Not Accept →不同意
Cancel →取消
Correct →正确
Incorrect →错误
PIN →个人标识号
Recipient Code →接收码
Amount →金额
Transaction →交易
Withdrawal →取款
Transfer →转账
Balance →余额
Select Source Account →选择账号
Credit →信用卡
Savings →储蓄
Checking →活期账户
Select Dispense Amount →选择取款金额

178

信用卡

中档以上的餐厅和酒店均接受信用卡消费。参加当地旅游团等也能使用信用卡结算。无法使用信用卡的场合包括食堂、咖啡厅、货摊和出租车等。大多数商店都能使用，不过有些店有最低消费金额的规定。

打电话

市内（岛内）通话

泰国的电话号码包括固定电话号码和手机号码。固话号码首位是0，共9位；手机号码头两位是06、08、09，共10位。普吉岛的区号是076，苏梅岛的区号是077。即使是拨打泰国国内的号码，也不能漏了前面的0。有些酒店的固话可以直接拨打外线电话（先拨一个接通外线的号码0或9等）。公用电话设在购物中心和便利店等地。通话费用标准是市话3分钟1B。有些固话可以使用电话卡。拨打国际长途需要购买专用电话卡，同时还要找到能拨打国际长途的公用电话。

找到的公用电话有时候是坏的

国际长途

酒店房间内的电话有些可以直接拨打国际长途（费用会在退房时一并结算），有些则需要通过接线员才能开通国际长途功能。国际长途专用公用电话可以使用信用卡，或专用付费电话卡拨打。还有种预付型的国际长途电话卡，使用方法请参照卡自带的说明书。

电话的拨打方法

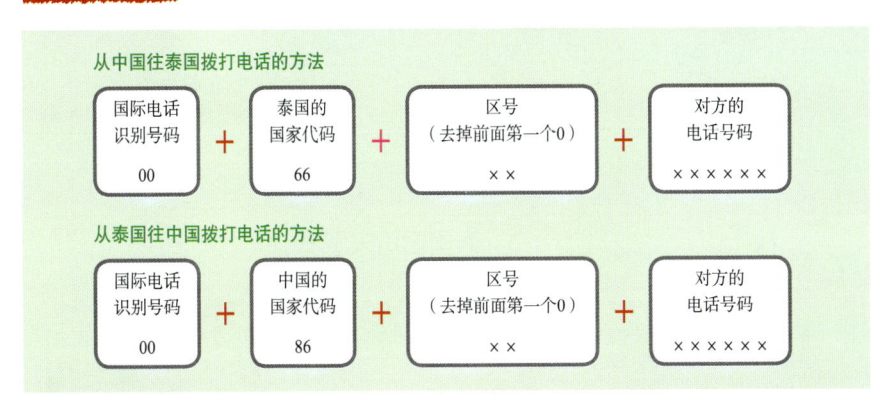

信用卡遗失时的联系方式（从泰国拨打）
美国运通卡
　65-6535-2209（新加坡中心）
Diners Club International
大来卡
　86-400-669-5588
JCB卡
　1800011321
万事达卡
　86-0288-2426-404
VISA
　86-10800-744002

从中国往泰国拨打电话的方法

| 国际电话识别号码 00 | + | 泰国的国家代码 66 | + | 区号（去掉前面第一个0）×× | + | 对方的电话号码 ××××× |

从泰国往中国拨打电话的方法

| 国际电话识别号码 00 | + | 中国的国家代码 86 | + | 区号（去掉前面第一个0）×× | + | 对方的电话号码 ××××× |

在境外使用手机

国内用的手机和号码可以在国外使用，前提是开通了国际长途和国

▶**在境外遗失手机了怎么办？**

立即联系运营商挂失手机号并申请补办。

在境外请拨打国家代码+86+国内长途地区码（去掉前面第一个0）+运营商号码，获得归属地中国电信、联通或移动的7×24小时服务。（按国际漫游资费标准收费），如归属地为北京：

中国电信 86-10-10000
中国联通 86-10-10010
中国移动 86-10-10086

际漫游服务。

移动的国际长途主要是IDD直拨电话（按秒计算）、17951IP电话（最便宜0.39~2.99元/分钟）、卫星电话（最贵）。

17951IP电话使用方法：

确认你已经开通国际/港澳台长途功能后：
1. 拨打固定电话：17951+00+国家或地区代码+城市代码+对方号码
2. 拨打手机：17951+00+国家或地区代码+对方手机号码

其他旅行资讯

邮筒的颜色与中国不同，为红色。右边是市内，左边是其他地区的投递口

邮政

寄明信片等一周左右就到达国内。邮票可在邮局和书店购买，明信片12~15B，10g以下信件14B。小包裹通过航空快递1周左右可以到达国内。

电压与插座

泰国的电压220V，频率50Hz，中国大陆的电器均可正常使用。但插座是英制三孔标准，中国大陆的电器需要通过插座转换器才能使用。

插座是英制三孔标准，国内的电器不可以直接使用

饮用水

300毫升的瓶装水售价10B左右

不要直接饮用自来水。中档以上的酒店普遍在客房配备了1~2瓶瓶装水，刷牙也尽量使用这种水。餐厅的加冰饮料和刨冰等均使用专用的冰和水制成，没有什么问题，但是在小吃摊上就要注意了。另外，在卫生状况较差的餐厅，尽量不要食用只用水冲洗的生蔬菜。瓶装水在便利店等有售。

网络

网络情况良好。酒店基本100%可连Wi-Fi（部分酒店有收费区域）。在城区的餐厅、咖啡馆大部分可以让店方告知登录Wi-Fi的密码。也可以购买一张当地的SIM卡。在机场、购物中心的电话公司柜台有出售，当场就能让工作人员开通服务。充值可在便利店和超市完成。此外，也可以从国内的机场租借随身Wi-Fi。

Check!! 泰国旧历宋干节

每年的4月13~15日（各地时间有差异）为泰国旧历宋干节，也称泼水节。原来是擦拭佛像、佛塔，为年老长辈洗手以表尊敬的民间习俗，不知何时开始，增加了泼水这个环节，成了泼水节。普吉岛和苏梅岛在13日（曼谷等地持续数日之久）举行泼水节。当天，不论是谁，都相互泼水，或在脸上涂上白色的粉。游客也不例外，如果在

泼水节期间前往旅行，要做好被淋湿的心理准备。因此不如买个水枪，加入泼水大军吧。

皮皮岛栈桥上的泼水节情景。当天有水枪出售

饮酒与酒的销售时段

便利店和超市等均有酒销售。但是销售时段有限制,顾客只能在 11:00~14:00 和 17:00~24:00 这两个时段买到酒精类产品。其他时间虽然酒也摆在店里,但却是不销售的。有些餐厅在非酒类销售时段内会将酒收起来。

> **年齡限制**
> 在泰国,未满18周岁的未成年人禁止购买酒类产品和饮酒。

泰国的规矩与礼仪

公共区域的室内、部分海滩禁烟

泰国的部分封闭的室内空间及公共设施禁烟,范围基本覆盖开空调的室内。出租车、酒店大堂、餐厅和芭东海滩等部分海滩也禁烟。泰国法律规定,电子烟在泰国属于违禁品,违反此规定者将受到处罚。

> **泰国的节日,同时也是禁酒日**
> 2019 年
> 3月21日
> Magha Puja Day(万佛节)
> 5月18日
> Visakha Bucha Day(佛诞节)
> 7月16日
> Asanha Bucha Day(三宝节)
> 7月17日
> Khao Phansa (守夏节)

有禁酒日

泰国一年中有多个禁酒日。当天任何餐厅都禁止销售酒类产品。所以以酒为主的酒吧等大多在这一天关门。普通餐厅即使营业,也不会卖酒。2019 年的禁酒日请参照右表。选举的前一天和当天也禁止饮酒。

寺庙礼仪

进寺庙拜佛不可以穿着袒露皮肤的服装。严禁穿比基尼等裸露身体主要部位和大腿等的服饰。要么穿遮住肩膀和膝盖的服装,要么准备一块用来遮体的布。可在寺庙的入口处租借。另外,泰国人认为脚底是不洁的部位,切不可对着佛像,或踩在佛像上。女性在寺庙或城中,应避免与僧人亲密交流,或发生肢体接触。拜佛时要保持安静,勿对其他人造成影响。

寺庙入口立着的服饰礼仪规范

泰国的洗手间

几乎所有洗手间的厕纸都冲不走,如果马桶旁有一个小纸篓,可以将使用后的厕纸扔进纸篓里。部分高档度假村的厕纸可以直接用水冲走,不过这样的度假村数量极少。如果马桶上有一个类似于淋浴喷头的装置,那是净身盆,取代了国内常用的抽水马桶。有些厕所里会有个大水桶,方便如后需要自己打水冲洗。大型购物商场的洗手间干净卫生。公共洗手间的数量不多,可以选择去餐厅和购物中心上厕所。参加离岛旅游团的游客可在栈桥和旅行社集合的地方看到洗手间,那里通常要收小费,需要准备一些零钱。

Check!! 让旅行更加便利的物品

服装上穿国内夏季的服饰即可。户外炎热,室内的空调开得甚至有些冷,最好带上一件外套。

- ☐ 牙刷和牙膏(部分高档酒店常备,一般情况下没有)
- ☐ 防晒用品(防晒霜、帽子必备。另外需要的人还可以带上墨镜、袖套等)
- ☐ 防虫用品(防虫喷雾、防虫贴、止痒用品必备)
- ☐ 外套(室内空调房及室外防晒用)
- ☐ 湿纸巾(擦手、擦汗)
- ☐ 保鲜膜(购买液状物后,在装入挎包前覆上保鲜膜可以更放心)
- ☐ 手机防水袋(将手机装在里面可防水,水上运动会用到)
- ☐ 套在泳装外的速干短裤(沙滩上游玩使用)
- ☐ 拖鞋和沙滩拖鞋

有些度假酒店还准备了防虫套装

181

旅行的安全与纠纷应对 -Security Precaution-
当地治安与纠纷处理

遇到突发情况时
观光警察　1155
警察　191, 123
救护车　1669

安全提醒
出国前,应充分了解旅行目的地的安全形势,谨慎或避免前往恐怖袭击频发、政局动荡不稳或发生重大疫情的国家和地区。可以关注外交部领保中心的"领事直通车"微信公众号、中国领事服务网"安全提醒"栏目、12308小程序以及"领事之声"微博发布的安全提醒。

中华人民共和国驻泰王国大使馆领事部
57 Ratchad aphisek Road, Bangkok 10400, Thailand
领保:0066-854833327(24小时值班手机)、0066-2-2457010(工作日9:00~17:00)
传真:0066-2-2457032
www.fmprc.gov.cn

使馆证件大厅
办公时间:工作日 9:00~12:00 受理申请、发证
15:00~16:00 仅发证

中国签证申请服务中心
办公时间:工作日 9:00~15:00 提交申请, 9:00~16:00 交费取证

在境外旅游丢失重要证件
普通护照遗失补发,需本人前往大使馆,并提供以下材料及证明文件:
一、上网预约(网址:ppt.mfa.gov.cn),并将网上填写的所有表格打印后按预约定日期前往使馆办证大厅办理。
二、填写护照遗失、被盗、被抢或损毁经过的补充说明表,注明当事人姓名、出生日期、原护照号码、发照机关、发照日等,能提供护照复印件将方便护照补发(因护照有效期不足一年或签证页满申请换发护照无须填写补充说明)。
三、在泰国的有效居留证件(如随身证、工作证、在校证明及学生证)原件和复印件。
四、护照照片一式2张:照片须为正面、免冠、半身、光面相纸、背景为白色、半年内的彩色照片。大小应为48毫米×33毫米,头部宽度为15~22毫米、长度28~33毫米。
已提交至使馆的护照补发申请不可取消或撤回。如要持领用已提交的护照,遇到因护照被宣布作废出入境受阻情况,由申请人自行承担后果。

当地治安
中国驻泰国大使馆于2018年9月发布泰中国游客注意事项,提醒游客注意交通安全,泰国普遍车速较快,过马路时务必小心。此外,注意防抢防盗。保管好随身财物及贵重物品,财不外露。建议预订酒店不要选择偏僻地段,尽可能减少深夜外出。如确需外出,应尽量结伴而行,不去偏僻或情况复杂的街区。

丢失护照(旅行证)后怎么办
● 报警,并向警方索取"报警纸"。
● 到领事馆挂失护照,领取临时证件。报失的过程中,游客将被要求提供原护照首页和本次签证页的复印件、照片两张。
● 领馆核实资料,可持临时证件回国。有一个问题值得特别注意,由于中国香港和内地之间还有一层海关,所以持临时证件的游客不能从中国香港入境,只可以选择要么直接从报失国飞内地城市,要么从报失国飞中国香港,再从中国香港飞回内地城市,在中国香港的途中不能入境。
● 向户口所在地的出入境申请补领新护照。

遗失信用卡怎么办
为防止信用卡被冒用,发现遗失后应第一时间联系发卡银行,办理卡片遗失手续。为了保证手续顺利,尽量将卡号提前记录下来。

遗失手机怎么办
为防止捡到手机者不当使用,应尽快联系通信公司,申请手机号码保护。为防止重要信息泄露,请提前开启锁屏功能。

遗失机票或电子客票怎么办
第一时间联系航空公司(各航空公司联系方式请查看→附册p.24)。如果是电子客票,遗失后可通过机场柜台等重新打印,即使遗失的是纸质机票也不用担心,凭借有效证件,如身份证、护照等即可在航空公司办理。

事先避免纠纷
普吉岛是全球著名的度假区,晚上更是人声鼎沸。人多拥挤的地方尤其需要留意小偷。还要提高警惕,如被不明身份者搭讪,或邀请去家中做客,最后被迫参与赌博,遭遇人身威胁;或者遭遇别的陷阱,如遇到出售毒品的不明人士,该人却向警方报案,自己得到赏金,游客却被处以重罪(严重者死刑),总之千万不要接触毒品。

关于海啸
2004年爆发的印度洋海啸席卷了包括普吉岛在内的安达曼海沿岸地区,造成了巨大的人员伤亡和财产损失。现在,海岸上到处都立着遇到海啸时的逃难方向指示牌。在海滩上游玩时一旦发现有地震或海水急速上涨,必须立即跑向高地。

旅行的健康管理

受伤、生病

考虑到旅途中可能遇到意外事故及受伤,建议购买境外旅行保险→169。紧急情况可拨打"1669"呼叫救护车,或让人帮忙拨打。

在当地容易患上的疾病

吹空调导致的感冒,以及过度食用冷饮造成的腹泻症状较为常见。在卫生状况差的餐厅用餐也可能造成细菌性赤痢、变形虫性赤痢等疾病。注意不要喝生水,吃未熟透的肉和鱼。另外,蚊子也要重视。以蚊子为媒介的登革热可引发病毒性传染病,造成高烧和关节痛等。当然,不是所有蚊子都是登革热病毒载体,不过仍然需要留意,尽量不要被蚊子咬。

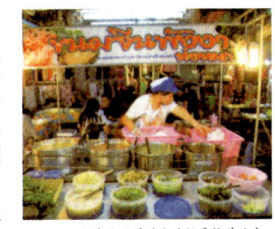

卫生状况差的小吃摊要格外注意

信用卡遗失时的联系方式
→ p.179
手机遗失时的联系方式
→ p.182、附册 p.24
航空公司的联系方式
→ 附册 p.24

便捷旅行的基本信息│旅行的安全与纠纷应对

项目策划：王欣艳　谷口俊博
统　　筹：北京走遍全球文化传播有限公司　http://www.zbqq.com
责任编辑：王佳慧　林小燕
责任印制：冯冬青

图书在版编目（CIP）数据

普吉岛　苏梅岛　皮皮岛 / 日本《走遍全球》编辑室编著；徐华译. -- 2 版. -- 北京：中国旅游出版社，2019.1

（走遍全球海岛度假系列）

ISBN 978-7-5032-6187-9

Ⅰ.①普… Ⅱ.①日…②徐… Ⅲ.①旅游指南—泰国 Ⅳ.① K933.69

中国版本图书馆 CIP 数据核字（2019）第 009574 号

北京市版权局著作权合同登记号　图字：01-2018-6558
审图号：GS（2019）5 号　本书插图系原文原图

本书中文简体字版由北京走遍全球文化传播有限公司独家授权，全书文、图局部或全部，未经同意不得转载或翻印。
GLOBE-TROTTER TRAVEL GUIDEBOOK
Phuket, Koh Samui, Koh Phi Phi 2018 ~ 2019 EDITION by Diamond-Big Co., Ltd.
Copyright © 2018 ~ 2019 by Diamond-Big Co., Ltd.
Original Japanese edition published by with Diamond-Big Co., Ltd.
Chinese translation rights arranged with Diamond-Big Co., Ltd.
Through BEIJING TROTTER CULTURE AND MEDIA CO., LTD.

书　　名：	普吉岛　苏梅岛　皮皮岛
作　　者：	日本《走遍全球》编辑室编著；徐华译
出版发行：	中国旅游出版社
	（北京市建国门内大街甲 9 号　邮编：100005）
	http://www.cttp.net.cn　E-mail: cttp@mct.gov.cn
	营销中心电话：010-85166503
排　　版：	北京中文天地文化艺术有限公司
经　　销：	全国各地新华书店
印　　刷：	北京金吉士印刷有限责任公司
版　　次：	2019 年 1 月第 2 版　2019 年 1 月第 1 次印刷
开　　本：	880 毫米 ×1230 毫米　1/32
印　　张：	6.5
印　　数：	1-6000 册
字　　数：	297 千
定　　价：	78.00 元
I S B N	978-7-5032-6187-9

版权所有　翻印必究
如发现质量问题，请直接与营销中心联系调换

可拆下 附册

MAP

走遍全球海岛度假系列

普吉岛
苏梅岛

CONTENTS

普吉岛全景.................. 02
芭东海滩全景............... 04
芭东海滩核心区............ 05
卡伦和卡塔海滩............ 06
班淘海滩..................... 07
普吉镇........................ 08
普吉镇核心区............... 09
苏梅岛全景.................. 10
查汶海滩全景............... 11
查汶海滩核心区北部...... 12
查汶海滩核心区南部...... 13
那通镇........................ 14
拉迈海滩..................... 14
波普海滩..................... 15
普吉岛的岛内交通......... 16
苏梅岛的岛内交通......... 18
泰国美食图鉴............... 20
泰语日常用语............... 23
重要电话号码............... 24

MAP 可拆下使用

Resort style

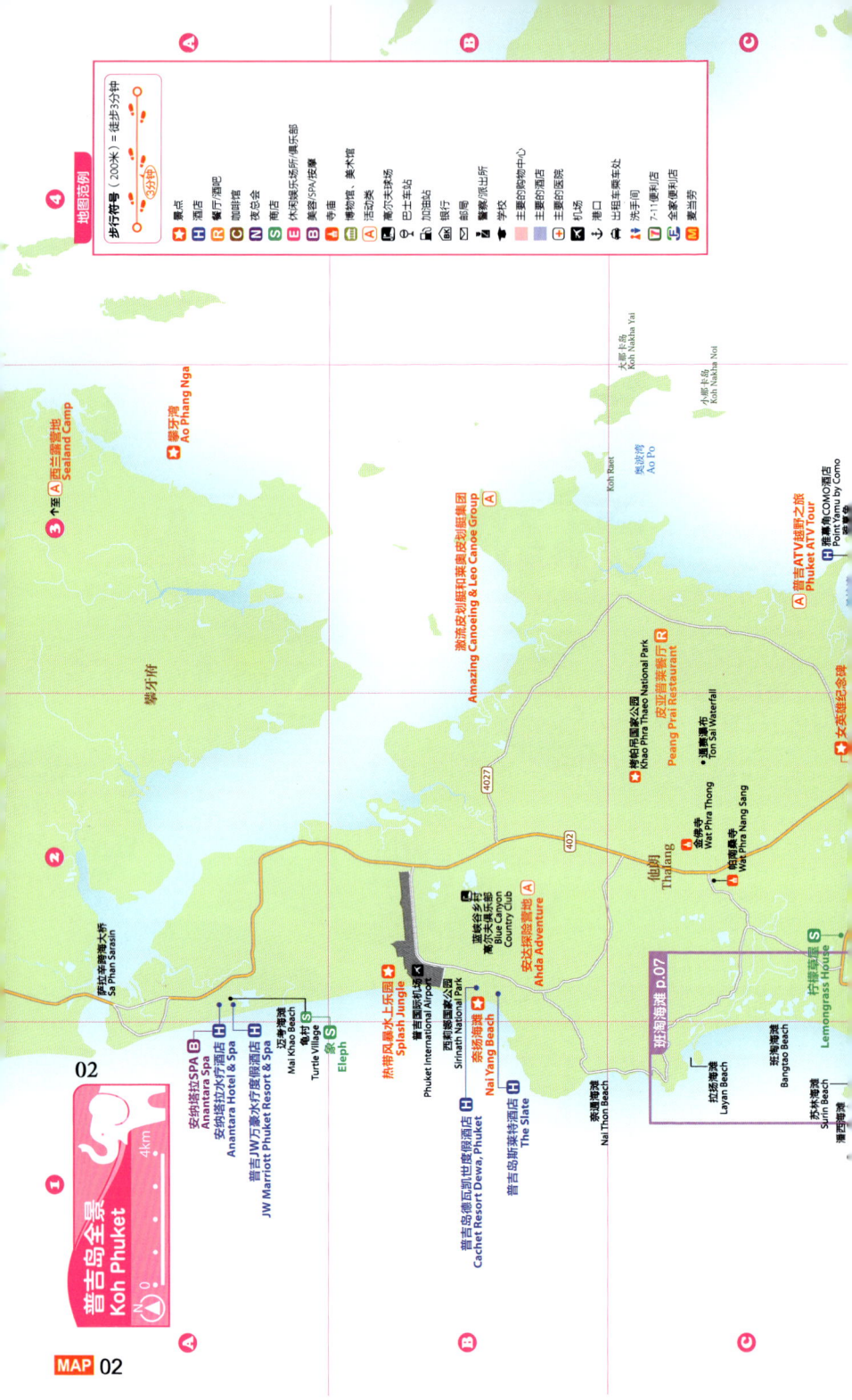

普吉岛全景
Koh Phuket

地图范例
步行符号（200米 = 徒步3分钟）

图例	说明
景点	酒店
R 餐厅/酒吧	C 咖啡馆
N 夜总会	E 休闲娱乐场所/俱乐部
S 美容SPA/按摩	商店
寺庙	A 博物馆/美术馆
活动类	高尔夫球场
巴士车站	加油站
银行	邮局
警察/派出所	学校
主要的购物中心	主要的酒店
主要的医院	机场
港口	出租车乘车处
洗手间	7-11便利店
全家便利店	M 麦当劳

主要地点

- 攀牙湾 Ao Phang Nga
- 西兰露营地 Sealand Camp
- 萨潘辛普大桥 Sa Phan Sarasin
- 狮牙府
- 大那卡岛 Koh Nakha Yai
- 小那卡岛 Koh Nakha Noi
- 奥坡 Ao Po
- 普吉ATV越野之旅 Phuket ATV Tour
- 雅木角COMO酒店 Point Yamu by Como
- Koh Raet
- 谢洛皮划艇和莱昂皮划艇集团 Amazing Canoeing & Leo Canoe Group
- 考帕陶国家公园 Khao Phra Thaeo National Park
- 皮亚普莱餐厅 Peang Prai Restaurant
- 通赛瀑布 Ton Sai Waterfall
- 女英雄纪念碑
- 帕佛寺 Wat Phra Thong
- 帕南桑寺 Wat Phra Nang Sang
- 他朗 Thalang
- 热带风暴水上乐园 Splash Jungle
- 西林纳国家公园 Sirinath National Park
- 普吉国际机场 Phuket International Airport
- 蓝峡谷乡村高尔夫俱乐部 Blue Canyon Country Club
- 安达探险营地 Ahda Adventure
- 柠檬草屋 Lemongrass House
- 班淘海滩 p.07
- 安纳塔拉SPA Anantara Spa
- 安纳塔拉疗养酒店 Anantara Hotel & Spa
- 普吉JW万豪水疗度假酒店 JW Marriott Phuket Resort & Spa
- 迈考海滩 Mai Khao Beach
- 龟村 Turtle Village
- 象 Eleph
- 普吉岛德瓦凯世德假酒店 Cachet Resort Dewa, Phuket
- 奈扬海滩 Nai Yang Beach
- 普吉岛斯莱特酒店 The Slate
- 奈通海滩 Nai Thon Beach
- 拉扬海滩 Layan Beach
- 邦涛海滩 Bangtao Beach
- 苏林海滩 Surin Beach
- 潘西海滩

MAP 02

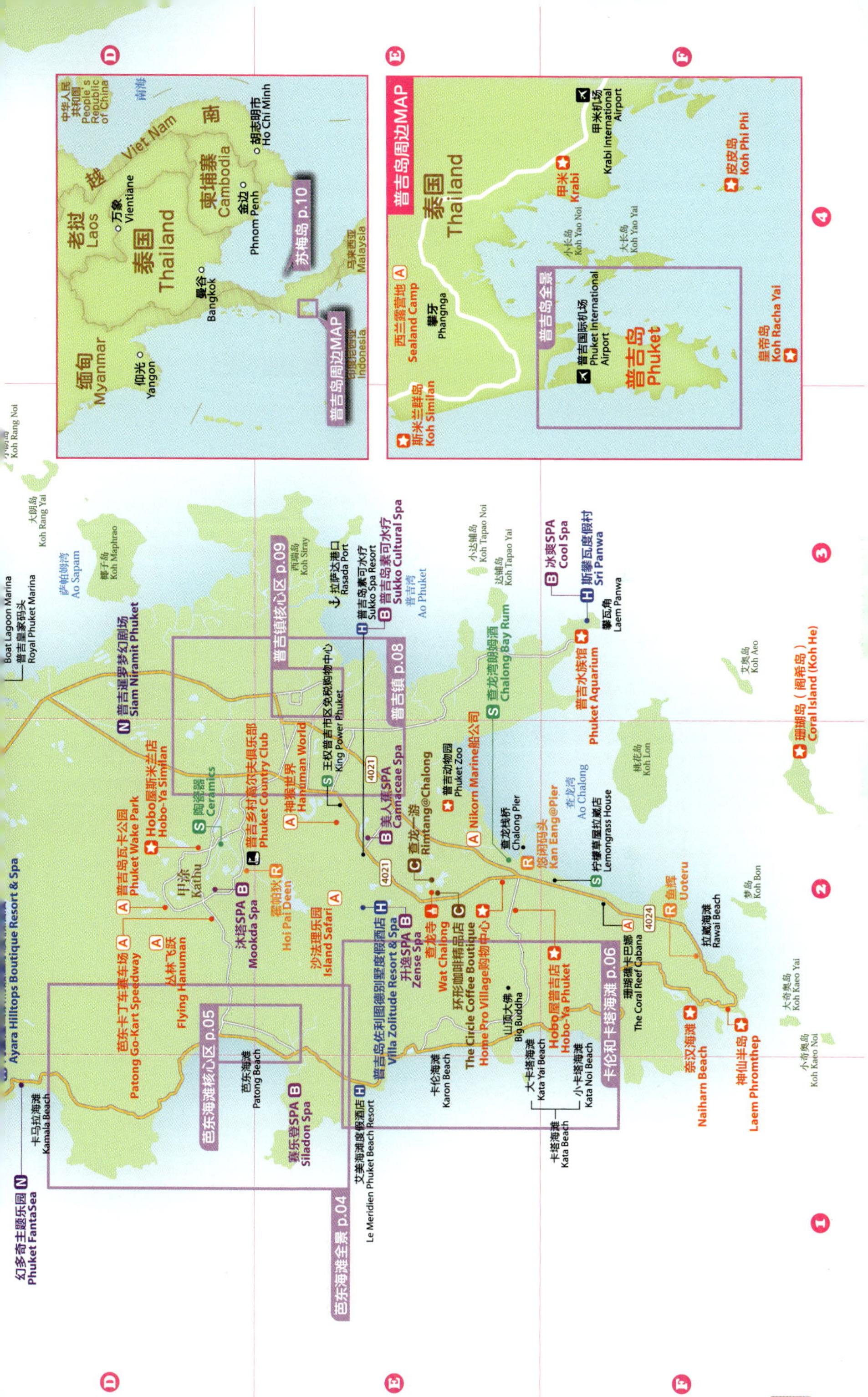

普吉岛周边MAP
泰国 Thailand
西兰露营地 Sealand Camp
攀牙 Phangnga
斯米兰群岛 Koh Similan
普吉岛全景
普吉国际机场 Phuket International Airport
普吉岛 Phuket
皇帝岛 Koh Racha Yai
小长岛 Koh Yao Noi
大长岛 Koh Yao Yai
甲米 Krabi
甲米机场 Krabi International Airport
皮皮岛 Koh Phi Phi
中华人民共和国 People's Republic of China
南海
Viet Nam
越南
老挝 Laos
万象 Vientiane
柬埔寨 Cambodia
金边 Phnom Penh
胡志明市 Ho Chi Minh
曼谷 Bangkok
缅甸 Myanmar
仰光 Yangon
马来西亚 Malaysia
印度尼西亚 Indonesia
苏梅岛 p.10
普吉岛周边MAP
幻多奇主题乐园 Phuket FantaSea
卡马拉海滩 Kamala Beach
Ayara Hilltops Boutique Resort & Spa
芭东海滩全景 p.04
芭东海滩核心区 p.05
芭东海滩 Patong Beach
芭东卡丁车赛车场 Patong Go-Kart Speedway
丛林飞跃 Flying Hanuman
赛乐登SPA Siladon Spa
艾美海滩度假酒店 Le Meridien Phuket Beach Resort
普吉岛佐利图德别墅度假酒店 Villa Zolitude Resort & Spa
升逸SPA Zense Spa
卡伦海滩 Karon Beach
大卡塔海滩 Kata Yai Beach
卡塔海滩 Kata Beach
小卡塔海滩 Kata Noi Beach
卡伦和卡塔海滩 p.06
山顶大佛 Big Buddha
Hobo屋普吉店 Hobo-Ya Phuket
环形咖啡精品店 The Circle Coffee Boutique
Home Pro Village购物中心
查龙寺 Wat Chalong
珊瑚礁卡巴娜 The Coral Reef Cabana
奈汉海滩 Naiharn Beach
神仙半岛 Laem Phromthep
拉威海滩 Rawai Beach
鱼屋 Uoteru
小奇奥岛 Koh Kaeo Noi
大奇奥岛 Koh Kaeo Yai
梦岛 Koh Bon
沙法理乐园 Island Safari
霍帕狄 Hoi Pai Deen
沐塔SPA Mookda Spa
甲涂 Kathu
普吉岛瓦卡公园 Phuket Wake Park
Hobo屋斯米兰店 Hobo-Ya Similan
陶器源 Ceramics
普吉乡村高尔夫俱乐部 Phuket Country Club
神猴世界 Hanuman World
美人蕉SPA Cannaceae Spa
查龙一游 Rimtang@Chalong
普吉动物园 Phuket Zoo
Nikorn Marine船公司
查龙栈桥 Chalong Pier
悠闲码头 Kan Eang@Pier
查龙湾 Ao Chalong
柠檬草屋拉威店 Lemongrass House
王权普吉市区免税购物中心 King Power Phuket
普吉镇 p.08
普吉镇核心区 p.09
普吉岛素可水疗 Sukko Spa Resort
普吉岛素可水疗 Sukko Cultural Spa
拉萨达港口 Rasada Port
西瑞岛 Koh Siray
普吉湾 Ao Phuket
查龙湾朗姆酒 Chalong Bay Rum
普吉水族馆 Phuket Aquarium
桃花岛 Koh Lon
珊瑚岛（阁希岛） Coral Island (Koh He)
艾奥岛 Koh Aeo
攀瓦角 Laem Panwa
斯攀瓦度假村 Sri Panwa
冰爽SPA Cool Spa
小达铺岛 Koh Tapao Noi
达铺岛 Koh Tapao Yai
普吉暹罗梦幻剧场 Siam Niramit Phuket
普吉皇家码头 Royal Phuket Marina
Boat Lagoon Marina
萨帕湾 Ao Sapam
椰子岛 Koh Maphrao
大朗岛 Koh Rang Yai
小朗岛 Koh Rang Noi
4021
4024

芭东海滩全景
Patong Beach

0 ———————————— 1km

区域概况
位于普吉岛以南,是游客观光的核心区。被海角环绕的海湾地区有着长长的沙滩。北侧有小山,山前卡马拉海滩静静地铺开。

- 卡马拉海滩 Kamala Beach
- 安达拉别墅度假酒店 Andara Resort Villas
- 阿亚拉卡马拉温泉度假酒店 Ayara Kamala Resort & Spa
- 基马拉度假水疗酒店 Keemala Resort & Spa
- 帕瑞莎度假村 Paresa Resorts
- 普吉纳卡泳池别墅 The Naka Phuket Pool Villa
- 纳卡雷完美海滩度假村 Absolute Nakalay Beach Resort
- 普吉岛乌森玛亚度假村 U Zenmaya Phuket Resort
- 普吉国际机场 Phuket International Airport
- 普吉岛 Phuket
- 4233
- 卡拉姆悬崖餐厅 Baan Rim Pa Kalim
- 阿布扎布餐厅 Ab-zab
- 埃托斯 Etho's
- Pan Yaah 餐厅
- 普利威力格仕住所酒店 The Privilege Residences
- 日落海滩度假酒店 Sunset Beach Resort
- 钻石SPA Diamond Spa
- 乔的楼下 Joe's Downstairs
- 芭东悬崖餐厅 Baan Rim Pa Patong
- 钻石崖温泉度假酒店 Diamond Cliff Resort & Spa
- 诺富特普吉度假酒店 Hotel Novotel Phuket Resort
- 蕉树皮餐厅 Kaab Gluay
- 附近有一些海景餐厅点
- 是游客如织的普吉岛的主要海滩
- 天堂海滩 Paradise Beach
- 芭东海滩 Patong Beach ▶p.20,92
- Phrabarami Rd. 帕巴拉米路
- Thaweewong Rd. Thaweewong街
- 芭东医院 Patong Hospital
- Phangmuaeng Rd. 庞莫昂路 郎石山
- Nanai Rd. 那耐路 路73号
- 芥末 Wasabi
- 三庄海滩 Tri Trang Beach
- 拉·格丽塔 La Gritta
- 普吉岛阿玛瑞酒店 Amari Phuket
- 赛乐登SPA Siladon Spa
- Soi Roi Pee Rd. Soi S Roi Paag Rd.
- 7-11便利店 7-Eleven
- 三庄海滩度假酒店 Tri Trang Beach Resort
- 美林海滩度假酒店 Merlin Beach Resort
- 普吉西蒙人妖秀 Simon Cabaret Show
- 艾美海滩度假酒店 Le Meridien Phuket Beach Resort
- 至卡伦海滩
- 芭东海滩核心区 p.05

MAP 04

芭东海滩核心区
Patong Beach

区域概况
如地图所示，在芭东海滩中，南部的这片区域最热闹。从海滩向地面延伸，有不少餐厅、商店和酒吧。

- ② 河豚纪念碑
- 7-11便利店 / 7-Eleven
- PATONG BEACH标识
- 清真炸鸡餐厅 / Non Mem Gaithoot Islam
- Chaloem Phrakiat Rd. / Chaloem Phrakiat Rd.
- ★ Rat-U-Thit路 / Rat-U-Thit Rd.
- 三明治店咖啡厅 / Sandwich Shoppe Café
- 布里利餐厅 / Briely
- 7-11便利店 / 7-Eleven
- 东方SPA / Orientala Spa
- Hatpatong Rd. / 芭东海滩街
- 欣赏泰国国技"泰拳"
- 第9楼餐厅 / The 9th Floor
- 安达曼拥抱芭东度假村 / Andaman Embrace Patong
- 塞南杨豆腐乳汤粿杂餐厅 / Yen Ta Fo Sainamyen
- 芭东海滩 / Patong Beach
- Sawatdirak Rd.
- "醒"冰激凌天堂 / Samero's
- 芭东泰拳馆 / Patong Boxing Stadium
- Sainamyen Rd.
- 芭东医院 / Patong Hospital
- Impiana Resort Patong
- 塞南杨街
- Soi Rat. Uthit 200 Pl. 1
- 可能空中客厅 / Kee Sky Lounge
- 芭东拉弗洛拉度假酒店 / La Flora Resort Patong
- 可能温泉度假酒店 / The Kee Resort & Spa
- 泰国天堂SPA / Paradise Thai Spa
- 地表餐厅和酒吧 / The Surface Restaurant & Bar
- 皇家天堂温泉酒店 / The Royal Paradise Hotel & Spa
- 69Slam
- J&R代理人 / J&R Agency Co.,Ltd
- 塔维旺路 / Thaweewong Rd. / PATONG BEACH
- C&N
- 蟹屋 / The Crab House
- C&N按摩 / C & N Massage
- 酒吧街 / Bangla Rd.
- 第一足部放松2 / First Foot Relax 2
- 好先生的海鲜餐厅 / Mr. Good's Seafood
- 处女座商店 / Virgo Shop
- 九咖啡厅 / Cafe Nine
- P.S.酒店 / P.S. Hotel
- 芭东海滩酒店 / Patong Beach Hotel
- P.S.酒店餐厅 / P.S Hotel Restaurant
- 最佳西方芭东海滩酒店 / Best Western Patong Beach
- 卡鲁逊 / Karlsson's
- 普塔旺 / Phutawan
- 让我们放松 / Let'Relax
- Soi Sansabai
- 萨百萨百餐厅 / Sabai Sabai Lestaurant
- Soi Post Office / Thaweewong Road
- 班赞生鲜市场 / Baanzaan Fresh Market
- 芭东度假酒店 / Patong Resort
- 江西冷购物中心 / Jungceylon
- 班赞小吃街 / Banzaan
- Soi La Diva
- MK金泰式火锅 / MK Gold
- 堪加纳·娜莱雅 / Kanjana-Naraya
- Big C 特别超市 / Big C Extra
- 芭东海鲜广场 / Song Roi Pee路 / Song Roi Pee Rd.
- 香味果冻鞋 / Jelly Bunny
- Soi Banzaan
- Soi Dr. Watthana
- 珍珠布里 / Pearl Buri
- Soi Kep Sab
- Misty Mynx
- 假日酒店度假村 / Holiday Inn Resort
- 普吉岛芭东雅高美爵大酒店 / Grand Mercure Phuket Patong
- 比埃拉 / Viera
- Ruamchai Rd.
- 泰国玻璃 / Thai Vetro
- 福塔斯 / Hooters
- 安文胸 / Annebra
- 芭东美林酒店 / Patong Merlin Hotel
- Soi Rat Uthit 200 Pl.2
- 傍晚时分才开始热闹起来的小吃街
- 硬石咖啡厅 / Hard Rock Cafe
- 芭东OTOP购物天堂 / Patong OTOP Shopping Paradise
- Panpuri护肤品店 / Panpuri
- Akaliko商店 / Akaliko
- Phangmueang Rd.
- 美甲世界 / Nail World
- 芭东海滩感官度假村和SPA / The Senses Resort and Spa
- 芭东海洋广场 / in Plaza Patong
- 金岛海鲜酒楼 / Leamthong Seafood

05 MAP

卡伦和卡塔海滩
Karon&Kata Beach

区域概况
卡伦海滩几乎呈一条直线，深受游客青睐。卡塔海滩由北侧的大卡塔海滩和南侧的小卡塔海滩组成。

- 普吉岛艾美海滩度假酒店 Le Méridien Phuket Beach Resort
- 普吉盛泰澜卡伦海滩度假村 Centara Grand Beach Resort Phuket
- 卡伦环岛
- 7-11便利店 7-Eleven
- 柠檬草屋卡伦店 Lemongrass House
- 普吉岛卡伦海滩瑞享度假村及水疗中心 Mövenpick Resort & Spa Karon Beach Phuket
- 埃尔古卓餐厅 El Gaucho Restaurant
- 此间SPA The Spa
- 普吉岛艾康酒店 Hotel Ikon Phuket
- 卡伦海滩 Karon Beach ▶p.94
- 普吉岛希尔顿阿卡迪亚温泉度假酒店 Hilton Phuket Arcadia Resort & Spa
- 视野宽阔，踩在沙滩上会发出"沙沙"的声音
- 钻石别墅温泉度假酒店 Diamond Cottage Resort&Spa
- 普吉岛玛里娜度假酒 Marina Phuket Resort
- 岩石之上 On The Rock
- 红鲷鱼餐厅 Red Snapper
- 海滩精品屋酒店 The Beach Boutique House
- 普吉大佛 Big Buddha
- 坐落在西南部山顶的由白玉大理石砌成的大佛
- 萨瓦斯德乡村酒店 Sawasdee Village
- 巴莱SPA Baray Spa
- 普岛 Koh Pu
- 常夏屋海岸冲浪 Island Surf Tokonatsuya
- 大卡塔海滩 Kata Yai Beach
- 伊斯坦布尔餐厅 Istanbul Restaurant
- 海水浅，适合家庭游客
- 安达曼卡纳西尔度假村 Andaman Cannacia Resort & Spa
- 圣淘沙排毒养颜中心 Santosa Detox & Wellness Center
- 普吉国际机场 Phuket International Airport
- 卡塔海滩 Kata Beach ▶p.94
- 马姆提斯度假酒店 Mom Tri's Villa Royale
- 卡塔山顶酒吧和餐厅 After Beach Bar & Restaurant
- 普吉岛 Phuket
- 小卡塔海滩 Kata Noi Beach
- 卡他泰尼海岸酒店 The Shore At Katathani
- 卡伦观景台 Karon View Point
- 将卡伦&卡塔海滩收于眼底的绝佳观景点

MAP 06

奈通海滩
Nai Thon Beach

特里萨拉别墅酒店
Trisara
特里萨拉SPA
Trisara Spa

普吉岛安纳塔拉扬拉度假村
Anantara Layan Phuket Resort
拉扬海滩
Layan Beach

安达曼海
Andaman Sea

普吉岛奥特瑞格拉古娜别墅假酒店
Outrigger Laguna Phuket Resort & Villas
360°酒吧
360° Bar
爱亭阁普吉岛酒店
The Pavilions Phuket

班淘海滩
Bangtao Beach

N 0 1km

区域概况
海滩的长度在普吉岛数一数二。这里有一片被多个湖及海藻拥的拉古纳地区，那里集中了高档度假酒店。

普吉悦格庄SPA
Banyan Tree Spa Phuket
普吉岛悦格庄酒店
Banyan Tree Phuket

普吉岛班淘海滩瑞享度假村
Mövenpick Resort Bangtao Beach Phuket
普吉岛阿拉曼达拉古纳酒店
Allamanda Laguna Phuket
普吉岛乐古浪悦楠度假村
Angsana Laguna Phuket

拉古纳地区

普吉国际机场
Phuket International Airport

普吉岛
Phuket

绵延5公里的长海滩

普吉岛乐谷浪嘉天丽酒店
Dusit Thani Laguna Phuket

班淘海滩
Bangtao Beach
▶p.95

普吉岛奥特瑞格拉古纳海滩度假酒店
Outrigger Laguna Phuket Beach Resort

普吉国际马术俱乐部
Phuket International Horse Club

至普吉国际机场

船街
Boat Avenue

Soi Chemstalay

Si Sunthon Rd.
至普吉镇

宋角
Laem Son

安缦普瑞度假村
Amanpuri

阿丽那那腊邦道海滩度假村
Arinara Bangtao Beach Resort

潘西海滩
Pansea Beach
普吉岛苏林酒店
The Surin Phuket

查瓦度假村
The Chava Resort
柠檬草屋苏林店
Lemongrass House

7-11便利店
7-Eleven

7-11便利店
7-Eleven

双棕榈SPA
Twinpalms Spa
普吉岛双棕榈树度假村
Twinpalms Phuket Resort

波克奇诺
Bocconcino

苏林海滩
Surin Beach
▶p.95

07 MAP

普吉镇 Phuket Town

N 0 ─── 1km

区域概况
普吉镇是普吉岛的政治、经济中心，位于普吉岛南部偏东地区。这里有大型综合购物设施等，十分繁华。

- 普吉国际机场 Phuket International Airport
- 普吉岛 Phuket

- S 莲花超市Extra Tesco Lotus Extra
- R 克鲁斯特咖啡厅&餐厅 Crust Cafe & Restaurant
- R 宝莱坞餐厅 Bollywood
- 矿物按摩 Mine Massage
- S Index Living Mall Phuket购物中心
- 普吉国际医院 Phuket International Hospital
- S Big C普吉 Big C Phuket
- S 尚泰普吉购物中心 Central Festival
- 美食庭院 Food Patio
- S 沐塔 Mookda
- 周末夜市 Weekend Market
- 普吉岛东方健康水疗中心 Orientala Wellness Spa Phuket Suanluang

- 席尔瓦夜市 Chillva Market
- 普吉曼谷医院 Bangkok Phuket Hospital
- C 沙空冰激凌 Samkong Ice Cream
- 考朗山观景台 Khao Rang Viewpoint
- 屯卡咖啡餐厅 Tunk-ka Café
- Rang Hill
- 全家便利店 Family Mart
- 7-11便利店 7-Eleven

从小山上可俯瞰普吉镇及海景

普吉镇核心区 p.09

- 泰国国家旅游局 Tourism Authority of Thailand(TAT)
- 普吉镇 Phuket Town ▶p.34,96
- R 蓝邀海鲜餐厅 Leamthong Seafood

海马纪念碑所在的环形交叉路口

苏安郎公园是市民休闲的场所

MAP 08

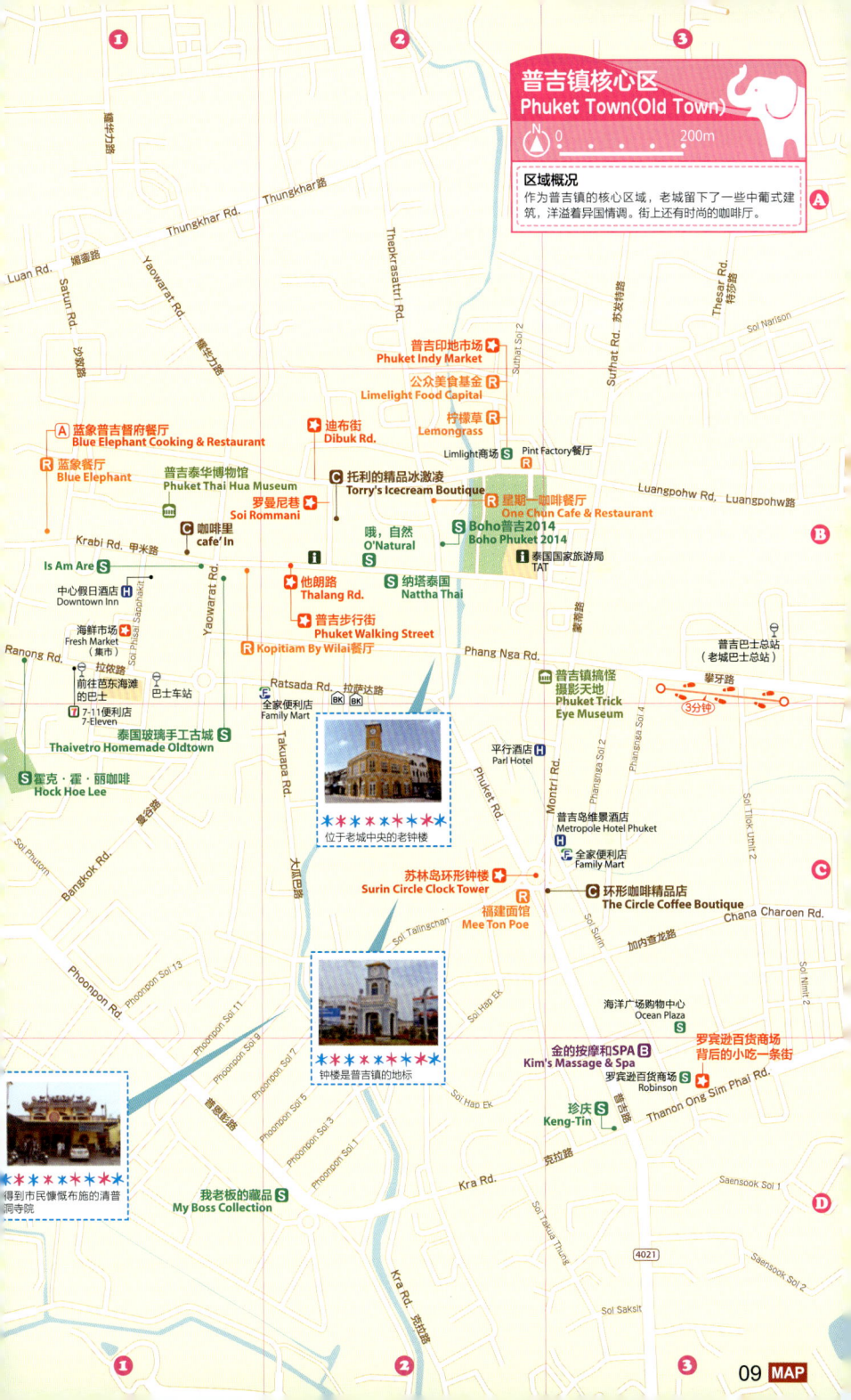

普吉镇核心区
Phuket Town (Old Town)

0　　　　　200m

区域概况
作为普吉镇的核心区域，老城留下了一些中葡式建筑，洋溢着异国情调。街上还有时尚的咖啡厅。

- 普吉印地市场 Phuket Indy Market
- 公众美食基金 Limelight Food Capital
- 柠檬草 Lemongrass
- 蓝象普吉督府餐厅 Blue Elephant Cooking & Restaurant
- 蓝象餐厅 Blue Elephant
- 迪布街 Dibuk Rd.
- 普吉泰华博物馆 Phuket Thai Hua Museum
- 托利的精品冰激凌 Torry's Icecream Boutique
- Limlight商场
- Pint Factory 餐厅
- 罗曼尼巷 Soi Rommani
- 星期一咖啡餐厅 One Chun Cafe & Restaurant
- 咖啡里 cafe' In
- 哦，自然 O'Natural
- Boho普吉2014 Boho Phuket 2014
- 泰国国家旅游局 TAT
- Is Am Are
- 他朗路 Thalang Rd.
- 纳塔泰国 Nattha Thai
- 中心假日酒店 Downtown Inn
- 海鲜市场（集市）Fresh Market
- 普吉步行街 Phuket Walking Street
- 前往芭东海滩的巴士
- 巴士车站
- 7-11便利店 7-Eleven
- 全家便利店 Family Mart
- 普吉镇搞怪摄影天地 Phuket Trick Eye Museum
- 普吉巴士总站（老城巴士总站）
- 3分钟
- Kopitiam By Wilai 餐厅
- 泰国玻璃手工古城 Thaivetro Homemade Oldtown
- 平ர酒店 Parl Hotel
- 霍克·霍·丽咖啡 Hock Hoe Lee
- 普吉岛维景酒店 Metropole Hotel Phuket
- 全家便利店 Family Mart
- 苏林岛环形钟楼 Surin Circle Clock Tower
- 环形咖啡精品店 The Circle Coffee Boutique
- 福建面馆 Mee Ton Poe
- 海洋广场购物中心 Ocean Plaza
- 金的按摩和SPA Kim's Massage & Spa
- 罗宾逊百货商场 Robinson
- 罗宾逊百货商场背后的小吃一条街
- 珍庆 Keng-Tin
- 我老板的藏品 My Boss Collection

位于老城中央的老钟楼

钟楼是普吉镇的地标

得到市民慷慨布施的清普洞寺院

09 MAP

苏梅岛全景
Koh Samui

0 — 4km

A
- 小堀餐厅 Kobori
- 湄南海滩 Maenam Beach
- 苏梅岛妙丽度假村 Saree Samui
- 纳兰角 Laem Na Lan
- 班泰海滩 Bantai Beach
- 兰雅角 Laem Yai
- 派尔泰华精品酒店 La Perle Luxury Boutique Hotel
- 桑迪布瑞苏梅乡村俱乐部 Santiburi Samui Country Club
- 湄南港 Mae Nam Pier
- 苏梅岛粉象水上乐园 Samui Water Park Pink Elephant
- 苏梅岛森斯马尔度假村及SPA Sensimar Koh Samui Resort and Spa
- 苏梅岛W度假村 W Retreat Koh Samui
- 蓝色香草 Blue Vanilla
- 山顶大佛 Big Buddha
- 沙子海角 Laem Sai
- 波普海滩 Bophut Beach
- 萨拉苏梅岛温泉度假酒店 Sala Samui Resort & Spa
- 普拉纳SPA Prana Spa
- 通塞湾度假村 The Tongsai Bay
- 苏梅岛丽思卡尔顿酒店 The Ritz-Carlton Koh Samui
- 苏梅岛铂尔菲诺海滩度假酒店 Portofino Baywater Resort Samui
- 班普莱海角 Baan Plai Laem
- 海盐餐厅 Sea Salt Restaurant
- 苏梅岛波段度假酒店 Sea Dance Resort Koh Samui
- 春蒙海滩 Choeng Mon Beach

B
- 那通镇 p.14
- 椰油制作体验
- 椰子博物馆 Coconut Museum
- 欣叻瀑布 Hin Lat Waterfall
- 利巴诺伊海滩 Lipa Noi Beach
- 星光海鲜餐厅 Starry Seafood
- 大佛海滩 Big Buddha Beach
- 森特酒店 The Scent Hotel
- 秘密花园餐厅 Secret Garden Beach Resort
- 秘密花园餐厅和酒吧 Secret Garden Restaurant & Bar
- 苏梅索玛旅行社 Tour Guide Soma samui Co., Ltd.
- 波普海滩 p.15
- 苏梅国际机场 Samui International Airport
- 千手观音庙 Wat Plailaem
- 千手观音像 Phra Mae Kuanin
- 帕春吉食堂 Pae Chuan Chim
- 查汶海滩 Chaweng Beach

C
- 龙克蓝姆角 Laem Chon Khram
- 蛇皮蓝海滩 Chon Khram
- 通洋海滩 Thong Yang Beach
- 里帕诺伊港 Lipanoi Pier
- 大金佛 Pra Budda Teepangkon
- 神秘花园 Magic Garden
- 纳芒2号瀑布 Na Muang 2
- 骑大象徒步 Elephant Trekking
- 纳芒1号瀑布 Na Muang 1
- 纳芒探险公园 Na Muang Safari Park
- 库拉母庙 Wat Khunaram
- 查汶海滩全景 p.11
- 楠角 Laem Nan
- 苏梅悦榕庄酒店 Banyan Tree Samui
- 拉迈海滩 Lamai Beach
- 拉迈海滩 p.14
- 祖父祖母石 Hin Ta & Hin Yai
- 塞比安莱 Sabieng Lae
- 塔林甘海滩 Taling Ngam Beach
- 华路海滩 Hua Thanon
- 维他命海 Vitamin Sea

D
- 蛇园 Snake Farm
- 苏梅水族馆&老虎园 Samui Aquarium & Tiger Zoo
- 赛特角 Laem Set
- 椰子农场（猴子表演） Coconut Farm (Monkey Show)
- Laem Hin Khom
- Ao Thong Krut
- Laem Sor
- 丹岛 Koh Tan
- Koh Mat Sum

苏梅岛周边地图
- 南园岛 Koh Nang Yuan
- 涛岛 Koh Tao
- 安通群岛 Koh Ang Thong
- 帕岸岛 Koh Phangan
- Koh Pae Yat
- Koh Mae Ko
- Koh Wua Ta Lap
- Koh Phaluai
- Koh Chuak
- Koh Som
- Koh Nok Taphao
- 苏梅岛 Koh Samui
- Tean Island
- 苏梅岛全景

MAP 10

Big C
大型购物商场卜蜂莲花超市

泰国国际医院
Thai International Hospital(TIH)

蜂莲花超市
Tesco Lotus

苏梅国际机场
Samui International Airport

苏梅岛诺拉海滩温泉度假酒店
Nora Beach Resort & Spa

苏梅国际医院
Samui International Hospital(SIH)

玛尔滨海度假酒店
Casa de Mar

查汶海滩核心区
北部 p.12

苏梅岛纱丽拉雅别墅套房酒店
Sareeraya Villas & Suites

海南鸡饭餐厅
Khao Man Gai Go Loong

4169

查汶海滩
Chaweng Beach
▶p.128,156

查汶海滩核心区
南部 p.13

苏梅岛的主海滩

曼谷苏梅医院
Bangkok Hospital Samui

Haad Ngam Rd.
Chaweng Beach Rd.
查汶海滩路

Hobo屋查汶海滩店
Hobo-Ya Chaweng Beach

班塔莱度假村
Baan Talay Resort

苏梅海滩度假村
Samui Resotel Beach Resort

布达里查汶海滩度假村
Bhundhari Chaweng Beach Resort

华纳SPA
Vana Spa

苏梅岛华纳百丽豪华精选酒店度假村
Vana Belle, A Luxury Collection Resort, Koh Samui

新星海滩度假村
New Star Beach Resort

苏梅岛喜来登度假酒店
Sheraton Samui Resort

查汶帝王度假村
Impiana Resort Chaweng Noi

青蛙博士餐厅
Dr.Frogs

拉克观景台
Lad Koh

苏梅岛沙堡度假酒店
Baan Hin Sai Resort & Spa

希拉蓉SPA
Silarom Spa

珊瑚湾木屋酒店
Coral Cove Chalet

维卡萨生活咖啡馆
Vikasa Life Café

塔鲁阿海鲜餐厅
Tarua Seafood

查汶海滩全景
Chaweng Beach
1km

区域概况
位于苏梅国际机场以南,是苏梅岛的主海滩。全长约7公里,也是苏梅岛最长的海滩。酒店大多集中在这个区域。

11 MAP

查汶海滩核心区北部
Chaweng Beach North

苏梅国际机场
Samui International Airport

至机场↑

至机场、春蒙海滩↑

沿路向北走，就到了春蒙海滩

小唐人街

查汶夜市前的货摊

全家便利店
Family Mart

全家便利店
Family Mart

查汶夜市
Chaweng Walking Arcade

汶诺拉酒店
Nora Chaweng Hotel

苏梅岛城堡假日酒店
Muang Samui Spa Resort

中央有喷泉的环形交叉路口

苏梅米特餐厅
Mit Samui Restaurant

7-11便利店
7-Eleven

3分钟

埃高 Ego

查汶恩瑞金海度假村
Chaweng Regent Beach Resort

酒吧密集的街区，晚上有很多人聚集在这里

查汶海滩花园度假村
Chaweng Garden Beach Resort

Entrance3

顶尖超市
Tops market

查汶步行街
Chaweng Walking Street

美食公园餐厅
Food Park

Entrance2

海滩集市

泰国玻璃
Thai Vetro

索纳
Saona

顶尖超市
Tops Market

鸡蛋帽
Egg Hats

尚泰苏梅岛购物中心
Central Festival

MK餐厅
MK Restaurant

餐厅和商店
林立

苏梅岛奶油咖啡厅
Cream Café Samui

全家便利店
Family Mart

Entrance1

麦当劳
Macdonald's

查汶海滩路
Chaweng Beach Rd.

7-11便利店
7-Eleven

7-11便利店
7-Eleven

班查汶海滩温泉度假酒店
Baan Chaweng Beach Resort & Spa

全家便利店
Family Mart

卡里诺小姐
Ms.Carino

位于中心城区的购物中心，商品种类丰富

查汶海滩
Chaweng Beach

7-11便利店
7-Eleven

自然艺术长廊
Nature Art Gallery

公园

查汶伯里度假村
Chawengburi

湖边有很多晨跑者

苏梅国际机场
Samui International Airport

苏梅岛
Koh Samui

0　　　　　　150m

区域概况
查汶海滩北部的沙滩沿线分布着数量众多的酒店、商店和餐厅，热闹繁华。还有大型购物中心。

MAP 12

查汶海滩核心区南部
Chaweng Beach South

苏梅岛蹦极体验 Samui Bungy Jump

至机场、春蒙海滩
查汶海滩度假酒店 Chaweng Buri Resort

扎瑟SPA Zense Spa
汉堡王 Burger King
麦当劳 Macdonald's
长滩小屋度假村 Long Beach Lodge
热带土豆酒吧 Tropical Murphy's
班苏梅度假酒店 Baan Samui Resort
节俭超市 Saver Mart
全家便利店 Family Mart
图书馆度假酒店 The Library
页码餐厅 The Page
全家便利店 Family Mart

国王花园度假村 King's Garden Resort
苏梅岛查博度假村 Chaba Samui Resort

苏梅岛国际泰拳馆 Samui International Muay Thai Stadium

苏梅岛德瓦莱迪瓦大道酒店 D Varee Diva Avenue, Samui

7-11便利店 7-Eleven
全家便利店 Family Mart
苏梅岛邀舍查汶度假酒店 OZO Chaweng Samui

兰姆町酒店 Laem Din Hotel

苏梅岛布里拉沙度假村 Burirasa Village Koh Samui

苏梅岛KC海滩俱乐部别墅酒店 KC Beach Club Hotel & Pool Villas

3分钟

查汶海滩 Chaweng Beach

香蕉扇海滨度假酒店 Banana Fan Sea Resort

这里集中了美食城和特产店

易初莲花超市 Tesco Lotus Express
全家便利店 Family Mart
协同苏梅度假酒店 Synergy Samui Resort

7-11便利店 7-Eleven

兰姆町市场（集市） Laem Din Market
搏击馆 Boxing Stadium

苏梅国际机场 Samui International Airport
苏梅岛 Koh Samui

苏梅岛穆拉精品服务住宅度假酒店 Le lemurraya Boutique Serviced Residence & Resort

热度美甲 Hot Nails
7-11便利店 7-Eleven

在城中的银行兑换比在机场划算

时代酒店 Time Hotel

古典宝石购物中心 Classic Gems

苏梅岛垂直颜色酒店 samui Verticolor

苏梅岛圣塔拉度假酒店 Centara Grand Beach Resort Samui

Laam Din Rd.
兰姆町路
Chaweng Beach Rd.
Sala Koy Rd. 萨拉可路
Haad Ngam Rd.
函安路

150m

区域概况
沿海滩而行的查汶海滩路到海滩之间，度假酒店分布得错落有致，路旁还有餐厅和商店。

13 MAP

那通镇 Nathon Town

- Lomprayah公司船票售票窗口 / Lomprayah Ticket Window
- 那通港 / Nathon Pier
- 苏梅邮局 / Koh Samui Thailand Post Office
- 美食夜市 / Night Food Market (集市)
- 苏梅岛地区办公室 / Ko Samui District Office
- 卜蜂莲花超市 / Tesco Lotus
- 那通镇 Nathon Town ▶p.159
- Thorasap Rd.
- Chonwith Rd.
- 3分钟
- 查龙拉普市场 / Charoen Lap Market
- 7-11便利店 / 7-Eleven
- 苏梅购物中心 / Samui Mart
- 小堀（那通镇店） / 金塔酒店 Jinta Hotel
- 豪华海景海滩度假酒店 / Grand Sea View

连接周边小岛的轮渡停靠在这个港口

路旁商铺林立，一派繁荣景象

区域概况
苏梅岛的核心区是那通镇。这里西面临海，码头有直接到周边岛屿的轮渡。周围还有当地人常去的食堂和集市。

- 苏梅国际机场 / Samui International Airport
- 苏梅岛 Koh Samui
- 悬崖酒吧和烧烤 / The Cliff Bar & Grill

海滩海水清澈，被称为银色海滩

拉迈海滩 Lamai Beach

- 苏梅岛海滩度假胜地海滨客房 / Samui Beach Resort Beach Front Rooms
- 苏梅岛艾美水疗度假酒店 / Le Meridien Koh Samui Resort & Spa
- 拉迈步行街 / Lamai Walking Street
- 渔民短裤店 / Fisherman Pants
- 海景天堂海滩别墅度假酒店 / Seaview Paradise Beach Villa Resort
- 苏梅岛万丽度假酒店 / Renaissance Koh Samui Resort & Spa
- 埃多拉多餐厅 / El Dorado
- 苏梅岛亭阁精品度假酒店 / Pavilion Samui Villas & Resort
- Lamai Beach Rd.
- 拉迈海滩 Lamai Beach ▶p.157
- 竹子餐厅 / Bamboo Restaurant
- 麦按摩 / Mai's Massage
- 苏梅岛森斯海滩度假村 / Samui Sense Beach Resort

美丽的白沙滩

区域概况
以细软沙质闻名。共分为北、中、南三大片区域，核心区是位于中央的拉迈海滩路沿线。酒店和商店数量较多。

MAP 14

波普海滩
Bophut Beach

0 — 500m

区域概况
位于苏梅岛北侧，曾经是一个渔村。在海滩沿线的渔民新村里，有一些商店和餐厅，游客常去

沙子海角
Leam Sai

海滩旁有餐厅和商店

渔村步行街

扎瑟餐厅 Zazen Restaurant
扎瑟精品水疗度假村 Zazen Boutique Resort & Spa
汉沙苏梅岛水疗度假村 Hansar Samui Resort & Spa
满月餐厅 Fullmoon Restautant
苏梅岛安纳塔拉波普度假村 Anantara Bophut Koh Samui Resort & Spa
苏梅岛塞利斯海滨度假酒店 Celes Beachfront Resort Koh Samui
和平度假村 Peace Resort
班德拉温泉度假村 Bandara Resort & Spa
和平热带SPA Peace Tropical Spa
可可塔姆的海滩酒吧 Coco Tam's Beach Bar
可可塔姆的佩皮纳餐厅 Coco Tam's×Peppina
苏梅曼特拉度假村 Mantra Samui Resort
瓦夫苏梅购物中心 The Warf Samui
幸福小象广场 Happy Elephant Plaza
苏梅岛文化遗址度假村 Samui Heritage Resort

克鲁阿波普餐厅 Krua Bophut
幸福小象餐厅 Happy elephant
海星咖啡 Starfish & Coffee
青蓝SPA Cyan.Spa
樱花SPA Sakura Spa

波普海滩 Bophut Beach ▶p.158

渔村 Fisherman's Village
德塞奥 Deseo
爵士比萨2号餐厅 Juzz'a Pizza 2 Restaurant
波普步行街 Bophut Walking St.

位于水池旁的一栋平房

我的咖啡馆和餐厅 My Café & Restaurant

艺术咖啡厅 Art Cafe
苏梅镇中心超市 Samui town center

卡萨意大利咖啡 Casa Italia

Big C

苏梅国际机场 Samui International Airport
苏梅岛
Koh Samui

15 MAP

普吉岛的岛内交通

从机场到市区 → p.176

普吉岛有两条主干道，一条是自北连接普吉镇的高速，另一条是从女英雄纪念碑向西延伸的道路。西边有条不宽的道路，直通海滩，但是白天拥挤不堪，而且路面也不理想，耗时较长。出行可选择出租车和双条车（Songthaew，宋条），也可以选择跟团或包租带司机的车。

出租车

带计价器的出租车车身下方非青即红，上方是黄色，车顶有TAXI-METER的标识。但是数量少，路上基本看不到。普通的出租车是轿车造型，号牌呈绿色。各区间的车费基本确定，但是上车前最好问清楚。可以让酒店和餐厅帮忙预约出租车，有些酒店提供出租接送服务。

从各区域至芭东海滩
卡伦海滩	400B
卡塔海滩	500B
卡马拉海滩	500B
普吉镇	600B
苏林海滩	600B
班淘海滩	700B
拉崴海滩	800B
奈汉 & 奈扬海滩	800B
迈考海滩	1000B

出租车候车点立有价格牌，但是出租车很少见

当然叫打表出租车比较好

嘟嘟车（TukTuk）

由轻型货车改装而来，车身为大红色，可多人乘坐（有些地方也有黄色嘟嘟车）。驾驶舱后是相对而坐的客室，客人从车尾上车。费用已定，如果没有其他乘客，也可能打表，因此在乘车前需要向司机确认清楚。一般在芭东海滩内与普吉镇内活动。如果包车，可以去想去的地方，只是此时费用与出租车无异。

芭东海滩内每人50B，每辆200B

从车后看嘟嘟车

嘟嘟车被称为平民车，数量众多

双条车

一种大巴士（也有些由货车改装），蓝色的车身涂有黄色线条。主要在普吉镇内活动，连接芭东海滩、卡伦海滩和卡马拉海滩等。没有固定出发时间，路上花的时间也较长，不推荐游客乘坐。粉色双条车的运行线路主要是普吉镇及周边区域。

从普吉镇（巴士总站）出发
芭东海滩	25B
卡伦海滩	30B
卡马拉海滩	30B

穿梭于普吉镇与各地之间的双条车

租赁摩托

租赁摩托可载客，也叫摩的。在拥堵路段行动迅速，受当地人欢迎，但是也有一定的危险性，不推荐乘坐。正规摩的司机穿橙色马甲，车是黄色号牌。

从普吉镇（巴士总站）出发
普吉镇内	80B
芭东海滩	300B
卡伦海滩	350B

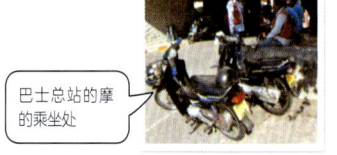

巴士总站的摩的乘坐处

附册 16

由于车改装成的双条车，车顶还能载货

普吉1号巴士总站，也叫老普吉巴士总站

通常是从女英雄纪念碑向南，开往芭东海滩或者镇上

各地的距离和大致移动时间

摩托车租赁

很多游客都会租一辆摩托车作为岛内的代步工具。各个海滩上有多家摩托车租赁公司，也可以拜托酒店安排。签手续时需要出示国际驾照中国大陆游客可持（驾照翻译公证件及原件）和护照。骑乘时须戴头盔。在交通不便的普吉岛，摩托车是非常适合出行的交通工具。但是，普吉岛的拥堵让人心慌，单行道、弯道和坡道也多，需要十分小心。这里基本上不遵守交通规则，危险无处不在，不推荐骑摩托车。

1天250B~（油费另计）

摩托车租赁店铺

普吉国际机场

普吉国际机场~班淘海滩 22.5公里/约20分钟

班淘海滩

女英雄纪念碑

卡马拉海滩

普吉国际机场~卡马拉海滩 约27公里/约40分钟

普吉国际机场~普吉镇 约32公里/约30分钟

普吉国际机场~芭东海滩 约36公里/约45分钟

芭东海滩

普吉镇

普吉国际机场~卡伦海滩 约44公里/约1小时

芭东海滩~卡伦海滩 约7公里/约10分钟

芭东海滩~普吉镇 约15公里/约25分钟

卡伦海滩

包租带司机的车

在普吉岛，如果每次出行都乘坐出租车，也是一笔不小的开支。如果不参加旅游团，同时又想去各个想去的地方转转，租一辆带司机的车比较划算。租一辆轿车或者微型面包车，不仅乘坐舒适，人身安全、行李安全也有保障。可在当地的旅行社申请。

芭东海滩~神仙半岛 约20公里/约30分钟

神仙半岛

※ 以上为乘坐出租车时的最短时间。时间受交通拥堵影响，存在较大出入

苏梅岛的岛内交通

从机场到市区 → p.177

　　苏梅岛上有一条环岛公路,全长约65公里。只是如果不去那通镇的话,就没必要走出北边和东边的海滩。交通工具有双条车和出租车。可参加岛内观光旅游团,要是想去各个想去的地方转转,租一辆带司机的车比较方便。

双条车(白天)

　　双条车是一种平民化交通工具,由敞篷货车改装而来。在车厢上装上座椅,乘客相对而坐。招手即停,从车尾上车,下车付款。6:00~17:00走固定线路,查汶海滩、拉迈海滩内的线路或沿那通镇方向,不过在乘坐前还是确认下目的地。如果没有其他客人,价格也需要跟司机商量好。随时上下车。

双条车是岛民的日常交通工具

从查汶海滩出发
查汶海滩内(短途)	50B
拉迈海滩	50B~
那通镇	100B

双条车(夜间)

　　夜间没有固定线路,同一方向的人坐满即可发车。乘坐前需要确认好价格。大致价格是查汶海滩内50B,查汶海滩~拉迈海滩100B。没有其他客人时,一辆车从查汶海滩~拉迈海滩(北)300B左右。

招手停车后,在驾驶席或副驾驶席跟司机商量好价格

谈妥价格后从车尾登台阶上车

下车后去驾驶席或副驾驶席付款。即使白天出行,也要确认好目的地和价格

出租车

　　正规出租车车身为红、黄色,车顶有TAXI-METER的标识。经常不打表。即使心里多少了解一些,最好还是在乘坐前跟司机确认好价格。出租车一般不去查汶海滩等地,但是可以让酒店帮忙叫车。

从查汶海滩出发
查汶海滩内(短途)	200B
查汶海滩~拉迈海滩(北)	300B
查汶海滩~拉迈海滩(南)	400B

有多种出租车

租赁摩托车

　　租赁摩托可载客,乘客坐在司机后面。仅限短途出行,费用为1次50B~。当地人经常坐,但有一定的危险性,不建议乘坐。

租赁汽车

　　机场有租赁处,酒店和旅行社也可以帮安排。需要提前在国内办好国际驾照(中国大陆游客可持国内驾件前往公证处用目的地国家语言进行公证,并携带公证件和原件)。泰国跟中国不同,道路为左侧通行,这对国人来说会有些不适应,并且当地的车辆在狭窄的道路上也会高速行驶,尤其是查汶海滩等地的核心区,车与游客、摩托混杂一处,十分危险。为了避免发生事故,需要多加小心。大致费用为1天1000B~。

机场的车辆租赁窗口

苏梅国际机场前往各地的通行时间及大致距离

① 苏梅国际机场～查汶海滩　　约4.5公里 / 约15分钟
② 苏梅国际机场～波普海滩　　约6公里 / 约15分钟
③ 苏梅国际机场～那通镇　　　约24公里 / 约45分钟
④ 查汶海滩～拉迈海滩　　　　约10公里 / 约20分钟
⑤ 查汶海滩～那通镇　　　　　约25公里 / 约50分钟

※ 以上为乘坐出租车的时间。时间受交通拥堵影响，存在较大出入

排量125cc的租赁摩托车，可以载两人

排量125cc的大家伙，要是车倒了扶起来很费力

欢迎来到苏梅岛！

摩托车租赁

苏梅岛交通状况堪忧，想畅通地去各地，租一辆摩托车是一个不错的选择。各个海滩及镇上都有摩托车租赁店，有些酒店也提供类似的服务。摩托车排量125cc，租赁时需要出示国际驾照（驾照翻译件及原件）。另外，骑行时要戴上头盔。苏梅岛道路狭窄且弯道多，尽管如此，经常可以看到汽车飞速地横冲直撞，交通事故司空见惯，因此不推荐骑摩托车。

湄南海滩
波普海滩
苏梅国际机场
那通镇
查汶海滩
拉迈海滩

全长约65公里

有很多摩托车租赁店

租车摩托使用的汽油为瓶装，1瓶30B

从机场开往市区的小巴士

包租带司机的车

苏梅岛的出租车费较高，岛内观光时最好参加旅游团。有的岛内观光团不仅囊括主要景点，还能体验大象骑乘。不过如果租一辆带司机的车，不仅可以去想去的地方，还能尽情地游玩。可向旅行社申请租车。

泰国美食图鉴

泰国菜以辣、酸、甜及调料等味道浑然一体为最大特色，是众多食客梦寐以求的美味。美食的种类多，以下介绍几种具有代表性的美食。

米饭类

海南鸡饭
将烤鸡添加在用鸡汤煮熟的饭内，是泰国的必点美味

五香猪脚饭
用慢炖至熟透的猪脚拌饭，与空心菜等一同食用

菠萝炒饭
将炒饭盛至菠萝碗内的一种热带美食

蟹肉炒饭
含有大量蟹肉的蟹味炒饭

零陵香炒肉
零陵香是一种泰国薰草。这道美食是和肉末一起煸炒的辛辣菜。

海鲜

蛋包蟹
将蟹肉和猪肉填入蟹壳内，外面再抹一层蛋液，下油锅炸

蒜炒虾蛄
用蒜头炒大个虾蛄

泰式梅子酱大虾
用梅子酱黑胡椒炒大虾

泰式酸辣蒸鱼
柠檬草蒸鲈鱼。无鱼腥，口感清淡

蒜蓉龙虾
龙虾上铺满大蒜末一同入锅蒸

虾粉
用泰式铁锅做的粉丝蒸大虾

开胃菜 & 沙拉

青木瓜沙拉
取用尚未成熟的青木瓜制作

蚝油空心菜
蚝油炒空心菜,会加辣椒和蒜头

泰式辣酱
在含有辣椒和蒜头的沙司酱中加入蔬菜食用

辣炒臭豆
以泰国南部的特产"臭豆"为原料制成

肉菜

炸猪排
猪排骨上涂满蒜末,然后一同油炸

班兰叶鸡
用班兰叶包住腌渍过的鸡肉,下油锅炸

薄荷肉
用薄荷和辣椒等炒猪肉

薄荷鸡
薄荷肉的鸡肉版。泰国人称鸡为"Gai"。这道菜很辣

咖喱 & 汤

油焖蟹
加咖喱粉,用大油炒肥美的蟹,上面再铺一层鸡蛋

马散麻咖喱
别名橙咖喱,加土豆和牛脸肉一起烹饪

冬阴功汤
世界上三大名汤之一,一种酸辣虾汤

蕉叶鱼丸
将鱼丸、椰子油和咖喱酱混在一起蒸熟食用。

绿咖喱酸辣汤
以绿咖喱为原料,辣椒和椰子油的搭配恰到好处

面类

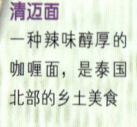

清迈面
一种辣味醇厚的咖喱面，是泰国北部的乡土美食

烧鸭面
干面上铺一层照烧鸭肉

普吉炒面
采用普吉岛的筋道鸡蛋面煸炒而成

泰式炒米粉
炒较粗的泰国米粉。右边是原来的做法，加了虾肉

福建面
华侨经营的面馆"福建面馆（→p.34）"的名吃。用肉和鱼贝类炒面后，加上半熟鸡蛋一同食用

鱼丸细粉
一种鱼丸面，口感清爽

水果

火龙果
是仙人掌科、量天尺属量天尺的栽培品种，也称红龙果、青龙果等

山竹
又名莽吉柿、山竺等，号称"果中皇后"。味清甜甘香

红毛丹
外观很有特色。核略大

沙叻
棕榈科蛇皮果属植物的果实，味酸甜

阳桃
别名五敛子，味甘甜爽口，回味无穷

杧果
在雨季来临前的4、5月成熟，此时最甜。青杧也用作沙拉

桂圆
又称龙眼，味道似葡萄

番木瓜
即木瓜。青木瓜可做青木瓜沙拉

莲雾
英文名 Rose apple，意思是一种介于苹果和梨之间的水果

附册 22

与当地人聊聊吧!
泰语日常用语

寒暄 & 会话（）内为女性用语

你好
สวัสดี ครับ(ค่ะ)
【 Sawatdee krap / ka 】

初次见面，请多关照
ยินดีที่ได้รู้จักครับ(ค่ะ)
【 Yindee Tee Dai Ruejak Krab/Ka 】

谢谢
ขอบคุณ ครับ(ค่ะ)
【 Kawpkoon Krab/Ka 】

真好吃
อร่อย
【 Aroi 】

不客气
ไม่เป็นไร ครับ(ค่ะ)
【 MaiPenrai Krab/Ka 】

对不起
ขอโทษ ครับ(ค่ะ)
【 Kaw to Krab/Ka 】

请拿这个给我
ขออันนี้
【 coh an nii 】

这个多少钱?
เท่าไร
【 Raakaa taorai? 】

可以用信用卡吗?
ใช้บัตรเครดิตได้ไหม
【 Khun rub credit card mai? 】

可以拍照吗?
ขอ ถ่าย รูป หน่อย ได้ ไหม ครับ(ค่ะ)
【 Chan kaw taairuup dai mai Krab/Ka? 】

紧急时刻的救急用语

快帮我! 有小偷!
ช่วยด้วย ขโมย
【 Chʰwy dwy kʰa mooy 】

身体不舒服
ไม่สบาย
【 Mai sa baay 】

迷路了
หลงทาง
【 Hon tʰaaŋ 】

味道

甜	冷	硬
หวาน	เย็น	แข็ง
【 Waan 】	【 Yen 】	【 Kʰɛ̌ŋ 】
辣	热	软
เผ็ด	ร้อน	นิ่ม
【 Pʰèt 】	【 Rɔ́ɔn 】	【 Nîm 】
苦		
ขม		
【 Khom 】		

数字

0	5	10
ศูนย์	ห้า	สิบ
【 Suun 】	【 Haa 】	【 Sib 】
1	6	100
หนึ่ง	หก	หนึ่งร้อย
【 Neung 】	【 Hohk 】	【 Neung Roy 】
2	7	1000
สอง	เจ็ด	หนึ่งพัน
【 Song 】	【 Jet 】	【 Phan 】
3	8	
สาม	แปด	
【 Saam 】	【 Paet 】	
4	9	
สี่	เก้า	
【 See 】	【 Gaao 】	

23 附册

重要电话号码

公共服务机构

中华人民共和国驻泰王国大使馆（曼谷）	☏ 0066-2-2450088
领事保护	☏ 0066-854833327（24小时值班手机），0066-2-2457010
泰国国家旅游局总局（TAT）曼谷办公室	☏ 02-250-5500

警察　　191，123

观光警察　1155

信用卡公司

American Express 美国运通公司	☏ 65-6535-2209（新加坡中心）
Diners Club International 大来国际信用卡公司	☏ 81-3-6770-2796（付费电话）
JCB卡公司	☏ 001-800-81-10036
Mastercard	☏ 001-800-11-887-0663
中国工商银行卡	☏ 076-218-333，076-213-381-3

航空公司（离境泰国）

中国国际航空	☏ 02-108-1889
泰国国际航空	☏ 02-356-1111
国泰航空	☏ 02-787-3366
新加坡航空	☏ 02-353-6000
达美航空	☏ 02-253-5169
曼谷航空	☏ 02-270-6699
大韩航空	☏ 02-620-6900
亚航·泰国	☏ 02-515-9999
酷航航空	☏ 02-021-0000

中文导游服务

4006588799-1164

普吉岛紧急联络方式

TAT 普吉	☏ 076-211036
普吉警察局	☏ 076-212115
观光警察	☏ 076-223891
普吉巴士总站	☏ 076-211480
普吉国际机场	☏ 076-327230
出入境管理（普吉镇）	☏ 076-221-905
出入境管理（芭东海滩）	☏ 076-340-477

普吉岛的医院

曼谷普吉医院	☏ 076-254425
普吉国际医院	☏ 076-249400

苏梅岛紧急联络方式

TAT 苏梅	☏ 077-288817
观光警察	☏ 077-421281
查汶警察局	☏ 077-422067
那通警察局	☏ 077-421095
拉迈警察局	☏ 077-424068
波普警察局	☏ 077-425071
苏梅国际机场	☏ 077-425012
出入境管理（那通镇）	☏ 077-421069

苏梅岛的医院

苏梅医院	☏ 077-421230
曼谷苏梅医院	☏ 077-429500
苏梅国际医院	☏ 077-300394
泰国国际医院	☏ 077-332654
芭东国际医院	☏ 077-245236